金色年华　往事记谈

庆祝燕达养护中心成立 10 周年
燕 达 长 者 讲 述 过 去 的 故 事

 燕达金色年华健康养护中心 —编

新华出版社

编委会

总顾问
李 怀

总策划
李海燕

执行策划
周素娟

执行出版人
李东辉

项目统筹
毕立伟
刘 洋
刘 博
陈 勤

主 编
叶晓彦

编 委
蒋若静
魏昕悦
刘 博
陈 勤

前　言

他们，曾为新中国的成立浴血奋战，与新中国共同成长；

他们，毕生参与新中国的建设，见证了祖国的繁荣发展。

他们，都不约而同地选择了燕达金色年华健康养护中心安享晚年。

在他们的故事里，有走进前线战场的烽火硝烟；有亲身经历新中国的外交风云；有致力于发展医学事业的兢兢业业；有紧跟党走的文化人生；有为科技兴国的艰苦奋斗；有严谨治学为人民谋福祉的农业改革。他们的一生，见证了新中国发展的伟大历程。一个个可歌可泣的动人故事，展现出一代国人不屈不挠的坚定信念，勾勒出一幅幅波澜壮阔的历史画卷。

2020年是燕达金色年华健康养护中心成立10周年，十年风雨兼程，砥砺前行，燕达人创造了铭刻历史的品牌辉煌。截至目前，燕达金色年华健康养护中心在住宾客逾4000人，平均年龄接近80岁，他们都是国家建设与发展过程中重要岗位的亲历者，历史的见证人。值此养护中心成立十周年之际，燕达金色年华健康养护中心邀请12位在住长辈，通过口述的方式撰文记录他们的光荣岁月，传承他们的爱国主义精神。

历史不容遗忘，我们有责任去挖掘峥嵘岁月背后那些鲜为人知的往事，时刻提醒我们每一个人，今日的幸福有多么来之不易，每一个中华儿女都应当怀抱热情和责任，在实现民族复兴梦想的伟大征程中奋力前行！

从故事中搜集历史，在岁月中见证辉煌！

燕达金色年华健康养护中心

2020年9月

目录 CONTENTS

外交风云
张庭延　从朝鲜到韩国：他为朝鲜半岛和平稳定奉献终身 / 3
杨元恪　为党的对外交往事业添砖加瓦，干了一辈子 / 25

医学发展
戴　斌　不知此生是幸运还是遗憾 / 49
赵伯仁　毕生兢兢业业出书忙，致力医学科普著华章 / 73

烽烟往事
赫建中　党培养我从10岁小八路成长为革命女战士 / 97
葛楚民　42年军旅生涯，经过炮火洗礼坚定的共产主义战士 / 117

文化人生
罗　兰　跟党走革命路，我的无悔人生 / 143
于黛琴　获得周恩来总理称赞的"李双双" / 167

科技兴国
李金芳　"黑牡丹"在柴达木盆地"绽放" / 195
赵伟凡　攻关不懈　执着追求的"炼油人" / 215

农业改革
徐家炳　四十载苦心灌溉　成就"白菜王国" / 237
缪建平　与中国农村改革共成长 / 259

外交风云

人 . 物 . 简 . 介

　　张庭延，84岁，毕业于北京大学东语系鲜语专业，是我国老一辈外交官中的一员，曾在20世纪60年代三赴朝鲜大使馆工作；20世纪70年代，张庭延是毛泽东和周恩来的主要朝语翻译，见证了中朝两国领导人的互动往来；1992年，张庭延出任中国首任驻韩大使，在汉城（今首尔）工作了六年，为中韩两国建交和初期友好关系发展做出了贡献。在张庭延40多年的工作生涯中，前一半时间主做翻译，后一半做外交官搞研究，他将自己最美好的青春奉献给了新中国的外交事业，见证了中韩、中朝关系的发展。

张庭延

从朝鲜到韩国：
他为朝鲜半岛和平稳定奉献终身

1936年出生的张庭延如今已是耄耋之年。回望过去，张庭延在中国外交领域孜孜不倦，几十年如一日，书写了浓墨重彩的人生。他曾在20世纪60年代三赴朝鲜大使馆工作；20世纪70年代，他是毛泽东和周恩来的主要朝语翻译，见证了中朝两国领导人的互动往来；1992年，他出任中国首任驻韩大使，在汉城（今首尔，下同）工作了六年，为中韩两国建交和初期友好关系发展做出了贡献。张庭延毕业于北京大学东语系朝鲜语专业，是我国老一辈外交官中的一员。在他40多年的工作生涯中，前一半时间主做翻译，后一半做外交官和搞研究，他将自己最美好的青春奉献给了新中国的外交事业，见证了中韩、中朝关系的发展。尽管已经告别外交场多年，但从他的语气中，透露出的是对新中国外交事业的牵挂，和作为外交人对祖国赤诚的爱。

服从学校分配选择朝鲜语　在校遇见恩师柳烈、季羡林

张庭延是土生土长的北京人，从中学时开始，他就酷爱文学，特别喜欢动笔写东西。在上高二、高三时，他的作文经常受到语文老师的夸奖，有时还在班上朗诵。相比于语文，他在整个中学时期最讨厌的课程就是外语。初中时逢新中国刚成立，各中学都开了俄语课，于是他也学了俄语。虽然起初学得还不错，但随着课程深入，语法和单字他就跟不上了，而且越拉越远，到初三时考试就不及格了。

所以，在高中毕业前夕，张庭延一心想考北京大学学中文，将来当个记者或者作家。在他心目中，仰慕的是当时小有名气的刘绍棠、从维熙，"而死活不能去学外语"。

然而，他最不愿意的事情发生了。毕业之前的一天，校长突然把张庭延叫到办公室，就考大学的志愿征求他的意见。尽管他如实表达了自己的想法，但是校长沉思良久后说："现在根据国家需要，北大东语系来我校招收学生，准备培养外语人才，如果让你去考，你愿意不愿意？"张庭延一下蒙住了，不知如何回答是好，这是他完全没有想到的。校长没有要他立即做出决定，给了他两天时间考虑。

"因为我的外语太差了，其他的课程也不怎么好，只凭语文一门是没有把握的，万一考不上可怎么办。经过两天的考虑，我最终答复校长同意去北大学外语，校长当然很高兴。"就这样，由组织分配，张庭延在1954年的秋天走进了中国的最高学府北京大学东语系。

张庭延选择学朝鲜语也是一种偶然。进入东语系那年，有日语、越语、泰语、印地语供选择，当然也包括朝鲜语。张庭延报的第一志愿是日语，原因很简单，虽然对日本印象并不好，但它在这几种语言中，使用的人口最多，将来可能用处较大。然而因为报日语的人太多，系里不得不分配一些人去学其他语言，张庭延便服从了分配。

对于这样的结果，张庭延内心十分坦然。"虽未如愿，但我也没有什么反感，因为当时抗美援朝刚结束不久，中国与朝鲜的关系正处于热潮之中，而且我想，学冷门语言将来对于自己的发展也可能更有利。当时我内心深处的想法是，毕业后去做翻译工作，与自己原来想当记者或作家的愿望很接近，或者说没有大的差别。不像有的学生被分配学朝鲜语后情绪不稳定，我毫无怨言地走进学朝鲜语的课堂。"

在学习生涯中，张庭延最感谢的是他的朝鲜语老师——柳烈老师。当时，为了提高外语教学水平，北大从平壤请来了柳烈先生。张庭延还能回忆起这位老师的模样，40多岁，高高的身材，曲卷的头发，面庞颧骨较高，典型的朝鲜人模样，虽然看上去他有些严肃，但实际上对同学十分热忱。

第一堂课，柳烈老师用汉字把他的名字写在黑板上，之后深深地向同学鞠了一躬。他虽来自平壤金日成大学，但他出身韩国，是小有名气的语言学家，他的发音和语法更接近汉城标准。从发音开始，柳烈老师热心地教了他们两年，他的夫人郑老师还帮助辅导学生们发音，这些前期的学习为张庭延和他的同学们打下了良好的基础。

张庭延更加要感谢的一个人，就是我们所熟悉的季羡林老师。在张庭延入学时，季羡林是东语系的系主任。记得开学的那天，他穿着一身蓝布中山装，参加了迎新会，还给学生讲了话。当时，张庭延并不了解他，只觉得他的讲话听起来很入耳。

他记得季羡林强调过这样一句话："大学时期对每一个人很重要，要集中精力，学好本领，以便将来为国家和人民做点事情。"这与当时空喊政治口号的讲话迥然不同，深深渗入张庭延的心灵。后来，张庭延听说季羡林是一位大学问家，他留学德国十年，刻苦学习，孜孜以求，不仅掌握了德语，还学会印度文、梵文、吐火罗文，研究了印度文学、历史和宗教，三十几岁回国，就应北京大学校长胡适之邀请担任北大教授，这在当时是绝无仅有的。那之后，张庭延经常在校园路上或楼道里与季羡林见面，每次季羡林都对他问寒问暖，还特别了解他的学习情况，鼓励张庭延用功学习。张庭延说，这让他感到了如家长般的温暖。

这一来一去，张庭延的内心也慢慢发生了变化。"可能就是受到季羡林老师的影响，我一改中学时的学习态度，开始懂得了学习的重要，对学外文也不再怵头，而是兢兢业业，刻苦努力。整个大学四年，成绩一直是优等，直到大学毕业。所以季羡林是我最尊敬的导师，我一直忘不了他。"在朝鲜期间，张庭延有幸接待了季老，返回北京之后又多次去寓所看望了他。

1958年秋天，张庭延和全班同学等待毕业分配。一个月后，分配方案正式公布，张庭延和其他两个同学被分配到了外交部。从此，他的一生紧紧地与外交工作联系在了一起。

初次走进西花厅为周总理做翻译
这是一堂令他终生难忘的教育课

在张庭延的外交生涯刚刚开始时，有一个经历令他终生难忘。1962年秋天，张庭延幸运地走进中南海西花厅，第一次见到了敬爱的周恩来总理。

从北大毕业来到外交部，当时部里想把张庭延培养成高级翻译，具备高水平的听、说、读、写、译能力，可以为国家领导人做翻译。大学四年的水平是远远不够的。在到外交部干部司报道后不久，张庭延得到通知，干部司已与北大校方谈妥，需要张庭延留在北大东语系进修两年，全面提高外语水平。这样，本以为将步入社会的张庭延又重新开始了学生生活。

留校进修，是一件十分艰苦的任务。为了达到要求，张庭延每天过着刻板式的生活，除去少许的体育、娱乐活动外，每天从早到晚，从寝室到食堂，从食堂到教室，从教室到图书馆，从图书馆再回到寝室，就这样周而复始，没有一刻休息。

除阅读大量外文书籍外，张庭延的主要任务是练习口语，提高听力，搞好笔译。学习是枯燥的，但由于任务明确，要求严格，张庭延丝毫不敢怠慢，竭尽全力去做。经过两个寒暑的锻炼，他的外语水平真的有了不少提高，本以为这下可以回外交部正式上班了，谁知干部司又安排张庭延去中央人民广播电台国际部实习,通过实践进一步提高自己。那一段时间,张庭延经常被借到有关部委去接待朝鲜来访的代表团,在工作中提高翻译水平,这也是干部司提倡的。他先后到文化部、对外文委、体委等部门参加了接待朝鲜代表团的翻译工作。

1962年秋天,张庭延参加了文化部接待朝鲜文化代表团的工作。这个代表团实际上是一个话剧团,团长是朝鲜话剧院院长,团员中包括在话剧《红色宣传员》中担任女主角李善子的著名女演员。当时中朝关系十分友好,北京人民艺术剧院也把该剧目引入中国,在北京上演,主角由一位年轻女演员担任。朝鲜文化代表团来访,主要是指导该剧的演出,同时也到中国各地艺术团体参观交流。

周总理对代表团的来访十分重视,在百忙中抽出时间到人艺看了《红色宣传员》的演出。有一次看了前半部分,因临时有事中途退场,隔一两天后又到剧场看了后半部分。周总理一向对艺术工作非常关注,对国内艺术演出经常到现场指导,这次朝鲜演员来京,他当然很关心。正是由于这个原因,在朝鲜代表团回国之前,周总理特别邀请朝鲜代表团成员和中方参加《红色宣传员》演出的演员到西花厅他的家里做客,共进午餐。这当然是破格的礼遇,张庭延也因此有了第一次进入西花厅的机会。

张庭延记得当时自己的心境。"去之前我的心里是不安的,因为周总理看戏时我虽为他做了翻译,但因他来去匆匆,没有与朝鲜代表团进行过多交谈。而这次是在总理的家里,先交谈,后吃饭,时间是几个小时,要完成翻译任务恐怕就不那么容易了。但我为有机会担此重任而深感荣幸,因为那时我才25岁,做翻译也才不过几年,对我来说,这是一次难得的机会。"

西花厅是新中国成立后周总理的居所。沿着整洁的小路,张庭延和朝鲜代表团走进庭院,当走进房间时,周总理和夫人邓颖超迎接客人,一一握手问候,之后落座交谈,张庭延坐在总理的身边做翻译。

这天,总理与朝鲜客人的谈话非常愉快,他赞扬朝鲜《红色宣传员》创作成功,感谢朝鲜艺术家来北京指导演出,强调经过朝鲜代表团的帮助,演出有了很大提高,更重要的是两国艺术家经过交流,加深和发展了两国的友谊。周总理亲切地与他们交谈,邓大姐也在场,而且他们两位对中国演员非常熟悉,可以叫出每个人的名字,房间里不时响起阵阵欢笑声。谈话之后,总理在客厅旁边的房间,设午宴招待朝鲜客人。

这天,张庭延坐在总理的右边,为了专心地工作,他几乎没有吃饭。总理看在眼里,在给客人夹菜的同时,还不止一次给张庭延夹菜,并中断谈话给他时间吃点东西,这使张庭延感动之余,深感不安。这是他第一次为总理做翻译,这天谈话中还涉及朝鲜半岛局势,当时由于张庭延不了解情况,翻译时遇到了困难,好在有外交部亚洲司的同志在场,为他解了围。

"虽然没有吃什么饭,翻译也做得很一般,但我深深感到翻译的责任,与外宾的交流,包括谈话的气氛,翻译有着重要的作用。可以说,这天我上了一堂生动的教育课,终生难忘。"张庭延说。

第一次走出国门前往朝鲜工作
中国驻朝大使郝德青的言传身教

1963年10月,张庭延被安排去中国驻朝鲜大使馆工作。这是他第一次出国,出发前,张庭延一直很兴奋。"想得最多的是到使馆做什么工作,自己能不能胜任。为此我与曾在使馆工作过的同志多次交换意见,结论是服从分配,竭尽全力。"

张庭延还透露了一个细节,当时他之所以兴奋,还因为结婚刚刚一年的妻子谭静正在平壤进修,两人即将在异国他乡团聚,对于新婚宴尔的小夫妻来说确实是一桩美事。谭静是和张庭延一起分配到外交部的同班同学,毕业后进修的三年多时间又朝夕相处,终结成终身伴侣。

搭乘国际列车到达平壤后,张庭延看到了这座城市宽阔的街道,宏伟的建筑，行人穿着整洁，举止彬彬有礼。一想到朝鲜战争中，平壤曾被夷为一片废墟，在短短的时间内能取得如此的发展，张庭延内心的敬佩之情油然而生。他说，这是朝鲜人民勤劳智慧的结晶。

经过斯大林大街，转过千里马铜像，走不多远就到了中国大使馆。张庭延被安排住在三楼，刚进房间放下行李，北大的同班同学赵嗣安就来了，毕业多年后在异国相见，两人甚为高兴，有说不完的话，从晚饭后一直畅谈到深夜。

张庭延依然清晰地记得当时的工作环境。中国大使馆位于平壤市北部牡丹峰区凯旋门大街长村洞，是一个偌大的院落。四层主楼，辅楼是一个大宴会厅，西侧有一个不小的游泳池，后面有一座小山，树木十分茂密。这座建筑是中国人民志愿军1958年撤出朝鲜之前用很短时间建成的，地理位置十分优越。

在平壤，张庭延被分配在使馆办公室工作，担任大使翻译和使馆对外礼宾交际工作。使馆工作对他来说完全是新的，一切从头学起做起。他开始工作后的第一个感觉是，使馆的工作十分繁忙。由于中朝关系密切，两国领导人来往很多，当时刘少奇主席又刚刚访问过朝鲜，两国关系处于热潮中，大使和外交官的对外活动非常密集。特别是张庭延当时担任大使翻译，每天都要外出，回来要写简报，加上还要做对外联络和礼宾工作，几乎每天都要加班加点，就这样工作有时还是干不完，但他觉得工作十分有意义，干劲儿也很足。

初到使馆工作时，中国驻朝鲜大使是郝德青。由于工作关系，张庭延与他接触很多，通过他的言传身教，使刚刚走上外交战线的新人张庭延学到了很多东西。

张庭延回忆，这位郝大使是一位老革命，1907年出生，1927年参加中国共产党，长期从事地下工作，还曾担任《陕甘宁报》主编，直接聆听过毛主席的教诲。新中国诞生后，他任重庆市市长、市委第一书记，20世纪50年代后期调到外交部出任中国驻匈牙利大使，匈牙利反革命暴乱期间，周总理曾不惧危险前往调解，郝大使参与接洽。1962年郝大使调任中国驻朝鲜大使，而那几年中朝关系正在升温。1961年7月，金日成首相访华会见毛主席，与周总理一起签署《中朝友好合作互助条约》；1962年6月，朝党高级代表团访华；1963年6月，崔庸健委员长访华，同年9月刘少奇主席就回访朝鲜，可见中央对郝大使的信任。

郝大使活动很多，不仅要参加会见、宴请等礼仪活动，还要就两国关系中的重要问题，会见朝鲜外务省等各部门的领导，以至金日成首相。他每次外出活动，从对外联络、安排车辆以至翻译工作，张庭延都要承担负责，回来后要写简报或电报。

张庭延说，他对工作十分慎重，不敢有丝毫懈怠，特别是翻译，尽力做到认真、准确。但是，在一次约见朝鲜外务省副相时，发生了始料未及的事情。那天郝大使所谈问题，张庭延事先毫不知情，没有任何准备，而且是比较专门的问题，所以翻译起来很不顺畅，后来竟然结结巴巴翻不下去。郝大使当机立断，要他停止翻译，由在场的朝方译员翻译，要张庭延好好听。张庭延瞬间感到无地自容，羞愧难当。

那天回来后，郝大使把张庭延叫到办公室，张庭延内心也做好了挨一顿批评的准备。然而出乎他的预料，郝大使没有批评，而是查找发生这次事故的原因。"他说我刚来，没有接触过这个问题，翻不出来也不奇怪，但要吸取教训。他说从今以后，凡他对外约见要谈的问题，事先都让我看材料，做到心中有数，有所准备。我听着他的话，心里感到自责，也感到一股暖流。打那以后，我每次陪郝大使外出，都事先做好准备，没有再发生过类似的问题。"说起这一点，张庭延如今依然十分感慨。

郝大使年近60岁依然忘我工作的态度，以及得体的仪容仪表，对工作细节的严格要求，不仅让张庭延心生敬佩，更是深深地影响到了他的处事态度和工作方式。"郝大使对人要求严格，有时甚至让人有点畏惧，但他为人正派，作风豪爽，不计别人过失，为我的外交人生做出了榜样。"

担任郝大使的翻译期间，在多种场合，张庭延都有幸见到朝鲜人民的伟大领袖、内阁首相金日成。首次见面是1963年11月，金日成首相在朝鲜劳动党中央大楼会见驻朝鲜外交使团，通报朝鲜国内形势。张庭延随郝大使准时到达会见大厅，虽然当时郝大使还不是外交使团团长，但是他和苏联大使被安排在最前面就座。各国使节到齐后，金首相从隔壁房间走了进来，他精神奕奕，步履矫健地走到客厅正中央落座后，扫视全场并面带微笑地欢迎各国使节应邀前来，然后开始正式通报。当时驻朝鲜外交使团主要是中国、苏联和东欧社会主义国家，所以金首相的讲话被翻成中文和俄文，记得他讲一段话后，十分注意译员的翻译，几次纠正译员的不妥之处，这表明金首相确实精通中文和俄文。这天的活动中，金首相谈吐清晰亲切，举止落落大方，让张庭延感到他不愧为一代领袖。

金日成对中国怀有深厚感情，张庭延说，这一点他在工作中不止一次感受到。1964年10月1日是中华人民共和国成立15周年，郝大使在使馆举行国庆宴会，金日成首相亲自率朝鲜领导人出席。1965年10月25日是中国人民志愿军入朝参战15周年，曾担任过中国人民志愿军政治委员的王平率领代表团访朝，金日成首相亲自设宴款待。张庭延不止一次地听到金首相高度评价中国人民志愿军的国际主义支援，说他们不仅与朝鲜人民并肩战斗，而且在战后又帮助朝鲜人民建设家园，朝鲜人民永远不会忘记他们。

曾经多次为国家领导人担任翻译
随同邓小平访朝归来后结束翻译工作

1969年，张庭延从驻朝鲜使馆调回国内，响应时代号召，先去黑龙江省五常县种地伐木，从春暖花开到数九寒冬，历时半年多时间，后转移到湖南省攸县"五七"干校，在那里采茶插秧，经历了没有取暖的寒冬，也经历了难以忍耐的酷暑。

1970年6月20日上午，张庭延正在攸县"五七"干校顶着太阳干活，突然接到通知，因工作需要，要他马上赶回北京。他赶紧简单清洗了一下，准备了两件随身衣物，就乘校部已安排好的吉普车赶往县城，并连夜乘火车于次日上午回到北京。走进外交部亚洲司，大家看到张庭延一身泥土、又黑又瘦，要他赶快理发换衣服，准备参加即将开始的朝鲜重要代表团来访的接待工作。

张庭延此时得知，为了纪念6月25日朝鲜战争爆发20周年，北京将举行盛大活动，以朴成哲第二副首相为团长的朝鲜党政代表团将前来参加，分配给他的任务是为代表团当翻译。听说周总理要与朝鲜代表团举行会谈，毛主席还要接见代表团，张庭延一下子紧张起来，他忘记了旅途疲劳，连夜看材料，熟悉外文，临阵磨枪，准备尽力做好自己的工作。

6月24日上午，朝鲜代表团到达北京，下午周总理在人民大会堂与代表团友好会谈，晚上举行宴会欢迎朝鲜贵宾。有机会再次见到总理，张庭延心里说不出的高兴。会谈前，周总理鼓励地看了看张庭延。张庭延集中全力，完成了会谈、宴请的翻译任务，没有出现什么失误。工作结束时，总理微笑着向他点了点头。

6月26日是张庭延最紧张也是最难忘的一天。这天下午，毛主席在人民大会堂接见朝鲜党政代表团。当毛主席穿着灰色的中山装出现在接见厅时，张庭延兴奋得不能自已。这是他第一次为毛主席做翻译，也是第一次近距离看到他老人家。客人到达时，毛主席在门口迎接，与他们一一握手，然后落座开始交谈，张庭延就坐在毛主席身后。

翻译前，张庭延就听说毛主席的湖南口音很重，加上翻译时兴奋紧张，有的话张庭延没有听懂。这时毛主席转过头来看了看张庭延，问道："你是哪里的人？"张庭延答："北京人。"毛主席又说："那么我考考你北京话，这个叫什么？"说着他举起了桌上的火柴盒。张庭延忙答："火柴。"毛主席摇了摇头。张庭延又答："洋火。"毛主席仍然摇了摇头。不知哪儿来的灵感，张庭延想了想说道："取灯儿。"这时毛主席点了点头，笑了，在座的人也随着笑了起来。

这时，张庭延感到紧张的气氛有所缓和，听毛主席的话也好像容易了许多，顺利完成了这天的翻译任务。会见后，周总理很关心，对张庭延说："要放松，不要那么紧张嘛！"张庭延说："我知道，这是对我的批评，也是对我的鼓励。"

当年7月，毛主席在上海接见朝鲜军事代表团，张庭延又一次为他做翻译，工作比较顺利。会见要结束时，毛主席回过头看看张庭延，幽默地问："你是朝鲜人？！"张庭延摇头说"不"，毛主席笑了。

后来，中朝两国领导人多次会晤和深入交谈，使张庭延深深感到两国关系非同一般，作为一名翻译，他深感肩负的责任之重大。在后来的外交任务中，张庭延多次为毛主席和周总理担任翻译。

1976年1月8日，周总理在北京逝世，仅仅过了半年多，毛主席于9月9日逝世。张庭延说，这两个日子，是他这一生中最为悲痛的日子。

后来，张庭延也曾经为邓小平担任翻译。1978年9月9日是朝鲜民主主义人民共和国成立30周年大庆，朝方邀请中国派高级代表团访朝参加庆祝活动。那几年，中国高级代表团多次访问朝鲜，但这次是朝鲜国庆30周年，意义重大，中央决定由邓小平副总理率中国党政代表团前往参加庆祝活动。

当时，张庭延正在中国驻朝鲜使馆工作，邓小平访朝前夕，他准备结束在北京的休假返馆。外交部亚洲司把张庭延留下，安排随团访朝为邓小平做翻译。经过繁忙的准备，中国党政代表团于9月8日乘专机前往平壤。专机于上午11时许抵达平壤顺安机场，迎接邓小平副总理的是朝鲜国家副主席朴成哲，机场还有上千人的群众欢迎队伍。根据朝方的安排，邓小平没有去下榻的宾馆，而是乘车直接前往主席府，与金日成主席会晤。

随同邓小平访朝担任翻译时，张庭延已42岁，在当时的翻译中虽不是年纪最大的，但今天已很少看到四十几岁的人当翻译了。那次访问回来后，张庭延基本结束了翻译工作，而把更多的精力和时间投入到参与朝鲜半岛形势和政策的研究工作之中。

在平壤中国驻朝鲜大使馆工作期间，张庭延先后任随员、三秘、二秘、参赞，最后于 1989 年离开平壤。

出任中国首任驻韩大使
见证韩国前总统卢泰愚首次访华

1992 年 9 月，张庭延出任中国首任驻韩国大使，至 1998 年 8 月离任，在汉城工作了近 6 年。这是他从事朝鲜半岛工作 40 多年的最后阶段，对他来说，弥足珍贵。这 6 年时间里，张庭延见证了中韩关系结束了长期隔绝，掀开了新的一页；半岛形势错综复杂，但总体朝缓和方向发展。

回顾中韩两国建交的过程，不得不提到当时的时代背景。截至 1980 年，由于朝鲜战争的原因，中国和韩国之间没有任何来往。双方不仅没有外交关系，而且外交官之间在外交场合不握手、不交谈，没有外交文书来往，完全处于一种互不承认的状态；贸易通过第三国或从中国香港转口，没有任何直接贸易；双方运动员在国际比赛中相遇，相当一段时间拒绝交手，后来虽然同意比赛，但不交换带有国徽的队旗和纪念品。这种情况持续了 30 多年。

1978 年中共十一届三中全会以后，党和国家工作重心开始转移到经济建设上来，并全面推行改革开放政策。我国对外活动日益增加，国际交往迅速扩大。而韩国与我国隔海相望，是我国的近邻。它已加入 200 多个国际组织，经济上具有相当实力。如果我国无视这个现实，与各国和国际组织的联系就会遇到障碍，改革开放就会受到影响。鉴于这一情况，我国于 20 世纪 80 年代初决定调整对韩国的政策，采取灵活做法，并于 1983 年 8 月申办 1990 年第 11 届亚运会，欢迎包括朝鲜和韩国在内的亚奥理事会成员国前来参加。此后，我国派团出席了 1986 年汉城亚运会和 1988 年汉城奥运会。体育先导，贸易随行：1988 年，我国开始与韩国民间直接贸易。1990 年 10 月，双方达成协议互设民间贸易办事处。中韩关系的紧张局势有了很大松动。

这期间，朝鲜半岛局势也发生了令人瞩目的变化。1972 年，朝鲜半岛南北双方通过高级会谈，发表了联合声明，阐明了"互不诉诸武力、排除外来干涉、实现自主和平统一"三原则。1990年，双方举行了总理会谈，签署了基本关系条约。1991年9月17日，双方同时加入联合国，在很多国际组织中均作为成员国同时存在。社会主义国家与韩国的关系也发生了变化，匈牙利于1989年最先与韩国建交，其后东欧国家相继而行，到1990年9月，苏联亦同韩国建立了外交关系。这一切表明，我国与韩国建交的条件已趋成熟。

1992年3月，钱其琛国务委员兼外长在全国人大会议期间举行的记者招待会上，在回答关于中国与韩国关系问题时，称中国与韩国建交没有时间表，这实际上是一个信号。4月中旬，韩国外务长官李相玉来北京出席亚太经社会第48届年会，钱其琛会见了他，双方商定就两国关系问题进行接触。中方指定徐敦信副外长任首席代表，张瑞杰大使任副代表；韩方指定卢昌熹外务次官任首席代表，权丙铉大使任副代表，双方副代表负责具体会谈。经过在北京和汉城举行的几轮秘密磋商，克服了障碍，达成了协议。韩方承认中华人民共和国政府是中国的唯一合法政府，台湾是中国的一部分，韩将同台断交、废约、撤馆，仅维持民间关系。中国支持朝鲜半岛南北双方通过对话和协商实现和平统一。

1992年7月15日，钱其琛外长受命到平壤会见金日成首相，通报朝方中韩即将建交。

经过双方首席代表草签，1992年8月24日，钱其琛外长和李相玉外务长官在钓鱼台国宾馆正式签署建交公报。中韩经过漫长的岁月，终于化敌为友，走到了一起。

9月5日，杨尚昆主席发布命令，任命张庭延为中国首任驻韩国大使。接到这个任命，想到自己将去一个完全陌生的地方，更感到担负的使命之重要。张庭延想起了时任国家军委主席的江泽民对他说的话："你将去完成一次光荣而艰巨的使命。"

经过短短一个星期的紧张准备，张庭延于1992年9月12日起程前往汉城赴任履新。当时两国刚刚建交，尚未开辟班机航线，去汉城只能绕道香港或东京。张庭延选择了香港这条稍近一点的路线，早上6点多就匆忙赶往首都机场，9点钟飞机起飞，中午抵达启德机场。

一路上，张庭延既有几分兴奋，又夹杂着几分忐忑不安。去这样一个几无了解、人地生疏的地方，如何开展工作，又如何去争取协助和支持，是他不能不思考的紧迫课题。

从香港到汉城，又飞行了近3个小时。傍晚时分，飞机平稳地降落在金浦机场。一海之隔的两国，1200公里的距离，竟然用了一天时间。机场休息室已挤满记者，张庭延刚走进去就被围了起来，有的忙着拍照，有的迫不及待地提问。对此，他虽有思想准备，但没想到来得这么快。张庭延从容地向他们表示："我能来汉城出任大使，感到十分荣幸。我将尽一切努力，为发展中韩两国关系而工作。同时我愿通过各位记者，转达中国人民对韩国人民的问候。记者要我回答问题，我表示刚刚到任，以后将在汉城工作，接触的机会很多，感谢各位并请谅解。"记者虽有些失望，但没有没完没了。次日，几乎各报均登载了张庭延到达的消息和有关内容，还登了他走出机场的照片。

从北京出发前，两国外交部已商妥，在张庭延到达汉城后尽快递交国书，以便他返回国内参加韩国总统卢泰愚访华的接待工作。张庭延大使征求韩方意见，9月6日由驻韩国使馆照会韩方，8日韩方复照同意。张庭延抵汉城次日是星期日，使馆主要领导开会，安排了近期工作。星期一刚上班，韩方即通知张庭延到外务部，会见李相玉外务长官，递交国书副本。张庭延在北京同李相玉见过面，这次他在会见厅门口迎接了张庭延，并让挤满一屋的记者为他们拍照。落座后，他表示欢迎张庭延来汉城赴任，并告知卢泰愚总统将于第二天上午接受张庭延递交的国书。"这同一般大使到达后要等半个月甚至更长时间递交国书相比真是太快了。难怪韩国外务部官员说，这在韩国外交史上是一个新纪录。"

1992年9月15日，天气分外晴朗。张庭延递交国书的时间定在上午11时。

10时许，韩方派礼宾车来官邸接张庭延。10时半，张庭延乘坐的礼车到达外务部，同前一天拜会过的仪典长张暄燮简单交谈递交国书的程序后，即同车去青瓦台总统府。

张庭延说，这里还有一个小小的插曲，就是递交国书的服装问题。按韩方礼宾规定，大使及陪同的外交官应穿燕尾服，以示庄重。"可我们没有，做也来不及，更主要的是中国外交官还不兴穿。韩方答应给我们借，我们觉得不合适，也没有同意。最后决定穿民族服装中山装，我是带着深色中山装去汉城的。"张庭延乘坐的礼车，由摩托开道，穿过市区的滚滚车流，直奔青瓦台总统府。

11时整，递交国书仪式开始。张庭延随着礼宾官走入一间大厅，卢泰愚总统正站在大厅中央等待，张庭延缓步向前，双手向他递交了国书。陪同卢泰愚总统的有李相玉外务长官。在张庭延向卢总统介绍我方外交官之后，双方人员站成一排，合影留念。随后到小会客室，卢总统单独会见张庭延并谈话，韩方外务长官李相玉、总统安保首席助理金东辉等作陪。

张庭延还记得那次谈话的内容。"感谢卢总统这么快接受我的国书，转达了杨尚昆主席对他的问候，表示将竭尽全力，为发展两国关系而努力工作。卢总统欢迎我来到汉城赴任，表示韩中两国关系悠久，有着相同的历史和文化，两国隔海相望，鸡犬之声相闻，双方长期隔绝和互不来往是不幸的，两国关系实现正常化符合两国人民的利益，两国关系的前景无可限量。他要我转达对杨尚昆主席的问候，并表示期待着即将访华，与中国领导人会晤。"

递交国书后，张庭延即开始正式履行大使职务，并先后拜会了韩国国会议长、大法院院长、商工部长等，参加了韩方和使团的一些活动。在接触中，张庭延感到，中韩虽刚刚建交，但韩国人对中国颇多关心，很多人读过《三国志》《水浒传》《红楼梦》，崇尚中国的历史和文化，对中国的改革开放和经济发展更是倍加关心。

"我和他们交谈，气氛融洽和谐，好像不是来到了陌生的地方，而是回到朋友中间。在使团活动中，我的出现也引起各方的关注，各国使节赶来握手寒暄，赞扬中韩建交成果。中韩隔绝几十年后走到一起，符合各方的心愿。"就在张庭延刚刚萌生这种感觉的时候，9月20日他返回了北京，准备迎接卢泰愚总统访华。

1992年9月27日至30日，在中韩建交一个月后，韩国总统卢泰愚访问了中国。这也是几十年来韩国总统第一次访华。

9月27日下午，卢泰愚一行抵京。卢泰愚对中方的热切欢迎表示感谢并称访华是他多年的心愿，现在得以实现，深感高兴和荣幸。陪同卢泰愚访华的有他的夫人金玉淑、外务长官李相玉、商工部长官韩凤洙、科技部长官金镇铉等政府高官和财界、经济界巨头上百人，随行记者170人，以及警卫、礼宾、医务等人员，总共500多人。

卢泰愚一行抵京后，28日开始了繁忙的访华正式日程。杨尚昆主席当天在人民大会堂东门外广场举行欢迎仪式并同卢泰愚举行了单独会谈和大组会谈，晚上举行了欢迎宴会。卢泰愚还出席了经济界午餐会，观看了专场演出，偕夫人及女儿、女婿游览了故宫和长城。30日经上海参观后回国。张庭延在陪同中看到，尽管日程紧张，但卢泰愚总统一直兴致很高，同我方领导人会见气氛融洽，并在许多问题上取得广泛共识。

卢泰愚一行访华期间，中韩两国政府签署了贸易协定、投资保护协定、科技合作协定和成立经济、贸易、技术联合委员会协定等9个文件，发表了新闻公报。外电称这次访问是"中国改革开放的成果"，反映了"世界和时代的变化"，卢氏"打破冷战封闭格局的努力达到高潮"。

卢泰愚总统访华后，中韩关系迅速全面发展，两国领导人互访频繁，贸易额到1997年突破200亿美元，双方互为重要贸易伙伴，两国关系进入重要阶段。张庭延在任期间，多次见到卢泰愚总统。1998年他离任前，卢又在汉城延禧洞寓所设午宴招待了张庭延夫妇。卢泰愚说他最大的愿望是再次访华，并希望到山东去寻根。又过了两年，2000年6月，他的愿望终于实现。

对于在汉城给予支持的朋友们：
"我的内心充满无限感激之情"

在汉城期间，张庭延的收获是无法形容的，不仅在于这座城市，更在于这座城市里的人。

在张庭延看来，汉城是一座拥有1000多万人口的现代化国际大都市，到处可以看到气势宏伟的高楼、华丽多姿的商厦和整齐洁净的住宅。清澈的汉江穿城而过，20多座形态各异的江桥，疏导着来往的车流，形成一道独特的风景。更可贵的是，汉城还完好地保存着许多历史名胜古迹，景福宫、光化门、秘苑、宗庙等距今已七八百年，但仍修葺一新，宫殿廷阁、古亭水榭、红砖绿瓦、苍松翠柏，飘逸着古香古色的韵味，使汉城成为一座现代与传统相结合的都市。

然而，由于工作的关系，张庭延更深切地感受到，汉城是一座有着紧张快速节奏的城市，这可能与韩国人风风火火的性格有关，同时也是整个国民文化素质的体现。比如，韩国政府部门的公务员，特别是司局级以上的干部，提前上班，推迟下班，已是不成文的规定。韩国很多部门和团体有举行早餐会的习惯，邀请国内外知名人士做专题演讲，以了解形势，增长见识，开阔眼界，从而更好地工作。

张庭延说，此类早餐会多安排在早上7点至8点半，演讲者和听众必须起个大早，在7点以前赶到会场，路远的甚至5点多钟就要起床。一开始，张庭延有些不适应，心中也有些犹豫，怀疑听众是否会那么早就去。然而当他第一次应邀走进演讲会场时不能不吃惊，上百名听众已坐满会场在等他。这之后，他又作为听众参加了多次演讲会，发现不管主讲人是部长还是副总理，都是提前到达，与大家握手寒暄。早餐会在韩国持续了几十年，因为大家晚上各种交际活动很多，只有早上的时间有保证，而为了不影响上班，只好起个大早了。韩国人如此珍惜时间，是他事先没有想到的。

不仅如此，韩国人的办事效率也是很高的。建交后不久，中国全国人大常委会一位副委员长访韩，由于我方原因，于访问当日前一个星期才定下访问时间，致使商谈落实日程变得十分紧张。但韩国国会非常认真负责，主管此事的一位国会议员连夜来使馆听取中方的希望和要求，争分夺秒制定方案，仅三天就安排好全部日程，其中包括总统、议长会见等重要活动，使这次访问取得圆满成功。

张庭延说，在汉城紧张的公务活动中，也有意外的惊喜，比如与曾在平壤工作期间结识的匈牙利、罗马尼亚、蒙古三国外交官的重逢，这不仅为单调的外交官生活平添了几分情趣，也使他享受到了与旧友相逢的喜悦。

中韩建交后，两国经贸关系迅猛发展，到建交5年时，年贸易额已突破200亿美元，在我国与其他国家的关系中是从未有过的。张庭延说，究其原因，除两国政府积极倡导之外，两国一海之隔，经济互补性很强外，两国企业界人士倾注全力推动和参与，是一个重要因素。张庭延在汉城期间，几乎结识了所有热心致力于发展对华经贸关系的企业界首脑，包括韩国大企业现代集团、三星集团、大宇集团、鲜京集团、韩进集团、乐天集团的会长和社长，交往密切。

此外，张庭延还拜会了在汉城的各国使节。当时在汉城，各国常驻使节近90家，加上国际机构常驻代表，超过100家，是一个庞大的外交团。他提到一个很有意思的情况。"我到任后本拟拜会每一位使节，与他们结识共事，然而事不如愿。汉城交通拥堵，使节住处又分散，加上我同时还要拜会驻在国领导人和政府官员，协调安排十分困难，结果两个月过去了，使节只拜会了三四十家，而在此期间，通过各种活动已与各国使节多次见了面，甚至有的国家使节已轮换，新任大使又提出拜会我，因此使节拜会不得不'半途而废'了。"

张庭延在任期间，也赶上了三位俄罗斯驻韩国大使，同他们均建立了密切的合作关系，并且与当时日本三任大使的交往一直比较密切。张庭延发现，在外交团中会讲中文的使节越来越多，比如俄国大使、法国大使、泰国大使等等，这让他感到非常欣慰。

在韩国期间，张庭延与华侨有着广泛的接触，更深深被他们的拳拳爱国之心所感动。中韩建交后，华侨特别高兴，他们的地位逐步得到改善，通过各种途径，表达着对祖国的热忱，比如，老侨领韩晟昊、爱国老华侨李茂梅等。张庭延看到，华侨已溶入韩国社会，并为其发展做出了贡献。随着中韩建交深入，他们今后将会对韩国的经济发展、中韩关系的加强做更多的事情。

在韩国几年，张庭延还利用各种机会，结交各界朋友，尽管他们工作不同，性格迥异，但在交往中张庭延深深感到，他们都对中国怀有深切的友好情意。比如，在韩国外务部，张庭延先后结识了六位长官、七位次官以及司局级官员，他们都对张庭延的工作给予了巨大的支持和帮助。

对于在韩国的经历和在那里所认识的朋友，张庭延内心满怀感恩："我在韩国期间，正值中韩建交初期，两国间要处理的问题很多，代表团互访和各方面的交流更是频繁，公务繁忙不待多言。但是两国政府的友好方针已定，我作为具体贯彻者，每事必从此大局出发，慎重判断，稳妥处理。现在回想，如若没有韩国政府及各部门热心致力于两国关系发展的朋友的支持与合作，我在任期内是很难完成任务的。至于作为大使，要判断朝鲜半岛形势、南北关系走向以及韩国国内问题，离开朋友提供的信息和协助，也是很难做到的。每当我回忆起这些给予我鼓励和支持的朋友，我的内心就充满无限感激之情。"

1998 年告别汉城回国
临行前受到金大中总统接见

在韩国工作、生活了 5 年 11 个月之后，1998 年 8 月 12 日，张庭延怀着依依惜别之情，向汉城告别，向韩国告别。在行前的一个半月里，张庭延夫妇终日忙于辞行活动，几乎每天中午和晚上，后来加上早上，都要参加韩国朋友和使节为他们举行的送别活动。韩国政府各部门官员、国会议员及各界朋友；外交团中美、日、俄、法、英等许多国家的大使和夫人，都为他们离任举行了送别活动。卢泰愚前总统得知张庭延将离任，和夫人一起在寓所设宴为张庭延夫妇二人送行。金钟泌总理代表韩国政府，在他的办公室接见了张庭延，还授予他建交功劳勋章。当晚，他和夫人还举行宴会招待张庭延夫妇，为他们送行。

更令人难忘的是，金大中总统在繁忙的国务活动中接见了张庭延夫妇。说起这段经历，张庭延依然十分动容："在汉城，外国使节有近百家，使节离任，韩国只安排总理会见，总统国务繁忙，是不出面的。但是，出乎意料，8月初的一天，青瓦台总统府金夏中仪典官突然来电话告知，金大中总统要接见我们夫妇，真是让我喜出望外。"

张庭延记得，那是在8月6日，雨后初晴，青瓦台的楼宇和草坪显得格外秀丽。夫妇二人按约定的时间到达会客厅，尚未坐定，金大中总统就从隔壁走了进来，满面笑容地与他们握手问候。落座后，金总统赞扬张庭延在任期间的工作，对离任表示惋惜，希望张庭延在离任后继续为发展韩中关系作出努力。金总统还谈到，在朝鲜半岛，他将致力于南北和解与交流，逐步改善关系，以利半岛的和平与稳定。他高度评价中国的改革开放和人民币不贬值，表示下半年将正式访华，推动两国关系进入一个新阶段。

"我们感谢他在百忙中的接见，表示回国后将继续为发展两国关系尽一份力量。我们还提出，如果可能，我们希望得到总统和夫人的新著。金总统欣然应允。几天后，青瓦台仪典官送来我们夫妇和总统的合影和金总统著的《为了新的开始》、总统夫人李姬镐女士著的《我的挚爱，我的祖国》，书的扉页上有他们两位的签名。"这让张庭延甚是开心。

回国前一天的晚上，一切行装准备就绪，张庭延和夫人谭静不顾8月酷暑，怀着惜别之情，最后游逛了使馆前面的明洞街头。"我们在熙熙攘攘的人群中穿行，想到明天即将离去，特选了几件小礼品准备带给外孙女，还拍了几张有特点的街景留念。我们心中不禁自语：再见了，明洞！"

离开汉城那天，很多朋友到机场为张庭延送行，握手、拥抱、话别，他说，那些画面令人感动，永远难忘。"在飞机上，我们俯视着汉城，心中默默地说：

'再见了，汉城！再见了，韩国！我们虽然离去，但我们心中对你的眷恋将会与日俱增。'"

尽管已经退休多年，但张庭延依然忘不了在韩国度过的日日夜夜，汉城的楼房，韩国的原野，朋友的笑脸，经常浮现他的眼前，而且随着时间的推移，不仅没有淡去，反而愈加清晰。"我参与处理朝鲜半岛事务40多年，汉城任职是我外交生涯的最后阶段，也是我最值得回忆的时期。"

张廷延和妻子谭静在燕达养护中心

如今，张庭延住在燕达养护中心的日子，平静而舒适。作为一个外交人，他仍然时刻关心半岛局势的发展，"我衷心希望朝鲜半岛南北双方和有关各方共同努力，克服艰难险阻，实现半岛的和平与稳定，以利东北亚和亚太地区的繁荣与发展。"

文 / 蒋若静　陈勤

人 物 简 介

  杨元恪，86岁，1934年9月出生在福建厦门。国家正局级干部，原工作单位为中共中央对外联络部。1955年毕业于北京俄语学院，毕业后分配到中共中央对外联络部工作，一干就是40年，20世纪60年代至70年代，杨元恪主要工作是俄语翻译，常随中央领导出访，担任俄语口译。1978年，中国社科院世界经济与政治研究所牵头，成立了"南斯拉夫主权研究会"，杨元恪应聘为该会理事。

  杨元恪40年职业生涯中有一半是与南斯拉夫打交道，他先后三次被派往南斯拉夫大使馆学习和工作，经历中南两党关系恢复的全过程。现在回望，杨元恪认为这是他最宝贵的人生经验。

杨元恪

为党的对外交往事业添砖加瓦，干了一辈子

从贫苦家庭的"光脚少年"成长为一辈子服务于党对外交往事业的外事干部，杨元恪的这一生充满了勤奋与刻苦。

如今，杨元恪86岁，年及耄耋。回顾峥嵘岁月，往事历历可数。他经历过战火、疾苦，在刻苦读书的经历中找到了人生方向，立誓为祖国发展、为祖国富强而奋斗、而拼搏。刚工作时，正值新中国蓬勃发展兴起之时，杨元恪有幸亲历中国外交事业发展，见证了辉煌历程，见证了中国翻天覆地的巨变。

勤恳一生的杨元恪，即使退休，也仍然发挥余热、老有所为撰写《铁托传奇》，翻译《马克思主义与社会主义》，将毕生经验与经历浓缩在百万文字中。在2008年，杨元恪报名参加北京奥运会外国代表团联络员，连续50多天兢兢业业为外国代表团服务，并获得表彰。

"老不言老，不是硬着头皮不服老，不是不顾一切拼老命，而是打消'老了，一切皆了'的自卑感和'退休万事休'的消沉情绪。"这是杨元恪在80岁时写下的一段话。杨元恪无论是在生活或者工作中都习惯用文字去记录关于自己的点点滴滴。在人生的滚滚巨浪中，记忆总是在更新迭代，而文字却

永葆生机，随时能唤醒过往或喜或苦的记忆。而这，就是人生的硕果。

初见时，我们是在杨元恪与老伴儿的燕达养护中心的家里。刚入家门，轻音乐的曼妙徐徐入耳，两位老人在音乐的陪伴中打理家务、翻阅图书，悠哉乐哉。由于都从事外交事业，两位老人注重礼仪，也更注意外在形象。杨元恪身着灰色短袖衬衫，身材笔挺；老伴儿一袭长裙垂落，尽显气质。

餐桌旁，杨元恪述说着这一生的成果，老伴儿也偶尔补充着。朝花夕拾，忆苦思甜，二老互动的情景，正是诠释爱情最美好的模样。

光脚少年：身背草席 进京上学

1934年，杨元恪出生在福建厦门。"我的童年是苦难的。"讲到这里，杨元恪的声音变得低沉缓慢，记忆通过时间隧道聚焦到了这个光脚少年的身上。

"在我的记忆里，那个时候总是吃不饱饭，穿不暖衣，我在童年期间就是光脚四处跑。"杨元恪儿时，因为日本侵华战争，宁静、美丽的厦门城沦为了人间地狱。令杨元恪至今无法释怀的是，日军的一次大轰炸夺走了母亲的生命。虽是懵懵懂懂的儿时，心里的苦楚和表面的倔强在杨元恪的身上相互交织，他总觉得自己要寻找什么。直到考上大学，杨元恪才明白，他要寻找的是用知识改变命运的钥匙，是为国家的崛起而贡献力量。

根据相关记载，1937年10月底，距离日军挑起"卢沟桥事变"，发动全面侵华战争仅仅过去3个月的时间，中国就有近半的国土沦落日军手中。随后侵略者将目光聚焦在东南沿海具有重要战略意义的厦门，先是攻陷了与它相互依存的金门。半年后，集结舰队在厦门五通浦口海岸附近出现。

1938年5月10日凌晨3时，正是人们陷入深度睡眠的时刻，日军悄无声息的迅速登岸。同时，日军飞机对厦门其余阵地进行轰炸，所过之处一片狼藉，据资料记载仅五通一个地方，就有95名手无寸刃的百姓被残忍杀害。日军在厦门犯下无数罪行，直到现在，厦门五通仍然保留着他们当初虐杀中国百姓留下的"万人坑"，并在上面建立纪念碑以示警醒。

母亲去世后，父亲一人身单力薄，无法照管杨元恪和兄弟姐妹，便将他和姐姐送进设在小山沟里的抗战儿童院。那是一座充满饥饿、疾病和死亡的儿童院，一场瘟疫就使许多儿童夭折，杨元恪就曾与死神擦肩而过。战争的残酷使孩子们过早地成熟，面对杀戮，他们学会了奋起；面对孤独和恐惧，他们更懂得了团结和互助。

"抗战胜利后一家人到了福州，父亲是个小职员，薪资很难养活九口之家，我常因没钱买鞋而光脚上学，我感觉得到同学都是以同情眼光望着我。"杨元恪说，从家到学校有五六公里的距离，他都是光着脚丫一步一步走到学校。为了融入同学，他也是光着脚丫打篮球。稚嫩的少年，粗厚的小脚，一步一步，生活的苦，难以概述。

由于交不起学费，父亲会让杨元恪背点大米去学校抵充学费，尽管家里已揭不开锅。"再困难也要学习。"这是父亲告诉杨元恪的一句话。当时，一家九口人挤在一个 8 平方米的房子里，吃饭、上厕所都在一个屋。杨元恪一天只能喝到几碗一眼见到底的清粥。实在养不起家庭时，父亲会去借债，在苦难的生活中负重前行。"有好几次，父亲回家后，我们说没米了，父亲就会生气地问怎么这么快又没米了。"回忆到这个画面，杨元恪停顿了一会儿说："在旧社会，国民党的腐败统治和'刮民政策'加上帝国主义侵略者疯狂掠夺，使人民生活在水深火热中，当时比我家庭更贫穷的也比比皆是。少年时见到的乞丐露宿街头、饿死街头的惨状至今还留在我的脑海里。"

杨元恪上初三那年，福州解放了。当时，新中国百废待兴，人人身上滚动着火热的激情。"学校教育要热爱新中国，拥护共产党，教我们学业上要勤奋，政治上要进步。"杨元恪说，这令他热血沸腾。

读书上课时，杨元恪没有课本，因为他买不起书，在他的心里是无奈而可惜的。可是没有课本，怎么上课，这对少年时期的杨元恪来说，是无法解决的。幸好，有位老师心细，注意到了杨元恪的难处，给他买了书本，让他有机会去学习，走向自己的目标。这位老师是一名共产党员，以自身行动践行党员的优秀品质。"我当时想我也要成为党员，等自己有能力了帮助弱小的人，建设我们的国家。"于是，杨元恪在高中加入了共青团，大学期间正式成为一名党员。在高中期间，杨元恪积极参加各种社会活动，如参加校宣传队向市民、商铺宣传党的政策。"记得每当和同学们高唱'解放区的天是明朗的天''没有共产党就没有新中国'时，我的心情是那么快乐！"

"在这种家境下，想上大学难似上天。"但是杨元恪不服，偏要向命运发起挑战。1952年，杨元恪参加高考。那时，高考成绩放榜时，《人民日报》会登出录取考生的姓名。杨元恪一眼就看到了自己的姓名，他考上了北京俄语学院。"我最喜欢英语课，上初三时全校英语比赛我获得第一名。本想报考英语，但由于仇恨美帝而放弃了这一选择。"杨元恪说，当时有苏联人到学校做报告，讲社会主义的优越性，介绍第一个社会主义国家——苏联的巨大成就，这让他充满向往与憧憬。

个人的命运与时代的背景是息息相关的。新中国成立以后，我国经过了三年的艰苦努力，完成了恢复国民经济的任务，并开始执行第一个五年计划。在依靠自己力量的基础上，接受了苏联和其他友好国家的支援。苏联帮助我国建设项目达150多个。而那时杨元恪听说俄语翻译的需求量极大，正是在这种氛围下，杨元恪想通过学俄语来学习苏联先进知识，为新中国的建设献力，早日走上社会，报答祖国。

从福建到北京，直线距离约1000公里。但在杨元恪的心里，相隔的却是千山和万水。那时，福建省交通极其落后，没有航班和铁路。杨元恪仅背着一床草席，从闽江乘船逆水北上到南平县，转乘烧木炭作动力的破旧长途车翻山越岭到江西上饶，再转坐火车到上海，这才终于坐上了去北京的火车。"长途跋涉，日夜兼程，历时三天四夜才到北京，到北京后觉得太幸福了。"杨元恪十分感叹地说，如今坐飞机、高铁几个小时就能回到老家了，当时可是难以逾越的距离。

到了学校,吃饭不要钱了,光脚少年终于不为吃而发愁了。"家里偶尔寄一两块钱来,都买不起牙膏,只能从牙缝里省钱。"除了经济压力外,杨元恪又有了新的烦恼。相较南方冬天,北方的冬天寒冷干燥,大风如刀一样,刮到脸上就能感觉到一股生疼。杨元恪没有一身厚棉衣,也没有抵御寒冬的棉被。"老师见我衣着单薄,为我申请补助,买了棉衣和棉裤。同学不忍见我睡在南方的草席上,送我一条旧褥,我感到身心双重温暖。"杨元恪将这转变成动力,把自己整天泡在图书馆里,贪婪地从书本里吸取知识。

这次北上,是杨元恪第一次出远门,没想到一别就是几年,"大学期间,过年、寒假、暑假都在学校学习,因为我没有钱,想家也回不去。"现在回想,大学时光是杨元恪人生里重大的转折点。在这里,他看到了比家乡更大的世界,学到了比书本更广阔的知识。他将抽象的"为国服务"信念细化成一个个外文单词、一句句外文句子,在生涩难懂的外文文章里寻找国家振兴的密码。

在杨元恪这一代知识分子的心里,都有一股真真实实的干劲,这股干劲没有掺杂任何的个人私欲。因为,他们经历过磨难,知晓个人的力量虽然微不足道,但汇聚起来就是国家的希望。

逐梦青春:投身国家外交事业

毕业时,杨元恪被分配到中共中央对外联络部,一干就是40年。这40年间,杨元恪见证了国际风云,亲历了中国是如何一步步走上国际的大舞台。

新中国成立初期,外交上首要的任务是维护国家安全和主权独立,捍卫革命胜利果实。中国坚决反对帝国主义和霸权主义,积极支持亚非拉人民争取民族解放和国家独立的斗争,确立了以和平为宗旨、独立自主的外交政策,在风云激荡的国际环境中展示了东方大国的鲜明形象,站稳了脚跟,改善了国际处境。

杨元恪有幸毕业后就投身新中国的外交事业，在摸索中前行。"刚毕业工作，就见到了毛主席，这激励我认真工作一辈子。" 1956 年 9 月，中共第八次代表大会在京召开。中联部的任务是接待外国党代表团，杨元恪被分配担任奥地利共产党代表团陪团的翻译，这是因为当时德语翻译人才缺少，而奥共总书记精通俄语。

中共八大是中华人民共和国成立后首次召开的中共全国代表大会。中国共产党领导全国人民经过艰苦卓绝的斗争，夺取了政权，建立了社会主义国家，是当年国际共运中的一大幸事，它壮大了世界社会主义阵营，鼓舞了世界各国人民的革命斗志。应邀来华的外国共产党、工人党代表团达 50 多个，共有外宾 180 多位。

杨元恪在陪团参加活动中，总能见到一些赫赫有名的执政党领导人和国际共产主义运动中的风云人物，"见到他们，我总是十分震撼，觉得大开眼界，觉得世界共产主义运动多么伟大。"

在招待各国党宾的晚宴上，杨元恪见到了毛主席，那时的画面一直深刻地印在杨元恪的脑海里："当时，宾主欢聚一堂，庆祝中国革命的胜利，席间，厅内响起欢快的乐曲，厅里的聚光灯全部开启，毛主席举着酒杯，满面笑容、神采奕奕地走向每一席与来宾一一碰杯，共庆中国革命成功，共享兄弟党、兄弟国家的友情。"杨元恪称自己当时只是一个"小翻译"，胆怯怯地站在桌角旁，紧张占据了身体的每一个细胞。当毛主席来到奥地利共产党代表团时，他努力压抑住自己激动的心情，"我这个刚出校园的小青年就能见到毛主席和国际共产主义运动中杰出领袖，感到无比幸福。我把这种感情化为动力，激励自己决心在党的对外交往战线上干一辈子。"

参加接待中共八大外宾的工作，对杨元恪来说如同新兵入伍的战斗洗礼，为后来从事对外工作开了好头。通过这次实践，杨元恪深感大学里学到的东西还不能满足工作需要，必须努力迅速提高俄语和各方面知识水平。

"当时的网络不发达，书和报纸是我们了解国际形势的来源，单位订了很多国外的报纸，我的办公桌上经常放着厚厚一摞报纸，有时从国外的报纸是成捆送来的，要一下消化就必须付出更多的努力。"面对这些"宝藏"，杨元恪潜心学习，从里面找出和工作相关的内容，认真分析研究。

工作不久，杨元恪就发现，学校学习的知识只是看和写，真正应用在实际翻译工作中存在很大难度。为此，杨元恪认认真真"啃"起厚厚的外文词汇，从经济技术到国际、国内政治，"这些词汇相似也有所区别，我把同类词汇整合在一起，不断巩固记忆。"在翻译工作中，杨元恪还会接触到很多国际基本知识，"这都需要深入学习，我这样才能避免在翻译工作中出差错。"

外交工作不仅讲究语言精准，而且还要求知识面宽，要熟悉礼宾礼仪等。"对不同的国家要有不同的表态，我们要了解这些国家的基本情况，做到'知己知彼'。"杨元恪说，不同领导人言谈也有不同的风格，不同的口音也要做到"精准"工作。

20世纪60年代至70年代，杨元恪主要工作是俄语翻译，常随中央领导出访，担任俄语口译。"当时国家缺乏外语人才，我能参与此项工作是出于领导的信任，我必须迎难而上。"自此，杨元恪开启了超负荷的工作。即使退休了，杨元恪也仍保持着高度的自律性。

逐渐熟悉工作后，杨元恪开始频繁出国出差。1959年，杨元恪随同时任中央政治局委员谭政林率领的中共代表团出席匈牙利工人党代表大会，1961年随同时任中央政治局委员李先念率领的中共代表团出席阿尔巴尼亚劳动党代表大会，1964年随同时任中央政治局候补委员薄一波率领的中共代表团访问波兰，1968随时任中央政治局委员李先念参加阿尔巴尼亚国庆大典活动，等等。"出席上述党代会的外国党代表团级别都很高，如出席匈工人党代会的苏共代表团由苏共中央第一书记赫鲁晓夫亲自挂帅。不少党的代表团由该党政治局委员率团。"杨元恪介绍，外国代表团主要是与东道主打交道，但也利用此场合相互接触或交谈一些问题，这样的翻译工作对他来说是很难的，

"因为这是高层领导的政治性交谈，政策性很强，有时还涉及敏感问题，翻译过程中还必须把握尺度，不得有误。"

除了感受到关系的变化外，杨元恪在多次出差中"开了眼界"，有了更多思考。

谈及当时出国对什么事情印象最深刻时，杨元恪笑着说："在莫斯科看到食品店里堆满肉肠时，我感叹社会主义真是好啊，什么时候我们的国家也能摆满肉肠，那该多好！"杨元恪将这些感性认识转化成了理性认识。"我心想我们社会主义中国也一定会让人民生活富起来。"走在异国街道，青年的心还是和祖国紧密相连，心中的信念始终未变。

激情岁月：三次被派往南斯拉夫工作

杨元恪40年职业生涯中有一半是与南斯拉夫打交道，他先后三次被派往南斯拉夫大使馆学习和工作，经历中南两党关系恢复的全过程。现在回望，杨元恪认为这是他最宝贵的人生经验。

"第一次是1957年，在那里主要是学习塞尔维亚语，即南斯拉夫官方语和外交知识；第二次是1972年起作为大使馆三等秘书工作了四年。在这四年里，我加深了对南斯拉夫问题的了解和研究，外语水平已有了进一步提升；第三次是1988年，中南两国关系已达很高水平，领导派我赴驻使馆任党务参赞，以加强双方的接触和沟通。"三度在南斯拉夫长期工作和生活，使杨元恪对南斯拉夫和中南关系有了更深了解。

南斯拉夫联邦人民共和国于1945年11月29日宣布成立，实行联邦制，由塞尔维亚、克罗地亚、斯洛文尼亚、波斯尼亚-黑塞哥维那（波黑）、马其顿、黑山6个共和国组成。

第一次到达南斯拉夫时，杨元恪待了两年，每天都在废寝忘食地学习塞尔维亚语。"出于工作需要，我必须要掌握多门外语，在这段时间里，我初

1975年冬，南斯拉夫总统铁托接见我国驻南大使张海峰，张大使后面是杨元恪

步掌握了塞尔维亚语，这为我今后的工作打下了很好的基础。"杨元恪说。

当时，南斯拉夫实行社会主义，由铁托出任总统，铁托执政下的南斯拉夫，与苏联保持距离，坚持独立自主和不结盟运动，这使得南斯拉夫变成欧洲仅有的没加入华沙条约组织的和社会主义阵营的社会主义国家。南斯拉夫努力发展经济，使其在东欧国家里成为比较富有的国度。

"走在南斯拉夫的大街上，第一次看到西方模式的超市，觉得是一个稀罕的地方，走进去一看，货架上摆满了吃喝用品。"另外，南斯拉夫的高速公路也让杨元恪格外惊奇，"我们的国家那时只有普通的水泥路，多数地方是土路。"看到这些全新的东西，杨元恪觉得太新奇了。但他坚信，新中国的建设步伐一定能赶上其他社会主义国家。

"1966年'文革'开始后，业务方面停了，我们下放了。"正当工作走上正轨时，杨元恪的人生发生了转变。他先后被下放到黑龙江、河南的"五七"

干校，当上了农民。

"五七"干校是在"文化大革命"期间，为了贯彻毛泽东《五七指示》和让干部接受贫下中农再教育，将党政机关干部、科技人员和大专院校教师等下放到农村，进行劳动改造。1968年，黑龙江柳河干校命名为"五七"干校，成为中国第一个以此命名的干校。当时包括中共中央、国务院等大批国家机关在河南、湖北、江西等18个省区创办了105所"五七"干校，先后遣送、安置了10多万名下放干部、3万家属和5000名知识青年。而各省市地县办的"五七"干校更是数以万计，在那里接受改造的学员有数十万人。

杨元恪就是万人之一。"当时刚结婚有了小孩，把小孩放在姥姥家，我和同在中联部工作的夫人被下放到干校劳动，我们相隔很远，难以见面。有一次终于把孩子接到干校了，可农村的跳蚤咬得孩子全身都红肿了，我们很是心疼。后来，孩子要上学，我们再怎么不舍也要送孩子到城里由姥姥抚养。"在此期间，杨元恪开过拖拉机、种过地、插过秧，生活在繁重的体力劳动中。

当时不让自学外文，杨元恪担心忘记专业知识，只能晚上撑起眼皮偷偷学习。当时住宿是大铺炕，一个房间住好几十人，杨元恪就借着微弱灯光偷偷看词汇书，"单词不能忘记，等国家恢复秩序后，我还能学有所用。"

就这样，一本词汇书成为杨元恪艰苦岁月中的一道光，照亮着他的初心。人正因有信念，才能承受生命之重，在反复无常的人生道路上，凭着一股倔劲儿勇往直前。杨元恪期待着，能出现一个转机，让他再次投身喜爱的事业中。

1968年，苏军入侵捷克斯洛伐克，中南都谴责苏霸权主义，彼此立场靠近，双方都迈出改善关系的步子。1971年夏天，杨元恪被从干校"借调"回京，先后为两个访南斯拉夫团当翻译。因此，杨元恪带着一本摸到卷边的词汇书回到工作岗位，重燃起内心的意志。

1972年初，出于改善两国关系的工作需要，时任驻南大使曾涛向中联部提出借调杨元恪到驻南使馆工作的建议。这次去往南斯拉夫，一待便是四年。

"我在使馆工作四年是中南两国关系逐渐改善的时期。"1975年毛主席会见到访的南斯拉夫总理时说，铁托是"铁"。南斯拉夫媒体也放出铁托敬佩中国革命和向往中国的信号。1977年春，双方商定铁托以总统的身份于当年8月访华。

第二次到南斯拉夫工作，杨元恪的工作更为复杂。"我们要学习和了解南斯拉夫的国情、民情、政治经济制度。"在掌握语言的基础上，杨元恪大量查看相关资料，进行调研工作，整理了厚厚几个本的笔记。这为他退休后写《铁托传奇》打下了基础。

与苏联绝交后，南斯拉夫走上了一条摆脱苏联模式的束缚的道路，建立了一套符合自己国情的经济发展道路。到1976年，南斯拉夫全国有36%的人民拥有自己的汽车，每1.8个家庭拥有一台电视，每2.1个家庭拥有一部冰箱，所有7岁到15岁的儿童都可以免费受到8年义务教育。虽然和发达的西方国家相比还是落后了一些，可是相比同一时期的社会主义国家，南斯拉夫人民的生活是充裕的。

相较第一次看到南斯拉夫的高速公路，杨元恪这次发现，南斯拉夫大街上的小汽车多了很多，而那时北京街上的小汽车少得可怜。虽有差距，但这些差距就是动力，激励着无数个像杨元恪这样的人奋起工作，为祖国发展"添砖加瓦"。

孤身一人在南斯拉夫，杨元恪最惦念的是家中的妻儿。"当时只有大使可以带夫人出国工作，其他出国人员都不可以。国家大业当头，小家要服从大家，当时的中国人就是这样过来的。"那个年代没有网络，打电话也是一件奢侈的事，杨元恪只能靠信使一个月带两次信，了解家中近况。"我只能将思念化为简单言语，了解家里的生活怎么样。"杨元恪回国后觉得，孩子仿佛一下子长大了，难以享受孩子幼时往自己身上磨蹭的亲切感了。

回忆起这段岁月时，杨元恪的老伴说，她没有丝毫怨言。同在一个单位，老伴也有多次外派的经历。"工作性质相同，也能更加理解彼此。他出国时，我照顾家庭；我出国时，他照顾家庭。我们都非常支持彼此的工作。"在二老的心里唯一的遗憾是还没好好照顾孩子，孩子就已经长大了。

当时，中国在国际舞台上站稳脚跟，必须首先增强国力。这里面有无数家庭的付出，杨元恪一家就是其中之一。"舍小家为大家"，这就是当代知识分子的真实写照。

工作四年后，1976年，带着满满的收获，杨元恪回国。回国不久，杨元恪赶上为铁托访华做准备工作。杨元恪来不及休息片刻，就和同组同事加入到紧张的筹备工作中。

1977年8月30日，85岁高龄的铁托不远万里来到中国进行历史性的访问。在第二天的正式会谈时，双方就两国两党关系进行了诚挚友好的会谈。期间，我曾担任李先念副主席同南共联盟中央书记多兰茨就国际问题和两党关系会谈的翻译。杨元恪说："首次担任这样的重要会谈翻译，神经十分紧张，完成任务后感到精疲力竭。"

全力以赴：为我国改革开放初期借鉴外国经验助力

1978年，我国实行改革开放，国内迫切需要研究和借鉴外国的经验。彼时，中国外交的主题词是"和平与发展"。党中央做出"和平与发展是当今世界两大主题"的根本判断，我国外交工作的目标随之调整为现代化建设争取较长时间的和平外部环境。在国际上，我们倡导多极化和国际关系民主化，坚持走和平发展道路，奉行合作共赢的开放战略，积极为维护世界和平、促进共同发展做出贡献，我国的国际地位和影响力持续提高。

中南两党关系恢复后，两党的高层互访很多。这个时期，杨元恪和几位做具体事务的同事忙得不可开交，既要办理许多来往事宜，还要为两党各级别的互访当翻译。

"这一时期工作的高要求和紧迫性，催我们奋进，促我们成长。"杨元恪说，"1981年间，我曾不止一次为邓小平会见南共领导人做翻译。1983年曾随时任中共中央总书记胡耀邦访南，任翻译。1982年和1986年曾随时任政治局委员彭真和时任政治局委员习仲勋分别出席南共第十一次代表大会和第十二次代表大会，任翻译。"

杨元恪认为，在这前后，特别是随高级团出访时，直接地在中央领导同志的身边工作的日子里，得到的指示和教诲，使自己深受教育。

随着中南关系的改善和我党对南共联盟的积极评价，南在经济制度、市场理念、企业经营模式和引进外资等方面引起国内的广泛关注。中央一些部门、各省市以及社科领域的学者们掀起了考察南斯拉夫的热潮。中联部南组几位同志在完成党交往的繁重任务的同时，还经常被借调随着各种考察团赴南，为我国改革开放初期借鉴外国经验助力。

"有人开玩笑说'你们出国就像去王府井一样'。" 杨元恪笑着说，中国人对南农工联合的经营模式很感兴趣，参观BKB（贝尔格莱德农工联合企业）的中国人络绎不绝，曾流传一句笑话：BKB的奶牛都学会说中国话"你好"。

1978年夏天，中国社科院世界经济与政治研究所牵头，成立了"南斯拉夫主权研究会"，杨元恪应聘为该会理事。研究会积极开展活动，对南经济开展深入研究，组织编写论文，编辑文集。杨元恪曾作为研究会理事应邀到北京大学、人民大学、中央党校、北京市委党校等单位做过报告。曾应约在《人民日报》《世界知识》杂志、中央广播电台发表过介绍南政治、经济体制的文章。人民出版社为满足广大读者的需求，约请杨元恪组织翻译《铁托选集》，并承担全书定稿的工作。该选集中文版四卷本约百万字，在一年多时间内陆续出版发行。

"现在回头看，当年借鉴他国经验是必要的，起到启迪的作用，但归根到底还是要走自己的路。" 杨元恪感叹，改革开放40多年来，党一直坚持走中国特色社会主义道路，带领全国人民不懈斗争，使中国从站起来到富起来再到强起来。"我们国家在习近平新时代中国特色社会主义思想指引下，以习近平同志为核心的党中央坚强领导下，继续为实现中华民族伟大复兴而奋斗。"虽已退休多年，杨元恪仍保持着学习的激情，关注国际时事。

杨元恪曾和几位同志合作或独自翻译南斯拉夫宪法、党纲党史、学者论著，公开出版发行的超百万字。"这些事我都是在业余时间完成的。白天上班，晚上和周末、假日都用来完成这些'分外'的事，可以说是不折不扣的'夜以继日'。但我总是觉得，能为改革开放借鉴外国经验做出自己的贡献，很是欣慰。"在那时，不论是体力还是精力，杨元恪都承受着巨大的压力，他一直是全力以赴。

时间在推进，杨元恪与南斯拉夫的"缘分"还在持续着。

1988年，领导上派杨元恪再赴驻南使馆任职期。在使馆，杨元恪作为参赞主要负责与南共盟中央联络双边关系的事务。

第三次被派往南斯拉夫，杨元恪的感觉又变了。"这次，我感觉中南差距明显缩小，在公共设施、建筑、服务上，我们国家的水平都提升了很多，人民的生活水平也提升了很多，真是时过境迁。"这次，在南斯拉夫无论走到哪里，杨元恪的腰杆更加直了，他为祖国改革开放以来取得的成就而自豪。

令杨元恪遗憾的是，20世纪90年代初，苏联和东欧社会主义国家剧变的冲击、铁托去世和南斯拉夫国内民族矛盾激化，这导致南斯拉夫分裂成5个小国，原南斯拉夫不复存在了，南共也随之消亡了。"中南两党关系的这一事件作为我党对外交往中的重要历史事件载入史册。"而杨元恪就是这段历史的见证者。

1990年5月，杨元恪在使馆的任期满后回国。几个月后，杨元恪被任命为副局长，一年后被任命为局长。

"回首1955年至1995年走过的40年，我感到十分欣慰的是，我的'在党对外交往事业中干一辈子'的梦想实现了。40年来，在党的教育、培养和关怀下，我一步一个脚印地进步、成长。"杨元恪始终将自己比喻成中联部这座熔炉里烧出的一块砖，"感谢组织对我多年的培养，我为我这块砖在我党对外交往中用得上而感到欣慰。"

如今，世界正处于百年未有之大变局，中国特色社会主义进入新时代，中国外交的主题词是"民族复兴，人类进步"。推动构建新型国际关系、推动构建人类命运共同体被确定为新时代中国外交的总目标，习近平外交思想的指导地位正式确立，一条具有鲜明时代特征和中国特色的大国外交之路日益清晰地展现在世人面前。杨元恪每天都通过电视、书报关注着新时代下的中国外交，为祖国外交事业取得的成就而自豪。

老不言老：74 岁时担当北京奥运会外国代表团联络员

退休后的 25 年来，杨元恪丝毫没有停滞下来。如果说上半辈子忙忙碌碌是为工作、家人而活，那么下半辈子，杨元恪和老伴则想从容地为自己而活一次。

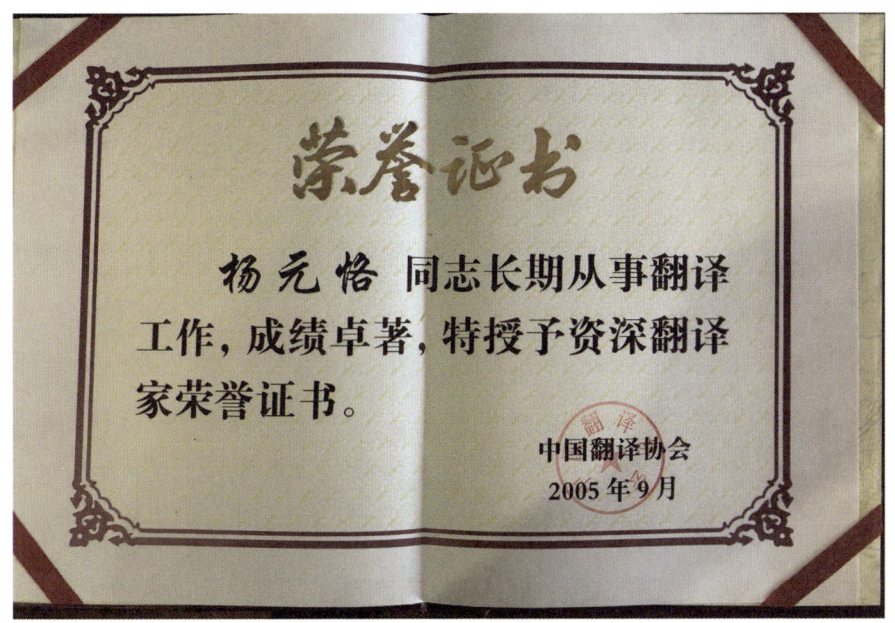

2005 年，杨元恪获得的"资深翻译家荣誉证书"

退休以来，杨元恪一直重视老年健康。"没有健康，哪有所为？退休 20 多年来，我一直坚持健身运动。健身的主要手段是打太极拳，因为我相信太极拳是最适合老年人的运动。我打拳力求规范精准，只有这样才会有益于健身。"杨元恪将工作时的认真劲用在了运动上，也取得了不少成就，如 2011 年欧美同学会太极拳比赛第一名、2012 年国家体育总局颁发的太极拳指导员证书。不仅自己学，凡有老同事、老朋友、老邻居来求教，杨元恪是有求尽教。

2018 年，杨元恪和老伴决定搬到燕达养护中心颐养天年。"年纪大了，在这里孩子们放心，我们也能更安心舒适地度过晚年，活出自己。"刚开始，杨元恪和老伴每天清晨都会下楼打太极拳，没想到吸引了不少老年人，大家自发向他请教，他也不吝赐教。慢慢地，杨元恪不经意地带动了更多的老人通过打太极拳而达到强身健体的效果。"我希望越来越多老年人享受太极，快乐健康。"杨元恪说道。

老伴爱跳舞，杨元恪爱打拳，而且渐渐吸引了养老院的其他老人。"其实我不太爱打太极拳，但是他喜欢我就学，现在觉得挺好的。我们还一起参加交谊舞、游泳等活动，'相向而行'又相互关照，感到更加顺心和谐。"从杨元恪老伴的言语里能感受到，二老经历的风风雨雨的大半辈子里，充满了相互爱慕和扶持，这才是爱情永远的保鲜剂。

杨元恪认为，退休后做得最有意义的事情是，在 74 岁时当了北京奥组委外国代表团联络员。

2008 年，第 29 届夏季奥林匹克运动会在北京举办。这个体育盛事的举办让国人都为之骄傲，"更高、更快、更强"的口号激励着中华民族自强不息、勇于进取。国际奥委会前主席萨马兰奇曾评价："北京奥运会是所有奥运会中最好的一届奥运会。在未来应该很少有人可以做到这种程度。这不光是我个人的看法，同时也是绝大部分媒体和国际奥委会的官员们的看法。"

"2007 年底，得知北京奥组委要招聘老同志当外国代表团联络员时，我和我的老伴毅然决定报名。办奥运是中国人的百年梦想，能为奥运会服务，机会难得。"杨元恪说，自己从事党的对外交往工作40年，有外语翻译技能，有研究国际问题和写作的老底子，有开展对外活动的阅历，"我一直期盼在有生之年能利用这些优势发挥余热，多做些有意义的事情，哪怕是极其微薄的奉献。"

2008初，北京奥组委完成招聘200多名老同志愿者和近千名在校外语大学生志愿者的工作。杨元恪被分配为担任马其顿奥运代表团和马其顿残奥代表团的联络员，和他一起工作的是三名英语系大学生。

杨元恪至今还记得，北京奥组委主席刘淇当时在联络员培训班上说的一席话。一是要实现"角色转换"，即不论过去任过什么领导职务（联络员中有约半数当过大使、参赞或局领导），现在就是一个服务员；二是发挥优势，对敏感的问题为奥运把好关（即深入了解所服务的代表团的情况，防范不利于奥运会的突发事件）。

联络员的工作很辛苦，这首先对杨元恪的体力提出了挑战。

杨元恪及夫人吴干生作为2008年北京奥运会志愿者，在奥运村合影留念

在奥运会和残奥会的 50 多天里，杨元恪每天清晨从中联部乘公交车去奥运村，晚七八点回家，路程往返需 3 个小时，加上工作时间，每天在外 10 多个小时。"那个时候经常是烈日当头，汗流浃背，但我就是想坚持下来。"杨元恪说，"那个时候不觉得累，是因为'中国人办奥运的百年梦想成现实，北京奥运会一定要办成最成功、最精彩的奥运会'这个信念一直在激励着我。"

奥运会工作内容则是杨元恪所擅长的。"从外国代表团入住奥运村到离村回国，事事都要通过我们语言沟通。我们要帮助他们参加各种活动，如升旗仪式、开幕式、闭幕式等。赛前训练和正式比赛都要我们联系、陪同并当翻译。赛后游览购物，我们要当导游和导购。"在工作细节上，杨元恪还花了一点"小心思"，"不仅要做好保障工作，我还要和他们联络好情感。我会特意给过生日的团员送生日贺卡，举行庆生活动，带着他们唱中国儿歌，让他们感受到中国的温暖。"由于杨元恪曾在马其顿工作、生活过，了解当地语音，他和代表团成员们一见如故，很快就建立了友情。

"团员空闲时，就请我在他们住所聊天，让我介绍中国的发展情况。"令杨元恪印象深刻的是，残奥团长是重残，十分向往长城，为上不去而伤心。杨元恪鼓励他，并努力为他登上烽火台创造条件。在登上长城的那一刻，残奥团长的激动心情难以形容。

在团队协作上，杨元恪和三位大学生合作得很好。"我和他们论辈分是爷孙，但我们都是志愿者。我关心并帮助他们，他们也照顾我，不让我干辛苦活。他们说'爷爷是我们的主心骨'。"说到这时，杨元恪笑了。老伴在一旁听了后说："我那个时候真是佩服他，他一个人能连轴转几十天，真是不容易。"

最终，杨元恪圆满完成了任务，受到了表彰。奥运会结束后，杨元恪和一些老相识的联络员在一起谈心，大家共同的感悟就是身体经受了考验。"'七十古来稀'的说法过时了，身上的'余热'还有不少。"杨元恪这么认为。

这件事情激励了杨元恪，他认为自己还能发挥更多的余热。他决定系统性总结工作内容，着手写书。2011年，杨元恪77岁，他开始写《铁托传奇》，于2012年完稿，由当代世界出版社于2013年出版发行。"由于三次在南斯拉夫工作的经验，我一直想写本和铁托相关的书。铁托（1892—1980）南斯拉夫总统，于1980年去世，享年88岁，他的一生有不少的故事。"杨元恪在已有材料上广泛搜集资料，亲笔写下一字一句，"有时候半夜睡觉醒来突然有灵感了，又爬起来继续写。最终手写了几百页纸，又抄写了两三遍，将清晰的一版交给了编辑。"

杨元恪编著的《铁托传奇》

在《铁托传奇》这本书里，杨元恪用铁托的精辟思想言论和精彩实践活动，生动地描述了他怎样成长为坚定的马克思主义者、怎样领导南斯拉夫人民英勇抗击德意法西斯侵略者、怎样从本国实际出发走自己的社会主义道路、怎样团结不结盟国家反帝反霸的传奇故事。该书出版后获得广泛好评。杨元恪认为，他写这本书是本职工作的延续，是"正宗的余热"。

2013年，杨元恪应学术界某负责人的约请，把外国著名马克思主义理论家的著作《马克思主义与社会主义》译成中文，作为国家出版基金项目中《国外马克思主义研究文库》丛书之一出版。全书约25万字，"这是一件对我国开展马克思主义研究工作有意义的事。"杨元恪说。

杨元恪决定接下这个"活"，他花了8个多月时间顺利译完交稿。没有深厚的文字功底、理论功底、翻译技巧，是难以翻译这本书的。"我感到庆幸的是，我对外文的理解，对翻译的技巧和中文的表达，记忆犹新，说明'余热'尚在，抗疲劳能力尚强。"

此外，杨元恪还翻译了南斯拉夫作者姆拉登·奥利亚查写的爱情小说《娜嘉》。"工作时就很喜欢这本小说，但是起初不敢翻译，怕人说不务正业，但我认为，在不影响正务下，利用业余时间做有益于文化交流的事，是理直气壮的。"杨元恪说。他的老伴也说，这本书好看，后来还再版了。

2014年，杨元恪写了一篇题为《老不言老，阳光大好》文章，发表在老年刊物上之后，被推荐作为参赛征文，投到由中国老龄事业发展基金会主办的"全国第三届书写人生第二春有奖征文大赛"。参赛者有来自全国各省市3000多人，杨元恪获得二等奖。

杨元恪所有的文稿都是一笔一画而写成的。仔细看杨元恪的手稿，仅从字迹上就能看出他的用心。为了接受这次的采访，杨元恪事先认真准备，总结了一生中的重要时刻。为了便于修改，杨元恪习惯用铅笔写作。杨元恪的字规整有力，文稿整齐有序，能看出老人的用心。因此，难以想象，老人写这两本书和多篇文章，需要付出多大的心血。"我不会用电脑打字，就用这种笨方法，让编辑将文稿打印出来。"杨元恪笑着说道。

现在，杨元恪86岁了。但他始终觉得自己每天像"欠了债"似的，"每天看书报、电视，关注国际时事，这已经成了我的惯性，就是停不下来了。"只要听到相关国内外重要新闻，杨元恪的神经就会不由自主地动起来，有时老两口会热烈地讨论起来。在他们心里，个人与国家的命运始终紧密相连在一起，这与少年时的认知始终保持着一致。

过往与现在，光脚少年变成了古稀老人，杨元恪收获的人生果实格外丰富多彩。哲学家叔本华曾写道："人类幸福的两大敌人是痛苦和无聊。没有人生活在过去，也没有人生活在未来，现在是生命确实占有的唯一形态。老年时最大的安慰莫过于意识到，已把全部青春的力量都献给了永不衰老的事业。"

对杨元恪而言，他每时每刻都生活在现在，在坚定的人生信念里奋力前行，

2018年，杨元恪和老伴吴干生在燕达养护中心留影

在有限的时间里抓紧做有益的事情。现在，过往的经验都是财富，过往的事业都是收获，过往的生活都是甜蜜。

习近平总书记曾说过："老年是仍然可以有作为、有进步、有快乐的人生重要阶段。""我把这些话作为我老年生活的座右铭。"杨元恪意味深长地说出这句话。在人生的赛道上，杨元恪和老伴依旧奔跑着，跑得更加从容、更有信心。

文 / 刘博

医学发展

人 · 物 · 简 · 介

  戴斌，87岁，毕业于重庆大学医学院。从小向往当医生的戴斌，却误打误撞从事预防医学工作，一干就是一辈子。戴斌毕业后被分配到成都生物制品研究，后调入国家检定所（原称"中国药品生物制品检定所"，现称"中国食品药品检定研究院"），先后参与我国消灭天花、小儿麻痹、麻疹这三个传染病的过程，成为我国著名的病毒专家。戴斌常说："当医生看病只能一个人一个人看，但是做好了预防医学研究，是千千万万人受益。"为此，她付出了毕生的精力，曾获得20世纪70年代国家突出贡献奖、1992年第一批政府特殊津贴、2019年新中国成立70周年纪念勋章等。

戴斌

不知此生是幸运还是遗憾

"我此生是幸运还是遗憾?"这是戴老(指戴斌,下同)经常问自己的一句话。

作为女性,戴老在事业上的成就是斐然的,她认为自己很幸运。大学学医,毕业后却分到与预防医学有关的单位,她告诉自己"当医生看病只能一个人一个人看,但是做好了预防医学研究,是千千万万人受益"。如今,她的研究确确实实让千万人受益。她先后参与我国消灭天花、小儿麻痹、麻疹这三个传染病的过程,成为我国著名的病毒专家。

为此,她付出了毕生的精力,全年国内、国外四处出差,寻找三个传染病的"答案"。在麻疹研究上,戴老带领团队在浙江省诸暨市进行了一次系统的长达15年的研究,有3233名8个月初免成功的对象,每年采血进行初免持久性及再免效果等共32组数据比较观察。研究显示,麻疹疫苗免疫持久性在15年以上。这项研究在当时属国际领先,获得医学界多项大奖,为全球研究麻疹病毒提供了强有力的参考。

工作上的突出成就让戴老获得很多奖项。她曾获得20世纪70年代国家突出贡献奖、1992年第一批政府特殊津贴、2019年新中国成立70周年纪念勋章等。

然而，戴老认为自己在家庭上的缺席让她遗憾。由于忙于工作，她无暇照顾两个孩子，孩子们自幼便脖子上挂着钥匙，独自成长。当有了孙辈，年过七旬的戴老还工作在一线，待自己真正退出工作后孙女已长大了。提起家庭，戴老总是忍不住掉下眼泪。如今，居住在燕达养护中心，戴老逐渐学会与自己"妥协"，不论是幸运还是遗憾，这都是属于她独一无二的人生。她依旧是那个自幼就独立、正直、果断的人，她依然将个人命运与国家命运连在一起。在这次新冠肺炎疫情面前，她曾幻想过："如果我再年轻一些，我还会站出来。"

坐在家里的沙发上，戴老讲述了过往。

从小向往当医生
却误打误撞从事预防医学工作

1933年，戴老出生在上海崇明的一个医生世家。受战争影响，她随父母迁往重庆，最终将家庭和事业定在了北京。即使已年过八十，戴老的口音里还带有一丝上海方言味道，身上具有上海女人的温婉气质。

现在，戴老还记得上海被侵占时的场景。在她四五岁时，人们在城门看到日军要敬礼，但她当时坚决不敬礼，这让母亲感到害怕。即使现在，戴老也不太理解，年幼的自己为何那么"硬气"。这种性格好似先天刻在了她的骨子里，伴随她一生。

5岁时，戴老一家搬到重庆。直到她12岁，母亲生下一个小妹妹前，家里只有她一个女孩。因此，父亲对她管教严格，当儿子在培养，希望她能争气，做出一番成就。

在戴老心里，父亲是一个十分有个性、有才能的人。戴老父亲曾就读黄埔军校四期，也当过英语老师，最后从事电讯事业。

父亲是对戴老影响最大的人。"父亲爱学、肯吃苦，是一个多才多艺的人，从医学到无线电到交通的专业领域都有涉猎。父亲听到我的英语发音时会说不准确,说老师不专业。"在那个年代,如果有家长说老师不专业,可是一件十分不敬重的事情。但是,戴父却实事求是。戴父凡事有想法、敢较真的个性影响了戴老,这对她日后干出一番事业起了很大的作用。

戴老清晰地记得,她从11岁上初中时开始住校,每个礼拜天才回一趟家。但父亲不会嘘寒问暖,而是问她学习了什么知识。"有时就直接考问我知识点。"当回答出正确答案,看到父亲赞赏的眼神时,她就能收获很多乐趣。

戴老认为,从父亲身上学习到最宝贵的一点是永远保持学习的心态。"父亲告诉我活在世上就要好好学习,这让我从小没有别的杂念,只知道要好好学习。"就像天下的父母都想让孩子接受最好的教育一样,一向刚正不阿的父亲在戴老读书时却动了一个"手脚",到头来却被女儿"反攻"了。戴老初一就读重庆中正中学后又进入交通部子弟学校扶轮中学,父亲当时觉得南开中学好,想让她考南开中学。为了进入这所知名学府,考试前,父亲托人写了一封介绍信,要她交卷子时递给监考老师。

重庆南开中学由爱国教育家张伯苓创办于1936年,初名"重庆私立南渝中学",这里走出了多名优秀人才,知名校友遍布政治、经济、科教文卫等各个领域。"允公允能,日新月异"的校训更是被人熟知。"允公"解释为要求受教育者爱祖国、爱人民、爱事业,大公无私、一心为公,在学习和工作中强调无私奉献的精神。"日新月异"即要求受教育者有强烈之进取精神,不断改革、不断前进、自强不息、永攀高峰,奋勇走在世界发展大潮的前沿,为建设繁荣富强的伟大祖国而奋进。

"拿着介绍信进教室时,我就特别紧张,从小的教育告诉我这不是一件好事。"在课桌前镇定了一会后,戴老答起考卷。在交卷前,戴老始终在犹豫。"我在走上讲台交卷时还在想怎么办,我怕不把介绍信给老师,回家受到父亲责备。"但是,在即将把卷子递给老师的那一刻,戴老决定不给老师介绍信,"我一定要凭自己的能力考上这所学校。"

走出学校后，戴老担心父亲看到介绍信生气，她一路想着该把介绍信藏在哪。经过一片竹林时，她撕碎了介绍信，丢在一片草丛里。

过了几天公布成绩时，戴老榜上有名，她回家后高兴地告诉了父亲。"父亲笑着说，这不是你自己努力的，是我帮你的。"听到这句话，戴老可不服气了，"我告诉了父亲真相，但父亲就是不相信，以为我在编故事。我索性带父亲到竹林，找了一会儿后，还真的找到了一些撕碎的介绍信碎片，这才让父亲相信是我自己考上的。"

戴老还记得父亲看到撕碎的介绍信时的神情。"父亲承认了这就是我自己考上的，他虽表面没说什么，但我能感受到他内心的开心和骄傲。"戴老笑着说起了这段往事。

父亲的爱虽沉默却充满力量。在这样的言传身教下，戴老逐渐养成了独立、果断、正直的性格。这个性格，让她遇见过风浪、遭受过磨炼，但从未妥协过。还好，个人独立的精神世界伴随她走过荆棘密布的黑夜，走出后便是风轻云淡，晴空万里。

高考时，戴老遵从家人意见，报考了离家近的重庆大学医学院。该学院始建于1946年，1952年全国院系大调整中，并入华西协和大学（现四川大学华西医学中心）。自20世纪70年代以来，重庆大学以生物医学为切入点，发挥工科优势，开始生命与医学领域的学科建设，其中生物医学工程学科为国家一级重点学科。

"到了大学，我也只知道要一门心思学习，不能辜负父母的期望。"戴老说，当时班上有同学恋爱，也有男生追她，但她一点概念也没有。

在大学里，戴老学习了较为全面的医学知识，打下了很好的基础。"我读大学时最爱去的地方就是图书馆，图书馆的书太多、太好了，我陶醉在知识的海洋里。"当时，支撑戴老心无旁骛的学习信念是像父亲期望的——当上医生。

1956年，临近毕业，正当戴老踌躇满志，要作为一名医生，治病救人、大展宏图时，命运好似给她开了一个玩笑。当时是国家分配工作，戴老没能分配到向往的医院，而是分配到了国家刚成立的成都生物制品研究所，这令她一时很难接受。"当医生不仅是我个人的愿望，也是爹娘的期待啊！"戴老说。

没法改变这个结果，戴老只能改变自己的心态。"当医生看病只能一个人一个人看，但是做好了预防医学研究，是千千万万人受益。"想到这点时，戴老觉得自己不能再抱怨与不满下去，她必须打起精神，投入到工作中。"不久后，我居然爱上了这行，而且为之奋斗了一生。"这个误打误撞的安排让戴老走进了一个全新的领域，开启了另一份意想不到的精彩人生。

这是挑战也是机遇。我国的预防医学专业创立于动荡的战争年代。国统区内北平、上海、重庆等大城市综合大学的医学院，开设了公共卫生学系，招收了一些公共卫生专业学生。解放区于1940年在延安创办中国医科大学，也开设了预防医学专业，培养了一批公共卫生专业人才，为新中国成立后预防医学专业教育的开展打下了基础。

新中国成立初期，百废待兴，我国广大地区群众在饱受战火摧残之后贫病交加，各种疫病广泛流行，繁重的防治工作，急需大量专业人才，公共卫生事业亟待发展。1950年，第一届全国卫生会议召开，制定"面向工农兵""预防为主""团结中西医"为卫生工作的三大方针，卫生部颁发《种痘暂行办法》。

当时，我国有七大生物制品研究所，都归属于中央卫生部领导。1956年，国家对我国生物制品研究所机构进行调整，按照全国行政区划，形成东北区的长春、华北区的北京、西北区的兰州、西南区的成都、中南区的武汉、华东区的上海六大行政区划六大生物制品研究所的格局。

戴老去的成都生物制品研究所组建于1953年，历时5年，于1958年建成并正式投产。成都生物制品研究所筹建期间，中央卫生部下达的基建计划投资总额为857万元，建筑面积为3.56万平方米。至1957年，基建工作已大部分完成，生活设施已安排就绪，各所搬迁工作也先后完成。各项制品于1958年陆续投入试生产并正式生产。截至1957年底，总计各所职工搬迁来成都的有：大连所321人，昆明所87人，上海所22人，卡介苗所12人，连同筹备处102人，全所职工人数为544人。

"这个行业是新兴行业，一切都是新的。走进办公楼时，我看到建筑、设施都是新的。从种种细节中都可以看出国家对预防医学行业的重视。"戴老说，"一个国家要有健全的公共卫生服务体制，不能只有医生，更需要研究预防并培养相关的人才，更广泛地服务于国民健康。"

就这样，1956年，100余位像戴老这样的大学生走进崭新的成都生物制品研究所工作，他们是国家大力投入重点培养的预防医学人才。这里面，绝大部分人员的专业背景是学医，多数人在最初都有点抵抗。但如今，很多人成为这个行业的开拓者，带着中国的预防医学走在国际领先水平。

在那个时代，国家需要什么、个人就要贡献什么，这是不用多提就能熟记在心的一种精神信仰。戴老就是其中之一，"我们经历过战火，深知新中国成立有多么不易，作为那个年代的大学生，我们必须要服从国家安排，毫无保留地贡献自己的才能。"多次回顾这个歪打正着的安排，戴老充满感激。

先后参与三个传染病消灭过程
产后不到 50 天就重回工作岗位

经历适应期后，戴老觉得大学五年的知识一点也没有白学，反而很快爱上了这份工作。在50多年的工作生涯中，戴老最为骄傲的是，参与了我国消灭天花、脊灰、麻疹的过程，这也是人类历史上，与传染病斗争中，三次载入史册的胜利。

"在本科学习的医学知识基础上，我需要学习微生物学、生化学等相关知识。"在实际工作中,戴老觉得自己的英文水平亟待提升,"当时要翻阅大量的国外论文和论著,我发现在学校学的英文知识完全不够用,我经常是一边查着字典,一边阅读英文材料,慢慢地,阅读能力也有所提升。"戴老觉得自己当时就像在知识的海洋里面游泳,非常"饥渴",渴望快点学习到专业知识,能对国家学有所用。

初期工作时,没有老师,需要自学。好在单位组织大家到大连参加了培训班,这才让戴老对预防医学有了深入的认知,更加明确自己今后工作的重点。"单位组织了一批苏联专家及国内前辈给我们讲相关知识,给我们培训疫苗检定方面的内容。"那时,戴老才意识到我国预防医学与国际水平的差距。

1960年,因为爱人在北京上班,戴老调入国家检定所(原称"中国药品生物制品检定所",现称"中国食品药品检定研究院"),有幸参与了消灭天花的工作。"那时,我作为一个新兵学到了不少知识,庆幸自己参与了消灭世界上第一个传染病的过程。"这让戴老的事业开了一个好头,让她在后来我国消灭脊灰、麻疹的工作中,发挥了重要作用。

传染病流行的三要素为传染源、传播途径和易感人群,可以针对这三要素中的任意一种要素进行干预,都有可能消灭传染病。这就意味着,如天花、脊灰、麻疹,因为它们没有中间宿主,没有昆虫媒介,仅仅是人传人的传染病,所以是有可能被消灭的。但很多传染病是无法被消灭的。

新中国成立初期,威胁人民生命与健康的主要疫病是各种急慢性传染病。其中,天花是传染性极强,病死率极高,对社会造成危害性极大的烈性传染病。据极不完全统计,1950年,全国天花患者达4万余人。根据1950年湖南岳阳的调查资料,当地13.6%的人患过天花;新中国成立初期,新疆的天花患者竟占全区人口的70%—90%。

天花或起源于古埃及地区,专家在法老拉美西斯五世的身上找到了明显的脓疱痕迹,并认为他可能是史上首名天花病人。这个病毒在古埃及肆虐了1000多年,随着社会的发展,其逐渐传入了土耳其、亚美尼亚、罗马等地,一场令人闻风丧胆的疫病，就这样开始向全球伸出了它的"恶魔之手"。

1959年，世卫大会决定正式启动全球消灭天花计划，希望至少80%的人口接种天花疫苗。1967年到1979年，27个国家自愿捐赠了4亿多剂疫苗。那时，很多天花流行国家也陆续实现天花疫苗自给自足。疫苗得到推广，使曾经世代生活在天花噩梦中的人们，终于拥有无形的强大庇护。接种疫苗的同时，加强了天花的监测防控。全球各地，无数医疗工作者走上街头，挨家挨户排查，及时在各村各院隔离病例。

从20世纪60年代开始，我国积极参与了此事。1952年，新中国成立后的第三年，全国各地接种疫苗达5亿多人次，有效地控制了天花的泛滥和蔓延。但是，这个古老的疾病并没有向人们期盼的那样迅速消失。当时，北京生物制品研究所曾是痘苗最主要的生产基地。生产痘苗的原材料是5岁的雌性黄牛，从千里之外的大草原经过一路奔波来到北京后，还要经过60天的隔离检疫，而后才能用于生产。过程复杂、成本高昂。培养无污染的痘苗，成为科技工作者的当务之急。

戴老要做的主要工作是研究天花病毒、检定疫苗的有效性。"大家当时特别害怕天花，不仅因为发病率高，而且传染性强，所以国家大力推广接种痘苗。"戴老介绍，有人在接种痘苗后会有发烧等不良反应，有人怀疑是痘苗有问题，其实这也可能是别的原因引起的。"我们团队当时只要接到通知说哪里有人接种痘苗出现严重不良反应，就要快速赶去查看情况。"每次，戴老都来不及回家收拾东西，就要奔赴"战场"。

到达一线后，她要"紧锣密鼓"地进行采样、接种、分析，将样本带回北京鉴别。"不能有了不良反应就说是痘苗的问题，这样会影响痘苗推广，危及更多人的生命安全。"因此，戴老要通过分离病毒来检定是什么原因引起接种人的不良反应。就这样，戴老跟着团队四处跑了好几年，见证了天花在中国消灭的过程。

直到1979年10月26日，世界卫生组织人员在对最后一批尚未宣布消灭天花病的东非四国：肯尼亚、埃塞俄比亚、索马里和吉布提进行了调查确认后，在肯尼亚首都内罗毕宣布了一则具有重大历史意义的消息：全世界已经消灭了天花！这个折磨了人类数千年，让无数人失去生命的疾病，终于被控制。

在中国境内，这一刻来得更早。随着 1961 年最后一例天花病人的痊愈，中国再未出现天花病例。1979 年 10 月，世界卫生组织确认，中国自 1960 年代起再无天花病例。

1980 年 5 月，世界卫生组织第 33 届大会正式宣布，人类已经彻底消灭天花。迄今为止，天花是人类通过自己的努力，用科学方法消灭的第一个传染病。

在这段工作期间，戴老先后在 1961 年、1962 年连生了两个孩子。当时国家规定的产假是 56 天，然后孩子就可以送到托儿所全托，让员工安心工作。"孩子出生不到 50 天时，我就找所长说，让我去上班吧。所长当时惊呆了，说从没见过我这样的妈妈。"天下很难有母亲能狠心放下襁褓中的孩子，对此，戴老说："我当时想的是不能浪费时间，作为一个新兵，我得争分夺秒地参与在工作中，让天花早日消灭。"身为女性，工作、家庭总是难以取舍，没能平衡好两者的关系，成了戴老一辈子的遗憾。

之后，戴老还参与了我国消灭脊髓灰质炎（以下简称脊灰）的过程。1988 年 5 月世界卫生组织提出，全球要在 2000 年消灭脊灰。WHO 西太地区办事处同年也提出西太地区要在 1995 年消灭脊灰。1991 年，我国签署了两个文件，即《儿童生存、保护和发展宣言》和《执行 90 年代儿童生存、保护和发展世界宣言执行计划》，对其提出的目标和任务做出承诺，明确了我国要在 1995 年消灭脊灰的战略目标。

脊灰就是大家熟知的小儿麻痹症。这种可怕的疾病是由脊灰病毒通过粪手口污染途径传播。没有接种过疫苗的人们只要接触被病毒污染过的环境或人，就有可能患上病。在流行期间，这种病毒甚至也可能通过咽部传播。所幸此病的显性感染率很低，但有少数"不幸的人"会由于病毒侵袭神经系统导致不可逆转的瘫痪，留下终身残疾的折磨，严重的还会因呼吸肌麻痹而死亡。

新中国成立前,中国基本没有关于小儿麻痹症科学的病例记载,中医笼统地称之为"风疾""小儿惊瘫"。自20世纪50年代起,我国才有严格的疫情记录:国家法定传染病报告制度于1953年建立,乡、县医院通过邮政系统向卫生部报告脊灰病例数。

民众对脊灰是充满恐惧的:1955年,江苏南通爆发大规模疫情,1680人感染,其中466人死亡;为躲避病毒,7月的暑天,广西南宁家家户户不惧潮湿闷热的气候,皆紧闭着门窗,不让孩子出门玩耍。

到了20世纪60年代初期,在广泛使用口服脊灰疫苗之前,据不完全统计,我国每年报告20000—43000例,1964年为病例高峰年,报告了43156例。这引起了国家领导人的高度重视,控制这一可怕疾病成为新中国公共卫生工作的重点之一。

实际上,早在1960年,脊灰在中国肆虐的高峰年,科学家们就已经自行研制成功脊灰减毒活疫苗,并于1963年全国推广了固体剂型——糖丸。它的发明者,就是于2019年1月去世的"糖丸爷爷"顾方舟。

戴老所在的研究室负责脊灰疫苗的质量检测。"此时,与消灭天花时我只是个新兵不同,我要参与很多方面的设计安排,要制定科研计划,要参与国内、国际交流,要制定实验室检定指标,要与临床、流行病、病毒学的各方面专家联系、交流协作。"1985年,在肯尼亚首都内罗毕召开有关会议,一个参会名额落到戴老头上。"要经过香港、印度两次转机,万里迢迢,孤身一人,人地生疏,但任务在身,我无话可说,只有一个信念:勇敢地去完成。"这次活动既是各国专家交流经验、修改并完善一些政策,还要培训非洲一些国家的专业人员,历时一个多月。"所幸,我国驻肯尼亚大使馆,了解情况后,安排我在使馆内生活,每天有专车接送我去会场,使我安心工作。我深深感到祖国就在我身边,让我能全身心投入工作,圆满完成了任务。"在这项工作里,戴老因为杰出的工作能力脱颖而出,从组员变成了牵头人。

1985 年,戴斌在肯尼亚国家医疗资源中心开会

1989 年,世界卫生组织在日内瓦举行消灭脊灰的会议,中国只有一个参会名额,单位决定让戴老参会。"当时,很多人劝我放弃这次会议,但是,我无权退缩。这是一个使命,中国必须有人参会,在参与全球消灭脊灰的过程中,体现国家责任感。"在三天的会议中,戴老与来自全球的专业工作者就消灭脊灰进行研讨,制定了规划,统一了认识。还来不及欣赏日内瓦的风景,会议结束后,戴老就坐上了回国的航班,飞机上空荡荡,只有数十人乘坐。

戴老经常去昆明生产基地共同研究提高疫苗质量,观察糖丸的安全性及有效性。据初步估算,自脊灰糖丸活疫苗诞生以来,至少避免了我国 150 万名儿童因脊灰所致麻痹和 11 万名儿童死亡。"有了糖丸后,脊灰发病率明显降低。"在这项工作里,她开始明白当初说服自己参与预防医学的一句话:"让千千万万人受益。"

经过反复的试验和审批后,口服脊灰疫苗于 1965 年开始在全国逐步推广使用，并通过每年冬季的大规模接种活动，对易患儿童实施口服脊灰疫苗（OPV）。自此，中国脊灰的发病率和病死率急剧下降，20 世纪 70 年代的发病数较 60 年代下降 37%。更突出的转折点是在 1978 年，口服脊灰疫苗被纳入扩大免疫规划中。随着在全国接种活动和常规免疫接种中越来越多地使用疫苗，脊灰病例数大幅度减少。

进入 20 世纪 80 年代后，全国实施计划免疫，加强冷链建设和常规免疫活动，脊灰疫苗接种率进一步提高，脊灰的报告发病数进一步下降。

"在各方面的共同努力下，我国在这方面的成就是肯定的。但由于'黑孩'问题影响了接种率，以及有些地方官员隐瞒病情造成局部数据有误，这曾引起 WHO 注意。"戴老认为，成绩是主要的，在全国各地多年的努力下，脊灰在我国已达"基本消灭水平"。

持续 15 年研究麻疹疫苗持久性
为工作"不顾一切"

回望过往，有两段时间是戴老认为最难、最苦的。一是"文革"时期，一是参与麻疹研究工作。

"刚参与工作的前十多年间，我在那个特殊年代里虚度了太多时光。由于家庭海外关系以及不会媚上的个性，始终格格不入，活得很累。"在两个孩子一个两岁多，一个一岁的时候，戴老因"小白旗"罪名下放贵州农村七个多月。远离年幼的孩子，放下刚有起色的工作，在繁重的劳动中，负重前行。

回到北京后，戴老发现，周边的同事多在谈政治搞批判，工作内容就是"扯闲篇"。"在连续不断的治政运动中，我虽不是革命对象，但绝对是'不可靠'的人，因此被边缘化。这给我带来了意想不到的好处，我可以躲在图书馆里学习，我不相信知识永远廉价，我像海绵吸水似的吸收着有关知识。"憋着这一口气，戴老在业务知识的海洋里，自得其乐，做了几千张专业卡片，

1989年6月19日,戴斌在WHO大楼外小山坡WHO旗下留影

1989年6月22日,戴斌在联合国标志物前留影

对世界范围内的相关知识,学习掌握。

"我一心想着赶紧补齐知识短板,学习防疫知识,总有一天,国家会恢复秩序,需要专业人才。当时有同事批判我说经常往图书馆跑,但我想我会在专业上甩你们十万八千里。我不想混日子,后来的经历告诉我没有白准备。"在沉默与隐忍之中,知识是戴老的止痛剂,这为她日后的工作打下了基础。

1972年,工作逐渐恢复正常,戴老有幸参与并领导了一项十分重要的科研项目:"麻疹疫苗免疫持久性研究"。"领导当时选中我是因为认为我是最合适的,具备扎实的专业能力,能够完成这个任务。"戴老终于等来了这一天。

麻疹是儿童最常见的急性呼吸道传染病,百分之百的显性感染,传染性很强,在人口密集而未普种疫苗的地区极易发生流行,两至三年一次大流行。麻疹病毒属副黏液病毒,通过呼吸道分泌物飞沫传播。目前尚无特效药物治疗。我国自 1965 年开始普种麻疹减毒活疫苗后发病率显著下降。

麻疹是世界卫生组织提出的第三个要消除的传染病，此病的复杂性远超天花、脊灰。在 20 世纪 70 年代，美、英等国也刚开始麻疹疫苗的免疫持久性研究。在这次研究中，我国终于从跟跑者逐渐变成了领跑者。

戴老介绍，感染麻疹后抗体可以维持很长时间以至终生的观点早在 1846 年 Faroe 岛麻疹大流行时已经被观察到，后来作为经典资料被不断引用至今。由于麻疹病毒可以在人体的免疫细胞及胸腺组织内繁殖，对机体免疫系统强烈刺激，从而产生持久的免疫反应。大家关心的是麻疹疫苗免疫后的情况如何，疫苗免疫与野病毒感染有什么区别。

为解决这些问题，1973—1988 年，戴老团队在浙江省诸暨市进行了一次系统的长达 15 年的研究，有 3233 名 8 个月初免成功的对象，每年采血进行初免持久性及再免效果等共 32 组数据比较观察。由于该地区的麻疹发病率已被控制在极低水平，因此这些观察对象的抗体动态真实地反映了麻疹疫苗本身的持久性。

戴老对我国当时的麻疹情况记忆犹新。"当时虽有疫苗，但是接种率很低。这个病的显性感染率是百分之百，农村每隔一两年流行一次，就会死一大批孩子，多出一块块新坟墓。"因此，每到农村去注射麻疹疫苗时，老百姓们都特别欢迎。当时农村流行一句话："没出过麻疹的小孩还不算能真正活下去。"这句话道出麻疹的残酷性和人们面对传染病的无奈。

这都促使了戴老拼尽全力完成研究。"我们当时选中了浙江诸暨防疫站为实验基地，提出了这个实验方案，被同意了。"为了能找齐 3000 多名婴儿，她多次来到诸暨，四处给老百姓宣讲，给防疫站工作人员讲课。"我要给老百姓讲清楚什么是麻疹，我们的研究具有哪些意义，我们的方式只是取孩子耳垂上的一点血，让老百姓能积极参与实验。"在戴老团队的感染下，当地可爱的老百姓放心地让自己的孩子参加实验，希望能用一己之力为我国消除麻疹做出些贡献。对此，戴老充满感激地说："我国农民很善良，想着能为国家医疗事业做出贡献，十分配合工作，大家很团结。"

研究开始后，戴老团队坚持 15 年到基层开展采样工作，从采血、拿到北京化验到结果的分析。"每年要采齐 3000 多个孩子的血不容易，如果有个别人不愿意，我们要上门劝说；有人离开家后，我们会千里迢迢地去追踪。在大家的努力下，专家们的支持下，圆满地完成了这项研究。"为了培养基层防疫站工作人员，戴老每年在全国各地举办学习班，邀请业界朋友一起去讲课、探讨，以此来带动基层应对麻疹的能力。

就这样坚持了 15 年后，戴老团队终于完成了研究，写成十多篇有影响的论文，如《麻疹疫苗免疫持久性及流行病学研究》《风疹抗体检测方法的研究及对我国不同人群抗体水平的首次调查》《诸暨麻疹活疫苗免疫持久性研究》《麻疹病毒特异性 IgM 试剂盒的制备及应用》等。这项工作成为单位大协作的典范，获多项包括国家奖在内的科研奖。最终，研究论文全文刊登在 Bull WHO 杂志，为日后"消灭麻疹"提供了不少可贵的学术资料，也为我国日后的科研工作打下基础。

这项研究告诉全球，麻疹免疫持久性在 15 年以上。研究显示：1. 初免后 15 年，不同疫苗株之间有 82%—90% 的人还可测到血凝抑制（HI）抗体；2. 抗体已连续阴转 1—5 年的人中有 82% 还可测到中和抗体；3. 数十名 HI 抗体已连续阴转 1—10 年者，在密切接触麻疹病人后仅发生抗体跳高；4. 仅 4 名免疫对象（HI 抗体已连续阴转 4—8 年），在密切接触麻疹病人后发生了临床症状极轻的麻疹，说明这 4 人的免疫力虽不足以抵御麻疹野病毒的侵袭，但仍可限制病毒在体内繁殖；5. 1993 年追踪了部分免疫后 20 年的对象未发现病例发生。

不得不提到的一点就是风疹，原本是一个不受重视的疾病，因为大多数病人症状轻微，预后良好。但也有少数病状偏重者，就难以与麻疹区别，这在消灭麻疹的过程中，必须要解决风疹的诊断问题，以保证麻疹发病率的真实性。因此，1980 年，戴老团队首先从国外买来风疹毒株，建立起一系列检测方法,并首次对国内的风疹人群感染情况摸底。戴老的实验室首先完成了风疹病毒的培养、血清抗体的检测方法等基础工作后,动员全国20多个防疫站(后称"省疾控中心")配合完成全国摸底情况。"没想到各地积极性很高,那些没被邀请的单位主动要求参加,有的甚至派专人来北京请求加入,形势大好。人们憋了十多年的积极性不可阻挡,我们仅花了半年多时间对全国近三万份不同年龄血清进行检测,摸清了我国人群的风疹免疫情况。相关论文很快发表并获奖。如果不了解风疹免疫学情况,那么消灭麻疹的结果是不完善的。"

1991年,戴斌和同事在实验室工作

随着对风疹的了解,戴老还有了一个意外的收获:原来,风疹病毒是胎儿致畸的主要原因。如母亲是风疹的易感者,怀孕后,胎儿致畸率很高。戴老团队的风疹检测成果很快被我国妇产科专家严仁英教授得知,主动与他们合作,对孕妇筛查风疹IgM抗体排除原发性感染母亲的胎儿致畸风险,这项工作很快普及全国,为我国的优生学做出贡献。

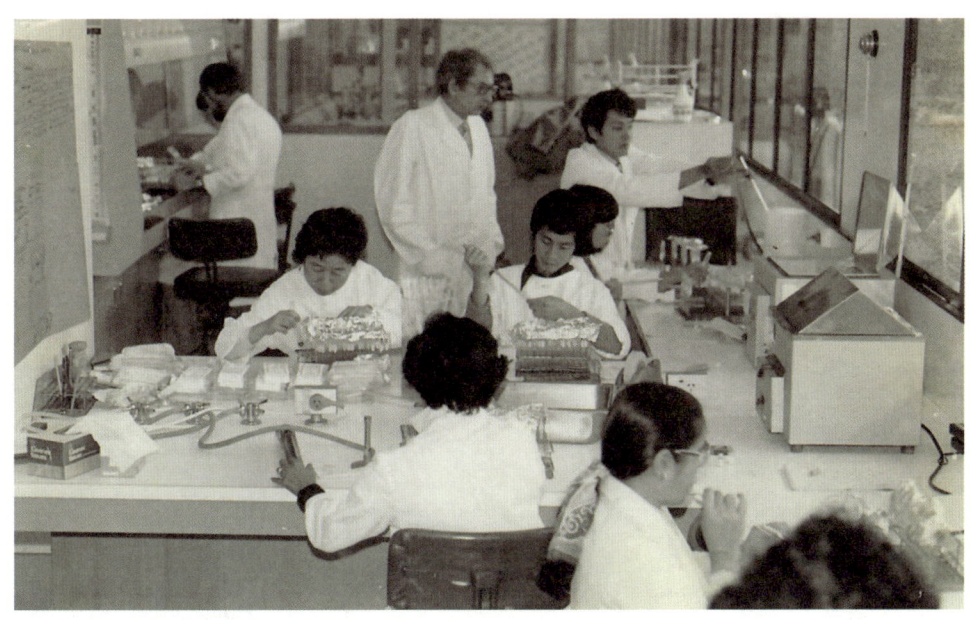

1980 年，戴斌前往澳大利亚学习

20 世纪 80 年代，戴老还要就麻疹研究经常出国参加培训及会议。她印象最为深刻的一次出国是 1980 年，戴老突然接到通知，去澳大利亚参加培训。"因人才的断层，这种应该是青年人参加的培训居然让已经 47 岁的我和另一位 50 岁的同事参加。我们英文水平不行，只会看和写，听说能力有限，这是客观环境造成的，并非自己不努力。我们临行前恶补了两个月，但是效果有限。"戴老无奈地说，"我们在国内就做过很多次实验，所以在学习班里的实验操作中，我们是最厉害的，没给中国丢脸。"就凭着这一股韧劲，戴老和同事们让国外人士看到了中国人的实力，这令戴老觉得扬眉吐气。

通过这些研究，戴老培养了一批优秀的人才。"我工作期间满脑子想的是病毒。这份工作很苦，是基础性研究，我们要耐得住寂寞。作为负责人，我要选好题目，带领团队在正确的道路上行驶，不能浪费大家的时间。"戴老说，她对自己和同事们都非常严格，在工作上绝不含糊，如果有人工作出现问题，她一定会当面说，从不背后议论，会给同事们尽可能争取福利和奖项。

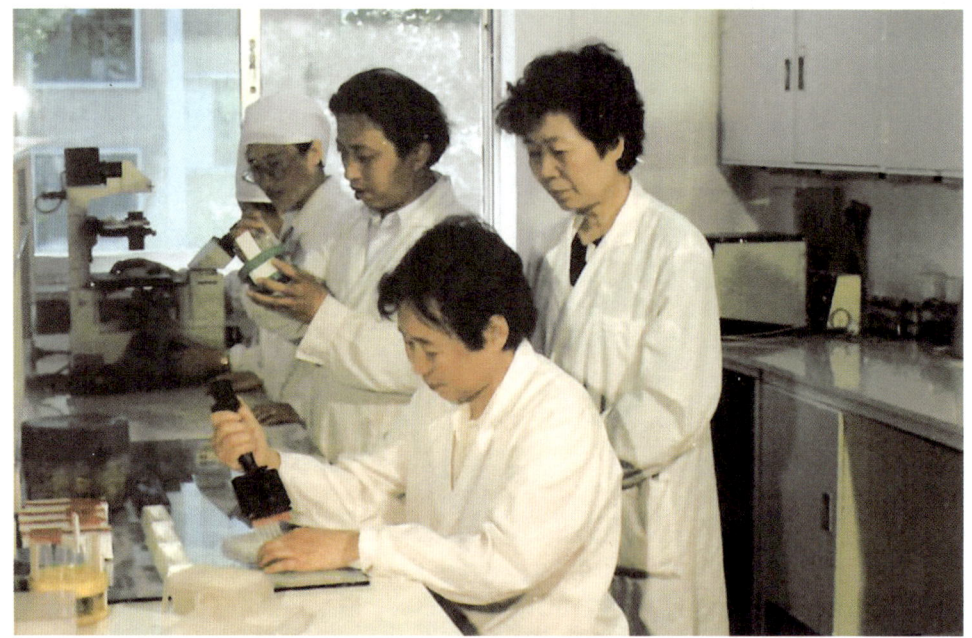

1991年，戴斌和同事在实验室工作

戴老回忆，她有次通过实验室窗户看到一个研究生正在配置实验用溶液，将八种原料一同倒入实验瓶子。按正常流程，应该是一种原料完全溶解后再放第二种原料。"我当时冲进去，倒掉了他瓶子中的溶液，严格批评了他。他诚恳地说'戴老师，您放心，我会记住一辈子的'。"其实，戴老心里也很心疼这些年轻人，"这和工作性质有关，基础研究需要每一步都准确无误，来不得半点投机取巧，必须扎扎实实走好每一步。"

"通过全方位的努力，麻疹在我国已控制得很有成效，彻底改变了麻疹曾经是婴儿发病率及病死率均为第一的局面。但因人口众多等原因，离彻底消灭尚待时日。"戴老一直说，自己很幸运地参与了消灭这三个传染病的过程。

如今，在麻疹病毒前，全球都有了较为成熟的应对措施。世界卫生组织、联合国儿童基金会、全球免疫联盟等机构所发表的一份联合报告中指出，2000年至2015年间，大规模麻疹免疫接种行动和日常接种覆盖范围的扩大至少挽救了大约 2030 万年轻生命，世界范围内麻疹死亡率下降了 79%，但取得的进展存在不均衡的问题。中国自 1978 年开始实施计划免疫以来，通过麻疹疫苗的普及接种，使麻疹疫情大幅下降。从 2004 年开始，中国贵州、四川等十几个省份先后开展了麻疹疫苗强化免疫，对这些省份的麻疹疫情控制起到了关键作用。2006 年，中国所在的世界卫生组织西太平洋地区确定了 2012 年消除麻疹的目标。为实现消除麻疹的目标，参考世界卫生组织的建议，我国制定了包括麻疹疫苗强化免疫在内的消除麻疹策略，在全国启动《2006—2012 年全国消除麻疹行动计划》。

2006 年，戴斌参加海峡两岸传染病防治研讨会

如今，在我国，麻疹已不是令人"闻风丧胆"的疾病。鲜为人知的是，为此，戴老付出了毕生的经历，已到了不顾一切的地步。"我 40 多岁时，医生诊断有子宫肌瘤，为了出差方便，我自顾做了子宫切除手术。"戴老最为遗憾的是，她为了工作几乎失去了家庭生活，一半的时间都在国内外跑，对儿女有愧。每次提到家庭和孩子，戴老就忍不住哽咽起来。

"我的老伴是研究肠道菌的，也很忙，我俩经常要出差。两个孩子不到 10 岁就把钥匙挂脖子上，自己到食堂吃饭。"遇上夫妻俩都要出差，戴老就会请同事来家里照顾孩子。"当时家里也没什么，敞开大门都不害怕，那时的人真是好极了。"

有一次，戴老到国外出差一个月，回来后，发现给小儿子准备的四套衣服都没有换，孩子还穿着她出国之前的衣服，身上、头上都长癣了。她连忙带孩子去看病，医院的大夫说："你们两口子都是学医的，怎么还让孩子变成这样！"有一次，她终于抽出时间带孩子们去中山公园游玩，孩子们高兴坏了，姐弟二人在假山洞里钻来钻去，都玩疯了。直到年老以后，戴老只要到中山公园，就要到当时带孩子们玩过的亭子坐一坐。"我在亭子里，眼望着假山，仿佛两个孩子还在那边追逐欢笑。我的眼泪止不住地流，因为这样的机会实在太少了。"

戴老还记得，她每次出差，孩子都会接送她，以这样一种方式争取与她多相处一会儿。每次出差，戴老都只能狠下心走出家门；每次回家，还没上火车、飞机，戴老就期盼着在车站见到孩子们。"我每次出国都会拿仅有的一点补贴给孩子们买点小礼物，从没给我自己买过什么，我想通过这种方式弥补对孩子们的愧疚，当时孩子们拿到礼物可高兴了。"戴老明白，再多珍贵的礼物也难以弥补错过孩子们成长的遗憾，但她真的尽力了。

很多年以后，当四五岁的孙女来家时，兴致勃勃地要和奶奶玩"过家家"，戴老却忙着整理第二天要出差的资料。"一两年后，当我主动提出要和孙女过家家时，她已没了兴趣。这时我才意识到，不同年龄孩子的兴趣是不同的，而且是稍纵即逝的，不去把握就不再有了。"有一次，看到10岁的孙女撒娇哭泣时，戴老让儿子去陪伴，儿子突然说出"我当时也是这样的"，这令戴老吓了一跳，也理解了儿子的意思。对于子女，她亏欠了太多太多。

戴老在给好友的一封信里写下这样一段话：

过去了的日子已无法挽回，我常常幻想着,如果让我重新选择,我会怎样？我不会要这种忙碌的生活，为什么非要用这种"忘我"来对抗当年不公平的待遇。当我以前受委屈时，常发誓要把某些人远远地丢在后面，总有一天他们要昂头仰视我。我做到了，我曾获得很多奖励，但有何用处？而我失去的是无法弥补的。不少人认为我很幸运，而我却感到深深的遗憾，无法弥补的遗憾，如有来生，我一定选择更多地留在家里，享尽人间本该有的天伦之乐。

年过七旬才退休
如国家需要愿随时站出来 但现实是残酷的

人生的道路，固然难以一帆风顺，固然布满荆棘、充满坎坷。但是只要有坚定的信念，就总会看到希望，看到曙光。即使前路有再多的艰难困苦，即使前方的风浪再大，也会执着追求，无怨无悔。人生的价值并不在于成功后的荣光，而在于追求的本身，在于信念的树立和坚持的过程。

正因强大的信念，戴老不顾一切，在研究病毒的道路上愈走愈远。她忘了身体的劳累、忘了时间的流逝。

一直忙到2007年，74岁的戴老因患股骨头坏死必须立即住院，老伴说"这是老天的意思，你该休息了"，她才放下了手头准备的即将去国外参会的交流资料。这让她逐渐停下忙碌的脚步，告别她热爱的工作，开始体会平淡生活的滋味。

2013年，戴老和老伴住进了燕达养护中心。紧绷几十年的神经突然放松，戴老开始回忆往昔岁月。她带来了几十本大大小小的日记，养成了重读日记的习惯。

坐在养护中心公寓里的沙发上，戴老看着一本手掌大的笔记本。笔记本绿色封皮发皱，侧面纸张发黄，展示着岁月的痕迹。戴老仔细地翻开笔记本，一页一页地读着，每一页的文字都唤醒了她对过往的记忆。在日记里，生活的欢乐之光会闪现，哪怕只是那么一瞬间，也足够回味一整天。读到兴趣浓时，她会停下来，闭着眼睛沉浸在文字记录的过往岁月中。

人老了，就更喜欢回忆了。有些记忆好似消失无存，但重读文字时，过往的人和事便历历在目，格外清晰。这便是日记的价值，记录人生酸甜苦辣，但再回望时，曾经的苦好似没那么不易承受，曾经的甜好似愈加浓烈。

每每想到某一时间段的事情，却记不起细节时，戴老就会找出相应年份的日记本。戴老从不与人分享这些私密的内容，只是一个人静静地读着。也许，对于她而言，之前80年的岁月过得太快，来不及细细品味，人就老了。如今，日记本能让她随心所欲地回忆，让每一件往事重新栩栩如生地浮现在她的脑海里，让她的回忆鲜明生动。

刚住进养护中心的时候，戴老和老伴回归到了朴实简单的生活。近几年，老伴患有脑梗等病，搬到了养护中心的非自理养护区，戴老便一人居住。每天早上，戴老会遛弯到非自理养护区，陪老伴吃早餐，和老伴聊天，帮助老伴做些康复运动。她一直感恩，老伴能支持自己，让自己在知识的探究上"随心所欲"。更为重要的是，老伴能体谅自己，从未抱怨她没顾及家庭琐事。这就是老一辈的爱情，风雨中相互扶持，老来相互依靠。

即使身处养老院，戴老还不能彻底退出"江湖"。直到现在，还不停有人找她。78岁时，有单位邀请戴老去重庆参加高层防疫座谈会，会议邀请了几位老专家，她就是其中之一。推脱多次都不行，戴老只好接受。2010年，中华医学会邀请戴老当疫苗异常反应专家评审会专家，任期三年，戴老又因无法推脱而答应。

今年年初，我国爆发新冠肺炎疫情。武汉在大年三十前一天"封城"，城市大小街道静悄悄，人影难觅。史无前例的举措震惊世界，一切都是这样措手不及。但灾难从来就是猝不及防的。

身为病毒专家，戴老每天都在密切关注相关情况。她感叹，病毒太"狡猾"了，人类在病毒面前太渺小，关于病毒有太多未知的东西，并仍在不停衍生出新的问题，人们会觉得无能为力，但必须要去攻破它。

"相较国外一些国家，我们国家这次做得不错，我们的很多做法都很好。"这对戴老而言是莫大的慰藉，但她也有了新的担忧。"我培养的那批人很多成了学科领头人。但很少有人愿意选择走预防医学这条路，因为这条路注定劳累，不易快速出成绩。当传染病来袭时，专业人才就不够用。我希望有更多年轻人能够学习这门学科，能够快速成长起来，成为我国预防医学的中流砥柱，做出应有的贡献。"

"如果疫情和我的专业有关，我应该毫不犹豫地站出来。"戴老感叹，"我当时坚持工作是认为，在那个形势下，个人与国家命运是紧紧结合在一起的，我们不好好学习国家怎么办？"现在，在戴老的心里，这个想法始终未改变过，她依旧勇敢、正直，愿意为国家有所贡献，但现实是残酷的。

歌德曾写下："能结果的花，原本很少，结了果又能真正成熟的，就更少了。然而，世上仍然有足够成熟的果实。"戴老就是如此。在漫漫人生路上，她拼命追赶，将自己的人生结出了累累硕果。人生不可能十全十美，她也许未能照顾好自己的家庭，但她的研究却以一种间接的方式保全了千千万万户家庭的完整。

分享完自己的故事，戴老难掩内心的起伏。她说："我就是这么活过来的。我总会想，这样的一生是幸运还是遗憾。"没有人能回答，也不必去回答了。

文 / 陈勤

人 · 物 · 简 · 介

  赵伯仁，89岁，就读于哈尔滨医科大学俄文医学系和北京医科大学公共卫生系。抗美援朝时期赵伯仁参军为苏联专家做翻译，用自己的智慧和学识，为抗美援朝战争的胜利贡献了自己的一份力量。1953年赵伯仁分配到人民卫生出版社从事医学编辑工作，从助理编辑做到编辑、副编审、编审，获得了医药出版界最高的正高级职称，一直到63岁才正式离休。赵伯仁将毕生的精力奉献给了中国医学科普事业，他的名字和事迹，被列入了中国科普作家协会编辑的《中国科普名家名著》中。20世纪90年代初，赵伯仁荣获"有突出贡献的中国医学科普编辑奖"，在人民大会堂领奖。

赵伯仁

毕生兢兢业业出书忙，
致力医学科普著华章

　　从抗美援朝参军做翻译，到从事医学编辑工作，在人民卫生出版社兢兢业业几十年，赵伯仁见证了新中国医疗卫生科普事业从无到有的创建历程，他是人民卫生出版社正高级编审，更是中国公共卫生事业科普工作的先驱。赵伯仁笔下硕果累累：他负责主编的科普书籍《性的知识》，是新中国较早的关于性知识的启蒙书，让千千万万羞于谈性的中国人有了权威的科普读物，可以科学地了解自己的身体；《新婚卫生必读》，作者郎景和院士，发行近千万册，在全国产生了巨大的影响；北京医院院长耿德章主编的《中国老年保健全书》，赵伯仁参与了编写，内容全面，实用性强，此书是全国老年朋友的必备日常保健用书。赵伯仁将毕生的精力奉献给了中国医学科普事业，他的名字和事迹，被列入了中国科普作家协会编辑的《中国科普名家名著》中。20世纪90年代初，赵伯仁荣获"有突出贡献的中国医学科普编辑奖"，在人民大会堂领奖。

在哈尔滨医科大学学俄文医学
抗美援朝时为苏联专家做翻译

1931年，赵伯仁出生在辽宁辽阳县的一个农村家庭，在鞍山长大。中学时期，赵伯仁就读于"私立东北清华中学"，这所中学由当时的抗日爱国将领孙立人将军创办。

解放战争时期，经历了辽沈、淮海、平津三大战役，中国人民解放军基本上消灭了国民党军主力，国民党势力日渐衰微。1948年，赵伯仁当年还在念初三年级。赵伯仁回忆，当时，已经有不少先进的学生群体选择加入中国共产党并光荣参军入伍，也有不少同学、亲人"鼓动"赵伯仁。"我有个哥哥，比我大6岁，是共产党的地下党成员，他当时非常支持我参加解放军、加入共产党，于是我就参军了，赶上了解放战争的尾巴。"

赵伯仁提到了一个细节："因为当时私立东北清华中学由国民党人创办，国民党节节败退，当时这个中学的学生都是要跟着国民党从辽宁营口上船逃到台湾的，虽然是这个学校的学生，但是我没有跟着去，我不愿意跟着国民党走。"

赵伯仁参军之后，进入了当时的兴山红军卫校，这所学校就是现在位于辽宁沈阳的中国医科大学的前身。在中国医科大学三分校念了一段时间之后，又回到了总校学习，东北全境解放后，赵伯仁被分配到了哈尔滨医科大学学习。

赵伯仁回忆，当时哈尔滨医科大学新创办了俄文医学系。顾名思义，这个新设置的学科对学生的专业学习有两个要求，既要学习医学，又要学习俄文，这与当时刚刚成立的新中国与苏联交好的大背景有着密切关联。按照学制要求，学生应该学满两年俄文。但当时赵伯仁在学校学了不到一年半时间，抗美援朝战争就爆发了，因为国家需要，他马上就被调配到部队里，分给他的任务就是给苏联专家当翻译。赵伯仁回忆，他当时所服务的部队是解放军143师，而这支队伍所研究和使用的正是当时苏联支援给中国的火箭炮。

抗美援朝时期，苏联没有直接出兵朝鲜，但苏联给中国支援了大量的武器装备，还向中国派遣了大量的经济专家和技术人员。在从苏联进购的武器装备中，不仅有轻武器，也有坦克车辆、空军战机等等，同时，苏联也帮助中国训练了大量专业化的兵种。

但是，面对苏联的援助，有一个非常现实的问题摆在面前，从苏联大量购进飞机、军舰及其他现代化武器后怎么用？光是靠将士们自己研究，是无法立即掌握和使用新式武器的。

那时中国军队的一些指挥员不是其所辖兵种的内行，有些空军团长没当过飞行员，炮兵军官没当过炮兵。面对这种情况，这些军官应该接受培训，以便能够管理机械化的部队。于是，苏联不仅需要提供武器，还必须派遣教官和军士来帮助中国军队掌握新式武器。

苏联专家来到中国后，因为语言不通，没有学过俄文的将士们根本听不懂。那是个十分特殊的历史时期，会俄语的人才十分稀少。"那会儿国家下了任务，只要是懂俄文的，都得从大学里直奔到部队支援。因为战争需要大量的翻译，海陆空各部队都是苏联给援助物资，所以我们就参加了翻译工作。"

当时，赵伯仁服务于火箭炮部队。苏联专家送来的火箭炮，就是大名鼎鼎的"BM-13喀秋莎"多管火箭炮，这是第一种被苏联于第二次世界大战大规模生产、投入使用的自行火箭炮。相较于其他的火炮，这种多轨火箭炮能迅速地将大量的炸药倾泻于目标地。而当时赵伯仁学的是医学，这种专业化的军事武器，他此前从来没有接触过。

还没有学完规定的学制，赵伯仁说，当时他所掌握的俄文还不足以充分应对这全新的军事领域。面对着眼前难啃、生涩的军事俄语词汇，想到祖国需要，赵伯仁迎难而上，硬着头皮刻苦钻研。很多词汇从苏联专家嘴里说出来，他一时半会不能理解，为了让国内的军官能够更好地掌握火箭炮的使用技术，赵伯仁加班加点翻译苏联专家的讲稿。

当时苏联专家的授课对象既有营长、团长，也有师级的干部，授课的内容从战略战术，到武器的构造原理、使用方法等等，其中涉及大量的专有名词。"必须得好好研究，因为你得彻底讲明白这些武器怎么用到战场上去，让咱中国的军官得完全学会，他们才能打胜仗"。当翻译的那半年多时间，赵伯仁坦言感到压力很大，因为一旦翻译错了任何一个词，都会带来严重影响，所以赵伯仁丝毫不敢懈怠。

当时，赵伯仁专门跟随一位苏联来的上校当贴身翻译，上校走到哪，赵伯仁跟到哪，字典、小条、资料随时带在身上。细细体会，这个过程是十分艰难的。赵伯仁说，因为事关军事技术，翻译工作非同小可，对于任何一个词汇，一点不懂都不行，尤其是口头翻译，要是翻译不出来，学习的效果就会大打折扣。在授课现场，专家说什么，赵伯仁就要准确地翻译给大家听。

"那段时间晚上很少睡觉。因为内容多，领域又生疏，而且全是专业的军事词汇，我也没接触过，都不太懂。为了第二天的课程能够顺利进行，头一天晚上要给专家准备好讲稿，我必须把讲稿的所有内容都吃透，提前熟悉掌握，一个词一个词地抠清楚、理解明白，不明白的再去挨个仔细查字典。"于是，挑灯夜战成了赵伯仁的家常便饭。

回忆起当时的经历，赵伯仁坦诚地说："那会儿就是在学习中过来的。国家缺什么我们就学什么，不管你懂不懂、会不会，都得上，我们一边干一边学，那一代人都是这样，是硬生生干出来的。"

当时赵伯仁学习的是医学俄语专业，按计划，是在毕业后要到医学医、教、研各部门从事翻译工作，要继续到苏联去深造，但因为现实情况，国家需要什么，赵伯仁就干什么，他毫不犹豫地服从了国家的安排。"那时候哪有现在这么幸福，不管哪行哪业都是那样过来的。"

特殊的战争时期，很多时候来不及充分准备。武器到了之后马上就开展培训，培训后做了一次实战演习，他所在的部队就开往朝鲜去了。虽然没有上战场杀敌，但在后方，赵伯仁也用自己的智慧和学识，为抗美援朝战争的胜利贡献了自己的一份智慧和力量。

部队转业后分到卫生部教育司工作
1953年来到人民卫生出版社

部队转业后，赵伯仁被分配到了卫生部教育司。因为在哈尔滨医科大学还没有念完，还得接着学习，当时卫生部教育司又送赵伯仁到北医大学习公共卫生，实为"干部在职学习"。

"当时每天都背着书包去北医大学习。专业没学完是不行的，不然搞不了医学出版。当时在公共卫生系，要学习的内容很多，从基础医学，到流行病学、环境卫生学、传染病学、临床等各领域都有涉及。"而这些基础知识的学习，也为后来赵伯仁从事医学科普工作打下了坚实的基础。

1956年，赵伯仁的人生道路也迎来了新的转折点。当时，国家每个部委都要成立一个出版社，卫生部也创建了人民卫生出版社。在人民卫生出版社刚创建的时候，赵伯仁就被分到了这里，开始了自己的医学科普生涯。

赵伯仁调侃自己说，自己虽然是学医的，但自己没上过临床，也没做过临床医生，就直接从事了医学编辑工作。

在出版社的赵伯仁，工作上从不含糊，秉承严谨、执着、创新的工作态度，让他各方面的能力得到了快速提升，在出版社的地位和分量也与日俱增。他从助理编辑一步步做到编辑、副编审，最后走到了到出版界的最高级——编审，获得了医药出版界最高的正高级职称，一直到63岁才正式离休。此外，赵伯仁也是中国科普作家协会的老成员，致力于医学科普工作。

在出版社的日子里，赵伯仁长期从事各类医学书籍的出版工作，这也是他开展医学科普的最主要的方式。赵伯仁说，要出书首先要提出和设计好选题，这完全要靠自己去琢磨，"没有人会帮你做这件事情，出一本书就跟演电影一样，要有脚本、要有策划，虽然很麻烦，但是这个过程让我乐在其中。"

要出一本好书，点子很关键。出什么书？谁来写？写什么？写给谁看？这些都是作为一个出版人要深思熟虑的问题。一本书的来源，有的是赵伯仁自己的想法，也有的是国家根据实际情况的需要下派的任务。对于上面分配的任务，赵伯仁毫无怨言："上面有出书的需要，确定了选题，叫我做我就认真去做，去组织专家来完成这个事情。"

但更多的选题是赵伯仁自己摸索出来的。就比如《中国老年保健全书》，是当时赵伯仁作为部门的主管领导自己主动提出来的选题。当时，中国并没有一本权威的、指导老年人如何保健的著作，赵伯仁希望有这么一本东西，给老年人送去福音。"有了选题就得找人写，虚心聆听有关专家的意见，希望能用权威的专家的声音，把老年保健知识传递出去。"赵伯仁说。

确定好写作人选之后，再编写提纲、确定写作方式、确定出版时间……当时因为赵伯仁已经是人民卫生出版社医学科普的主要负责人，在这本书出版的过程中，他每个环节都盯得紧，事无巨细。

每一本书的编写都需要耗费巨大的心力和大量的时间。从选题、立意、联系作者、出版，更不用说与作者来回修改、完善书稿，赵伯仁用自己的执着和毅力，让医学科普工作扎下根基来。他说，已经记不清楚这辈子出了多少书了，科普工作所带来的意义是无法估量的。

慈眉善目的赵伯仁老先生十分谦逊、低调，他总说自己很普通："我这一辈子就是做了一些具体工作，也没有什么太大成就，就是创编出版了几本比较好的书而已，在卫生战线上算是一名合格的老兵。"这几句话充分表达了老人家的人生追求和使命担当。

主持出版《赤脚医生培训教材》
为新中国农村医疗卫生事业铺路

生命健康，是民生大事。医学科普，是一种社会责任。一穷二白的新中国，医学科普事业也是刚刚起步，当时人民卫生出版社出的大量书籍都与国家和民族发展息息相关。

赵伯仁回忆，说起让自己印象深刻、不得不提的就是在20世纪70年代出版的《赤脚医生培训教材》，这本书对我国农村医疗卫生事业的影响不容小觑。这是培训全国赤脚医生的教材，是由赵伯仁组织编写的，这本书的出版时间是在1970年，这也是我国第一本关于赤脚医生的培训教材。

说起这本《赤脚医生培训教材》，必须联系到当时的时代背景。新中国成立之初，由于多年战乱，加上经济落后，我国大部分地区尤其是农村医疗卫生条件十分落后，加之疫病流行，缺医少药的现状让广大农民生了病总是得不到科学、有效地医治。

情况可以从当时医疗状况最严峻的河南省瞥见一个侧影。在陆建邦、祖世宽撰写的《河南人口死亡调查研究（1949—1999年）》记录了这样一组数据："在1949年底，河南省总人口为4174万人，农业人口占93.7%，但是当时河南省的卫生机构数量只有22个，平均每万人拥有医院、卫生院床位数为0.2张，卫生院0.1人，而这些机构也主要集中在城市。广大农民严重缺医少药，疾病得不到有效医治。全省人口死亡率高达24.4%，婴儿死亡率达30%，人口平均寿命仅为35岁。"

在1965年6月26日，时任卫生部长的钱信忠向毛泽东主席汇报工作。当时，中国有140多万名卫生技术人员，但是，高级医务人员只有10%在农村。在中国的实际情况来说，大部分人口集中在农村地区，而这里对于医疗卫生的需求十分强烈，老百姓求医问药的切实需求与专业医生的缺乏这一现实性的矛盾摆在了执政者面前。

农村医疗资源匮乏的状况一直是党和国家焦虑的问题，国家也在致力于改变这个局面，并逐步做出了大量努力，试图向农村注入医疗力量。曾任卫生部基层卫生与妇幼保健司司长的李长明问过钱信忠，据他转述，毛主席当时站起身来，严厉地说："卫生部的工作只给全国人口的15%工作，而且这15%中主要是老爷，广大农民得不到医疗，一无医，二无药。卫生部不是人民的卫生部，改成城市卫生部或老爷卫生部，或城市老爷卫生部好了！"毛主席提出："应该把医疗卫生工作的重点放到农村去！""培养一大批'农村也养得起'的医生，由他们来为农民看病服务。"

在这样的时代背景下，赵伯仁决定要为国家做点什么，但必须找到一个合适的切入点。要壮大农村医疗队伍，必须有科学的培训，而做科学的培训，更需要合适的教材，可当时的中国并没有这方面的基础。"干脆就出版一份教材！"赵伯仁萌生了为赤脚医生出书的想法。

"农村缺乏医疗教育的基础，赤脚医生水平参差不齐，必须要经过科学的培训。要培训的话，就必须要组织专家，开始做正儿八经的科普工作。当时卫生部医政局的一个副司长也非常支持我做这个事情。我们人民卫生出版社出的这套全国赤脚医生的培训教材，在当时是全国第一本系统、全面的关于赤脚医生的培训教材。"赵伯仁说。

而在赤脚医生培训方面，当时部分地区已经在开展一些基础工作。比如，在1965年，上海川沙县江镇公社开始实施速成培训，王桂珍成为江镇公社第一批28名卫生员之一。在经过短短4个月的培训后，王桂珍背起药箱，走村串户为村民们看起了病。上海浦东新区卫校退休教师黄钰祥，1953年从苏州医专毕业被分配到江镇公社卫生院，经过两年的乡村医疗实践后，1965年底开始参与培养当地赤脚医生。他成了王桂珍从医的第一位老师。

1968年夏天，上海《文汇报》刊文，介绍了王桂珍和黄钰祥全心全意为农民服务的事迹。从此，"赤脚医生"成为半农半医乡村医生的特定称谓，王桂珍则被看作"赤脚医生"第一人。1968年9月，当时中国最具有政治影响力的《红旗》杂志发表了一篇题为《从"赤脚医生"的成长看医学教育革命的方向》的文章，1968年9月14日，《人民日报》刊载，随后《文汇报》等各大报刊纷纷转载。"赤脚医生"的名称走向了全国。"赤脚医生"是农村合作医疗制度的产物，是农村社员对"半农半医"卫生员的亲切称呼。合作医疗是随着新中国成立后农业互助合作化运动的兴起而逐步发展起来的。

当时，在人民卫生出版社的赵伯仁找到了出版培训赤脚医生教材的方向。

1969 年，黄钰祥所在的江镇公社卫生院接受了一个特殊的任务，编写一本适合南方地区使用的赤脚医生实用教材。教材的蓝本正是黄钰祥积累而来的讲义。经过一年左右的筹划，1970 年 6 月，《赤脚医生培训教材（供南方地区使用）》由人民卫生出版社出版，由上海市川沙县江镇公社卫生院革命委员会编写，由北京新华印刷厂印制，在新华书店北京发行所发行，各地新华书店经售，统一书号为 14048·3252。这本绿色封皮的书定价为 1 元。

翻开这本书的第一页，就印着毛主席的"最高指示"："领导我们事业的核心力量是中国共产党，指导我们思想的理论基础是马克思列宁主义。""备战、备荒，为人民。""人民，只有人民，才是创造世界历史的动力。""把医疗卫生工作的重点放到农村去。""我们这个队伍完全是为着解放人民的，是彻底地为人民的利益工作的。""白求恩同志毫不利己、专门利人的精神，表现在他对工作的极端的负责任，对同志和人民的极端的热忱。每个共产党员都要学习他。"这些指示精神，指导着中国最初农村医疗卫生事业的发展，这也是当时的赵伯仁编写这份教材的"初心"。

可以看到，这份教材里涵盖了大量的医学内容，包括人体概述、呼吸系统常见病的防治、消化系统常见病的防治、常见寄生虫及传染病的防治、血液循环系统常见病的防治、泌尿系统常见病的防治、神经和内分泌系统常见病防治、计划生育及妇科常见疾病防治、外科常见疾病的防治等等，内容十分翔实、全面，而且以图文并茂的方式，对各类知识点进行了注解和说明，对于当时质朴的赤脚医生学习基本的医学知识起到了巨大的助推作用。

值得注意的是，除了非常实用的医学培训知识外，这本教材在开头还收录了几篇文章，分别是《从"赤脚医生"的成长看医学教育革命的方向——上海市的调查报告〈红旗〉杂志》《江镇公社的"赤脚医生"在前进——调查报告〈文汇报〉》《毛主席把医疗卫生工作的重点放到农村去的光辉指示指引我们前进——上海市川沙县江镇公社卫生院革命委员会》，这三篇文章记录了当时赤脚医生培训工作发展的来龙去脉，包括上海江镇公社的好经验、好做法、好事迹以及相关的媒体报道，这些内容对于后来研究考察我国赤脚医生的发展有着十分重要的参考价值和历史意义。

1971年4月1日，《赤脚医生培训教材（供北方地区使用）》由人民卫生出版社出版。在这本书中，同样涵盖了大量基础疾病的治疗方式，内容包括了怎样认识人体、疾病的发生和变化、疾病的预防、疾病诊断和治疗、新针疗法、战伤救护和三防、损伤、常见传染病和寄生虫、常见内外科疾病、地方病、急症处理、小儿疾病、妇女病及产科处理、计划生育、五官科疾病、皮肤病、药物知识（常用中草药图片手册·西药）、治疗技术操作、防治工作示例、附录（常用化验正常值及临床意义·常用静脉滴注药物配伍禁忌表）等。

有了这些权威的培训教材，我国农村赤脚医生的培训工作如火如荼地行动开来，如同星星之火，燃烧在广袤的祖国农村大地上。经过短暂培训，农村有一定文化基础的赤脚医生如雨后春笋般成长起来，靠"一根银针，一把草药"服务乡民。这些赤脚医生没有固定编制，一般经乡村或基层政府批准和指派的有一定医疗知识和能力的医护人员，受当地乡镇卫生院直接领导和医护指导。他们存在多个特点：亦农亦医，农忙时务农，农闲时行医，或是白天务农，晚上送医送药的农村基层兼职医疗人员。

当时，赤脚医生的来源主要有三部分：一部分是来自于医学世家，他们有着家传的医疗背景，有着从医的精神和理念；第二类是经医护专业短期培训的学员，他们有着一定的技术背景；第三类是公认的、具有一定医护能力的自学成才者。赤脚医生的出现，解决或缓解了我国广大农村地区缺医少药的问题，在广大农村地区普及爱国卫生知识、除"四害"、根除血吸虫病等方面做出了巨大贡献。

如今，这份《赤脚医生培训教材》已经随着时代的发展被载入史册，只能在档案馆和旧书市场上看到它们的身影。这份《赤脚医生培训教材》在当时产生了巨大的反响，第一版印50万册，很快就被一抢而空，后来数次加印，最后印了118万册。

"因为当时在全国来说，医疗资源是特别贫乏的，我就想通过这种方式，来为我国农村医疗事业的发展添助力。"赵伯仁说。

此后，南北方不同版本的《赤脚医生培训教材》不断改进、再版，并带动了后续同类型作品的发展，比如在不久之后，由上海中医学院、浙江中医学院等集体编著的《赤脚医生手册》出版，这本深紫色塑料封面的手册，立刻成为风靡全国的畅销书，各地的赤脚医生几乎人手一册。它不按照传统的做法先讲解剖学、生理学、生化学、药理学，而是以问题为中心，清晰明了、简单易行。《赤脚医生手册》也引起了国际社会的关注。赤脚医生手册务求实效，成为医学教育成功的案例。

对于许多人来说，《赤脚医生手册》是中国 20 世纪最温暖的记忆之一。在近半个世纪里，它不仅在极度贫困的时代为解决几亿人的医疗问题立下了汗马功劳，也一直是中国人的全民健康指导手册。《赤脚医生手册》不仅是农村医生的读物，那时候，城市居民几乎家家都有这样一本书，很方便。

经过各种学习和培训，农村地区赤脚医生的队伍不断壮大。到 1977 年底，全国有 85% 的生产大队实行了合作医疗，赤脚医生数量一度达到 150 多万名，在一定程度上缓解了我国农村地区缺医少药的现状。不过，到了 1985 年 1 月 25 日，《人民日报》发表《不再使用"赤脚医生"名称，巩固发展乡村医生队伍》一文，到此"赤脚医生"逐渐消失。根据 2004 年 1 月 1 日起实行的《乡村医生从业管理条例》，乡村医生经过相应的注册及培训考试后，以正式的名义执照开业。"赤脚医生"的历史自此结束。

这一本本《赤脚医生培训教材》见证了中国农村地区医疗卫生事业逐步发展起来的光辉历史，并推动了这个群体在新中国的泥土里牢牢扎根。在某种程度上说，"赤脚医生"是真正为穷人服务的天使。"赤脚医生"虽然没有洁白的工作服，常常两脚泥巴，一身粗布衣裳，但却有最真最纯最热的为人民服务之心。而朴素实用的治疗模式，满足了当时农村大多数群众的初级医护需要。他们可以为群众提供的是 24 小时、即时的、不需要排队的贴身医疗服务。普通的伤风、咳嗽、常见的外伤等疾病，"赤脚医生"能够几分钟内为你提供医疗服务。

尽管"赤脚医生"的历史已经终结，但其模式即使在今天也还有其现实意义，洗去"赤脚医生"的历史印记和政治色彩，挖掘其价值内核，与如今的遍地开花的乡村医生有着千丝万缕的联系，不管是培训的方式还是队伍的建设，赵伯仁那一代人的努力，从来不会被历史忘记。

翻译日本著作出版《育儿百科》
读者放下了这本书，最后还是买走了

在交谈中，赵伯仁还提到了一本非常重要的书《育儿百科》。1983年，《育儿百科》由人民卫生出版社正式出版，在当时引起了家长们的热烈追捧。

这本书的作者是日本著名儿科医生和儿童教育家松田道雄，是他根据自己多年的儿科临床经验和育儿研究成果写成的。原书自1968年初版，后来到1979年已经陆续出版了26版。这本书在日本是一本家喻户晓的名著，被普遍作为礼物赠送给准妈妈和年轻的父母，读者已逾百万人，后来在泰国、韩国等东方国家也被相继翻译出版。本书源自东方文化，最适合于东方家庭，是东方家庭的育儿宝典，育儿必备的实用百科全书。赵伯仁说，看到这本书如此受欢迎，他便萌生了将这本书翻译到中国，送给中国爸爸妈妈们的想法。

这本书的译者是李永连，他在教育经济学和日本教育研究方面颇有建树，先后发表各种文章近百篇，译著近20部，专著4部，共300多万字。其中《日本学前教育》《育儿百科》《日本高等工程教育的现状和发展趋势》等专著、译著、论文等多次获学校和专业学会的优秀著作和优秀论文奖。

赵伯仁负责出版了这本译作。这本《育儿百科》是由新华书店北京发行所发行，四川新华印刷厂印刷，出版时间是1983年10月第1版，统一书号为14048·4454，定价为2.75元，类别为科技新书目。

这本大部头书分量很重，翻开书页，能感受到浓厚的时代气息。根据这本书开头所写的内容提要，20世纪80年代的中国正在实行计划生育，提倡每对夫妇只生一个孩子。为保育好孩子，必须知道和了解一些育儿科学知识。《育儿百科》正是一本充分提供基本育儿知识的科普读物，是父母必读的育儿佳作，也是帮助服务科学育儿的宝典。这本书按照时间顺序，从"到做母亲的那一天"开始，一直讲到孩子上小学，详细论述了有关科学育儿的各种问题。比如，什么样的药是有危险的、遗传性疾病如何防治、妊娠前保健怎么做、婴儿期的准备工作有哪些、婴儿的房间与环境该如何营造、孩子出生到出生后一周该做什么、孩子在不同的年龄段该做什么等等，事无巨细，内容又十分接地气。

书后，还另举了95个专题，介绍了小儿常见疾病的防治知识。全书约70万字，100多幅插图，编排新颖，条目清晰，十分便于阅读和查阅。全书内容丰富，实践性强，体系新颖，手法独特，语言通俗易懂。这本书的主要读者对象是育儿父母，也可供托儿所的保育人员以及儿科医护人员参阅。当时，松田道雄还专门给中国版本的《育儿百科》写了一篇序言。

赵伯仁说，将这本书翻译来中国，对于帮助老百姓科普基础的育儿知识起到了很大的作用。这本书是怎样受当时老百姓的欢迎，赵伯仁依然清楚地记得一个细节："这本书出版之后，我们当时在王府井有个书店，北京东站那边也有个书店专门卖这本书，我们当时的社长就特地去蹲点，回来之后他给我分享了关于这本书的见闻。他说，当时有个读者来看这本书，翻来翻去，翻了很久，看起来对这本书的内容很感兴趣，结果后来他一看定价，应该是觉得有点贵，就把书放下转身走了。过一会儿这个读者又回来了，还是下决心买了这本书。他把读者的反应告诉了我，透过这个细节，说明这本书确实是具有实际意义，确实好。"赵伯仁说，每当看到读者对于一本书爱不释手的时候，是他最为满足的时刻，因为这让知识得到了传播，也让他自己的价值得到了实现。

自从赵伯仁将《育儿百科》翻译到中国并出版之后，以其为蓝本的新的育儿百科类书籍层出不穷。比如，在 2001 年，人民卫生出版社再次将松田道雄的这本《育儿百科》进行了"升级"，出版了《育儿百科 新版重译本》，长达 950 页。在 2002 年，王少丽也翻译了松田道雄的《育儿百科》，并跟随时代的发展，将本书的内容进行更新迭代，以送给"新任父母，对宝宝的成长过程进行全面解读，给予新手父母全程育儿指导。想新手父母之所想，急新手父母之所急，广集早教、育儿专家之精华，博采婴幼儿营养师之良方"。

大胆突破传统观念
科学普及性的知识

在赵伯仁工作期间，还有一本意义重大的书就是《性的知识》，作者是王文彬、赵志一、谭铭勋。翻开这本旧书，黄色的封皮，在最后一页，可以看到其出版时间是 1956 年 6 月，由人民卫生出版社印刷厂印刷，新华书店北京发行所发行。这本小册子很薄，也很小，字数仅 5400 字，统一书号为 14048·0966，定价仅 0.19 元。

为何要出一本关于"性的知识"的科普书籍呢？赵伯仁回忆说："从实际情况的考虑来说，国家在这方面的科普工作几乎为零，性教育做得实在是远远不够，很多人关于性的理解还停留在老封建思想上，不讲科学可不行。其实，性是一种科学，我们要用科学的方式，向人民群众广泛地普及这方面的知识。"

性教育的重要性不言而喻，全面地说来，性教育的内容包括了生理、心理、社会等多个层面，包含了生理学知识、性别认同的心理发展，以及两性及其他亲密关系的相关知识、态度与行为等。这是一个探讨性的认知、情感、身体和社会层面意义的过程。性教育能够使儿童和年轻人获得准确且适龄的知识、态度和技能，建立积极的价值观。但是，受传统观念的影响，中国人对待性的态度始终是含糊的、羞涩的。在很多人的观念中，性是羞于启齿，说出来甚至好比犯罪。在 20 世纪 50 年代的新中国，更是缺乏权威的关于性知识的科普，这是一个非常非常冷门的课题，但又是人们最为迫切需要掌握和了解的，因为这是每个人都必须经历的成长过程，也是每个人都要面对的话题。现实的矛盾和传统观念的冲突，使人们无法大胆地表达自己的需求和对性知识的渴望。在这样的历史环境下，人民卫生出版社敢于开先河、出版这样一本科普小册子，无疑是值得敬佩的。

这本书一共分为 10 个部分，分别为：应该正确地对待性的问题；男性生殖系统的构造和生理；女性生殖系统的构造和生理；性成熟；爱情、婚姻与家庭；青春期的性卫生；男性的性功能疾患；女性的性功能疾患；不育；计划生育。

可以说，这 10 个部分的内容涵盖了年轻夫妇和青春期青少年关于性知识的需求，文中以图文并茂的方式和通俗易懂的语言，对基本的性知识进行了全面的分析和讲解，教会人们如何科学地认识自己、认识性别。

对于这本书给读者带来的实际意义，赵伯仁毫不避讳，他简单举了个例子："当时，大家对于每个人的身体是非常敏感的，对于性的话题也是个禁忌，人们不敢堂而皇之地交流，脑海中也不具备相应的知识。你要没有这方面的知识，性生活不和谐，很容易产生矛盾和误解，甚至在新婚之夜的时候夫妻打架也是完全有可能的，而且也实实在在地存在这样的实例。所以我们非常有必要对这方面的知识进行科普和传播。"

赵伯仁找到了当时正在医院当医生的王文彬，请他从科学的角度对性的知识进行了全盘梳理、写作。1956 年，这本小册子正式面世。可别小看这区区 5400 字的小册子，在当时可是引起了不小的轰动。这本书出版之后，又有大量的读者写来感谢信，赞扬这本书给自己带来的帮助。因为受到了读者的热捧，后来这本册子又不断再印刷，累计发行了上千万册。

尽管这本书的主要内容用于科普，但这本小册子在"文化大革命"时期曾一度停止发行。赵伯仁回忆说，"文化大革命"结束之后，因为群众需要，当时科协下属的科普出版社也想就这本书进行出版，他们还去联系了作者王文彬，希望王文彬帮他们也写一本，但是遭到了王文彬的拒绝。王文彬将这个情况告诉了人民卫生出版社，当时赵伯仁就帮助他重新将这本书进行了再版，希望能够在"文革"结束之后，帮助年轻夫妇培养更科学的性观念。

在重新修订之后，1980年，人民卫生出版社重新出版了这本小册子。为何这本书又要再次出版？在书本的首页，人民卫生出版社编辑部对此举的原因重写了一份权威的出版说明：

"粉碎'四人帮'后，不少读者来信要求重印此书。我们认为，性的问题是个科学问题，大家都应该正确对待它，特别是性成熟的未婚青年和已婚夫妇，要学习一点有关性的科学知识，目的是增进身心健康和生活美满，从而有利于工作和学习。为此，特请原作者王文彬、谭铭勋两位教授对我社一九五六年出版的《性的知识》旧版本进行了全面修订，现予重新出版发行，以供参阅。我们希望广大读者能以科学的态度阅读这本小书，并对它可能存在的这样或那样的不足之处，提出宝贵的意见。"

作者在附言中写道："应人民卫生出版社之约，把这本小册子进行修订出版，以供读者需要。这是一本通俗读物，只能对一些已婚、未孕的青年起某些参考作用。在这个生活中的重要领域里，这本小书能协助养成良好的习惯、消除某些疑惑、促进家庭和睦、做好计划生育，从而有助于工作和学习，乃是作者们的衷心愿望。"

再版之后，这份小册子同样进入了千家万户，并受到了老百姓的热捧，甚至用"洛阳纸贵"来形容也毫不为过。赵伯仁回忆，有一回他去成都出差，当时国家还处于困难时期，在宾馆吃完晚饭之后，他就上街去溜达，竟然在地摊上发现了这本自己出版的小册子。那时候书都很便宜，两毛钱一本，但是在当时来说，要买这一本书，就需要用几斤的粮票去换才能买到，但是那时候大家都特别愿意买这书，可见它有多么受欢迎。

"对于这本小册子，很多读者都给我们写信，告诉我说，以前他们都不知道性是怎么回事，特别困惑，也没有正规的渠道去学习，看了这书之后，他们才知道性是这怎么回事。"说起这些，赵伯仁的脸上又露出了欣慰的笑容。不过，让赵伯仁十分后悔的，就是当时没有好好保存读者来信。"当时确实有点失误。"赵伯仁惋惜道。

《性的知识》

不停地印刷、再版，也着实让人民卫生出版社获得了经济效益。通过这本书，出版社确实赚钱了。赵伯仁还记得，当时有了效益之后，出版社还给每个员工定制了工作服，让所有人共享出版社发展的成果。

关于"性知识"的科普和"生理卫生知识"的科普工作，赵伯仁一直在继续坚持。在出版了《性的知识》后，赵伯仁又联系了北京协和医院的林巧稚。她是我国著名医学家，是中国妇产科学的主要开拓者、奠基人之一，在胎儿宫内呼吸、女性盆腔疾病、妇科肿瘤、新生儿溶血症等方面的研究做出了杰出贡献。她也是北京协和医院第一位中国籍妇产科主任及首届中国科学院唯一的女学部委员（院士）。

在医学家林巧稚的支持下，人民卫生出版社出版了《新婚卫生必读》。这本书是计划生育科普丛书，由国家计划生育委员会宣传教育司主编，由林巧稚的徒弟郎景和院士和哈医大韩向阳教授编著，在1986年1月正式出版。里头详细介绍了各类生理卫生知识，可以说是《性的知识》的加强版、详细版。

"这方面的知识就是要深入宣传，这些是老百姓必须得具备的。一定要让大家都懂得这方面的知识，持续地去传播。"赵伯仁说。

总结出版事业 要以读者为中心
医学科普更要讲究科学、严谨

回望过去几十年的出版经历，赵伯仁有着自己的深刻感悟。"出书，得根据老百姓的实际需求来。你得知道你的读者是谁，你的读者需要什么。"这个宗旨，赵伯仁在自己的出版生涯中一直贯彻始终。他说，每当看到读者来信，是让他最为欣慰的时刻。"那时候我还在出版社，很多读者给我写信，赞扬书籍给他们带来的帮助。"每当收到读者来信，赵伯仁内心的满足感也是最强烈的，因为一本书给人送去的不仅是宝贵的知识，还有连带着知识一同附加的阅历、气质和成长。

科学性也是赵伯仁在科普过程中一以贯之的理念。"医学事关老百姓身体健康，是专业的、严肃的。尤其是医学科普作品，这是性命攸关的事，如果误导误传、说错了话，后果是很严重的。要搞自然科学，一个很重要的原则就是要严谨，不能坑害老百姓。怎么保证严谨性？那就是要讲究实事求是、不能胡说八道，守住科学的底线，不然就会误导老百姓。"

"医学是很严谨的东西，但如果讲得很枯燥，全是说教的内容，老百姓也不太好接受，尤其是科普类的东西。我们就追求科普作品的趣味性，老百姓才爱看，才具备了实用性和可传播性，我们做的东西才能真正传递到人们的脑子里去。"

赵伯仁说，他会对每一本书的内容进行严格把关。书稿成型之后，对于一些重要的章节和关键性的内容，他会逐字逐句仔细阅读，也会邀请业界的专家给予指导，以确保内容的科学性。"我们绝不能出错，因为书印出去影响力是很大的。作为医学科普的专业编辑，我们也有自己的职业道德和操守。我们要讲真话、传播知识真相，不能弄虚作假。而我作为医学科普作品的责任编辑,这一点是必须把握住的。"

赵伯仁对出版事业的发展也有自己的见解和体会。一个出版社的出版事业要实现可持续发展,就得追求经济效益和社会效益的双丰收。"我们做文化产品,必须要讲两个效益,光讲经济效益不行,因为文化事业也事关社会问题,不能盲目地为了挣钱而违反公序良俗甚至是法律底线。如果光讲社会效益也不行,出版社也得挣钱,要养活这么多人,维持整个机构的运转。所以,追求经济效益和社会效益的双赢,始终是赵伯仁在主持工作时一直追求的目标。""这也是咱们应该做的事儿。"

如今,经过几十年的发展,中国医学科普已经进入了一个快速发展的时代,科普的方式、载体、场所、内容跟新中国刚成立时发生了翻天覆地的变化。每个人微信群、朋友圈里,经常可以看到和健康有关的信息。根据企鹅智酷的统计数据,目前国内有4万多个健康自媒体,周阅读量逾百万,全网日医疗信息搜索超6000万……这组数据足以表明国人对于权威医疗信息的渴求。同时,民众对于健康科普的需求也已经进入一个"硬核"时代,不仅仅满足于了解健康常识,还希望能主动获取和学习疾病全周期所需的科普知识。

对于这样的变化,赵伯仁内心是十分欣喜的,他乐于见到世界日新月异的变化,更乐于见到老百姓的生活素质越来越高、国家越来越好。

对于当前国家医疗卫生领域的发展,赵伯仁的评价也是非常高的。虽然从事的是医学科普工作,但赵伯仁毕生的工作也从另一个侧面,使他见证了几十年来国家医疗事业的发展和老百姓身体健康素质的提升。"这个

《中国老年保健全书》

变化真的是太巨大了。就拿当年我们医学生的培养模式来说，原来我参军的时候，国家还没解放，我们只受训了8个月，就被拉到部队基层连队里去当医生了。现在发展的太厉害了，医学生培养的方式越来越科学，实践和学习也越来越多，与国外的交流机会也很频繁，是我们当年不敢想象的。"

"现在医学水平也越来越高了，医学发展的速度太快，真的让我感到特别欣慰。我们那个年代确实很难，环境不好，也没有条件。但是在那样艰苦的环境下，咱们共产党最终取得了胜利，白手起家，一茬一拨地这么走过来了。"在那个年代，年轻一代与国家同荣辱、共命运，与国家的发展紧紧地捆绑在了一起，也给这些新中国成立初期成长起来的老同志造就了别样的生命历程。

"我们那时候没有选择，坚决服从国家的需要，坚决听从党指挥，为国家和人民奉献一生。"

尽管已经退休多年，但退休之后的头十多年，赵伯仁依然在出版行业继续发光发热，帮助出版行业做一些力所能及的事情。"比如之前科技出版社、化工出版社等一些单位还是会拿一些稿子让我帮他们出出主意，把把关，看看书的主题好不好，内容行不行，让我帮忙审查，提意见。我也非常乐于帮他们做这些事情，我会从自己专业的角度出发，给他们提出一些修改意见，并真诚地告诉他们。"对于这些顾问性质的工作，赵伯仁一直从63岁退休起干到了80岁。

"这么多年过来了，我一直很喜欢这个行业，因为传播知识这件事情非常有意义。可惜现在眼睛不太好了，看东西也模糊了。"身体上的预警，让赵伯仁不得不放下了捧在手里一辈子的书籍。

如今彻底告别了工作，赵伯仁在燕达养护中心的生活很是惬意，每天固定时间下楼找老伙伴们谈天说地，分享自己的所见所闻，还有最新的国内外发生的大事。跟老朋友们聊上一两个小时，大家就在院里走上两圈，兴致上来了，就去打打台球，或是在棋桌上与老朋友对弈。

赵伯仁依然会非常关心国家和社会的发展。"虽然我们国家也存在一些问题，但是这些年发展地确实不错，跟新中国刚成立的时候相比，好太多了，

2019年，赵伯仁在燕达养护中心参加活动

希望国家能够继续繁荣富强。"

赵伯仁的爱人也是人民卫生出版社预防医学的老编审，13年前已经去世，现有小女儿一直陪在他身边。"我的晚年生活很美满，非常幸福。现在就是希望自己每天能过得开心、快乐，争取能多活几年，不让孩子们担心。"赵伯仁笑着说。

当他总结自己几十年的出版生涯，赵伯仁用了五个字来形容："润物细无声。""我们的工作比不上那些专业的大科学家，人家搞原子弹、氢弹，这对国家和民族的贡献实在是太大了。但我们这个工作也算是有意义，就是'润物细无声'，默默地给人传递知识，给人以精神食粮，这就足够了。"

文 / 蒋若静

烽烟往事

人 · 物 · 简 · 介

    赫建中，85岁，童年经历了日本侵略者在家乡烧杀抢掠，被八路军所救，加入部队成为小八路，参加了抗日战争和解放战争的多场战役，历经艰苦。《平原枪声》作者李晓明曾经是赫建中所在部队的政委，其中小八路的角色就是根据她的真实经历创作的。1951年3月，赫建中进入华北军区聂荣臻八一小学就读，半年后考入北师大女子附中，任团支书。1957年7月，赫建中考入中国人民大学新闻系，1964年毕业后在中国社会科学院科研局工作，并于1978年授命参加创建新闻研究所，任办公室、科研处副主任。曾参与编纂《中国共产党新闻工作文件汇编》三卷本等著作。

赫建中

党培养我从 10 岁小八路成长为革命女战士

序言

本书记者热情访问了曾在 75 年前参军的、当时只有 10 岁的小八路赫建中同志。当我们走进赫老居室时，首先映入眼帘的是长沙发上头依次摆满了毛主席、周总理、朱总司令和九大元帅的照片，以及她的第一位首长崔田民开国中将的照片，还有她父母满胸戴着屡次革命战争纪念章和抗美援朝时金日成授予的"国旗勋章"的照片。另外，居室中特别引人注目的是：中共中央、国务院、中央军委颁发给赫建中本人的"抗日胜利七十周年纪念章""与建国七十周年纪念章"。这些闪闪发光的特殊革命"身份证"，都印证了她瘦骨嶙峋的矮小身上充满了峥嵘岁月、烽烟往事的历史印记！她将我们带进了感恩共产党、毛主席的培养教育，使她从 10 岁的小八路，历经几十年革命锻炼成长为坚定的共产主义战士这一波澜壮阔的历史画卷……

【简介】

赫建中，女，1935 年出生于生河北省邢台地区巨鹿县。

童年经历了日本侵略者在家乡烧杀抢掠的残暴行径，亲眼看见村民和八路军被日本鬼子杀害的场景，赫建中被压在大人们的尸体堆下奄奄一息，当夜被八路军所救，加入部队成为小八路，参加革命，负责爬树放哨、侦察日本鬼子行踪。《平原枪声》作者李晓明曾经是赫建中所在部队的政委，其中小八路的角色就是根据她的真实经历创作的。

抗日战争胜利后，蒋介石国民党进攻解放区原抗日根据地。赫建中跟随"刘邓大军"南下继续参与解放战争，先后参加了淮海战役、渡江战役等。行军路上，缺衣少粮，食不果腹，夏天骄阳似火，冬天冰冷刺骨，她跟部队徒步行军，艰苦备尝，但始终没有退缩；战场上，子弹在耳边嗖嗖飞过，多次身负重伤。多年的征战把赫建中历练成为一名坚强的革命女战士。

1951 年 3 月 13 日，刚在志愿军第十五军加入青年团的赫建中本应跟随部队赴抗美援朝前线参与战斗，因为长年行军征战、多次负伤，失血过多，此时的赫建中形销骨立，面黄如纸，军长关照她留在北京治疗。康复之后赫建中进入华北军区聂荣臻八一小学就读，半年后考入北师大女子附中，任团支书。1957 年 7 月，赫建中考入中国人民大学新闻系。1964 年毕业后在中国社会科学院科研局工作，并于 1978 年授命参加创建新闻研究所，任办公室、科研处副主任。曾参与编纂《中国共产党新闻工作文件汇编》三卷本等著作。

2012 年，赫建中入住燕达金色年华养护中心，安度晚年，但她仍牢记党的使命，不忘初心，矢志前进。

一、世代革命南征北战的家庭

早在 1935 年，由中共北方局领导的冀南农民革命暴动在河北省南部的邢台地区巨鹿和广宗县、威县一带轰轰烈烈地展开,由上级组织派来的山东共产党干部王光华领导。赫老外公领着弟弟和五个子女齐参加,邻居村民们也纷纷上阵,学毛主席搞"秋收暴动"打土豪,分地主、恶霸剥削的贫雇农财产。不料被国民党反动派镇压残杀。外公一家老小被扫地封门,砍杀一片,血流成河。外公被吊打三天三夜成终身残疾而死。二外公被铁丝穿胸吊在树上,背上浇油后用火烧,继而刀刮惨死。二舅是当地共产党的领导干部之一,因救护王光华同志逃走,旋即被杀死。四舅向受过共产党教育的邻居磕头,拜托他照顾伤残的父亲之后逃离家乡,要饭讨食,千苦万难逃到东北哈尔滨,死里逃生,算是给赫老外公周家留下一条血脉!

二、苦难至极的童年

赫老出生在河北省邢台地区东巨鹿县边界的辛集村。赫老父亲在她出生前几个月(1934年冬)就由中共北方局派员张霖之主导下加入共产党,在外从事地下革命工作没有回家住。直到1937年"七七事变"后,仅有两岁的赫老才开始了有记忆的惨痛童年。母亲"嫌弃"赫老拖累她不能外出参加共产党领导的革命活动,硬是逼回了母乳。没有奶吃的赫老,咬紧小嘴啃掉了母亲的奶头,成了四处求人找奶吃的"小乞丐"。赫老终究没被饿死,顽强地活了下来。到赫老4岁时,继祖母出于封建思想,要把外出革命不顾家小的长子留

1947年,赫建中与母亲、妹妹合影

下的赫老母女害死，以便她的亲生儿子独得家产，便下毒药让赫老母女喝了拉不出舌头。母亲万念俱灰，上吊寻死，又被赫老的哇哇哭嚎唤醒过来……

同年十月，日本鬼子举大刀劈开了赫老家乡巨鹿县大门，进村乱杀乱砍，死伤几百人。街上尸横遍野，多名妇女被轮奸后杀死。有一个孕妇正在推碾子，被日本鬼子强奸后，用大刀捅开下体，刀尖挑出腹中的胎儿，走出门外，挑着胎儿肚子玩耍取乐。这是赫老年幼时第一次亲眼见到日本鬼子如此残暴的行径，第一次对国仇家恨有了具体的认识，并给赫老埋下了要长大之后报仇雪恨的种子！而当时蒋介石国民党采取了"攘外必先安内"的政策，真可谓，国内一片民不聊生。

三、灾荒三年 历经九死一生

1942年至1944年冀南地区巨鹿、广宗和威县又连续三年闹旱灾、水灾、蝗灾，致使农田颗粒无收。尤其蝗虫铺天盖地飞来，黑压压一片，瞬间把庄稼苗啃得干干净净。赫老母女只有靠捕食蝗虫，烧了当肉吃。当时饿殍遍野，到处是死尸，无人埋葬。大地上已无青稞可吃，只能吃树叶树皮。大人们把树上能够得着的叶子打光了，只剩下树顶上的树枝有树叶。赫老身材瘦小灵活，就爬上树头，两脚各蹬一枝树枝，一手扶着树头，一手往胸前挂着的布袋子里搂树叶。本来就严重营养不良的赫老头晕目眩，一下子从9米多高处摔下地，即刻就昏死过去。不知道过了多久，赫老才悠悠转醒，觉得尾椎骨疼痛欲裂，一模，痛处有个核桃大小的疙瘩。从此，赫老不能平躺着睡觉，至今近80年，都不能平卧，一直得垫个枕头在尾椎处，才能入睡……

到灾荒第三个年头，赫老已经饿得无处找吃的，从地头捡了个玉米棒子芯，用小石头砸了砸就往嘴里填。吞下后，肚子坠疼，大便都拉不下来。赫母用棍子给她往外掏，连直肠都掏出来，站起来就像猴子夹着尾巴一样。赫老想把肠子塞进肚子里去，可是总也塞不进去，痛得她直打滚儿。才七八岁的小孩子被折磨得实在不愿意继续活在这个苦难的世上，就拽来一个大铁锤压在细小的脖子上，再加上一个枕头，脖子就出不来气了。赫老憋得直蹬脚，惊动了因饿极了吃了杜梨树上掉下的烂杜梨而中毒、脸肿得眼睛只剩下一条缝的母亲。母亲疼得直哼哼，还极力要爬过来看赫老。赫老只好丢开压在脖子上的东西，爬起来去看妈妈。母女俩相拥着哭成一团……

母亲扶起赫老说："眼看我是活不成了，如果我死了，你去找村里的王光明和你二爷家的宝镫大爷。他俩都是共产党，会有办法给你找活路的。"赫老不明白地愣了愣。母亲又接着说共产党好，能领着老百姓找活路，讲究全天下人人平等，人人有活干，人人有饭吃。老爷和舅舅都是共产党领导闹革命的。让赫老去找她在外抗日的大舅，领着她去投奔曾经住在她家、带领老爷和舅舅们闹革命的王光华同志。听说他一直在为农民做事，是个非常热心的人。赫老似懂非懂地点点头，又抱着母亲不舍地大哭……

四、勇当抗日小八路

蒋介石不抗日，专门全力剿共，更助长日本帝国主义气焰。日本鬼子实行"杀光、烧光、抢光"的三光政策，更残酷地捕杀共产党领导的抗日军民。有一天大早上，鬼子抓住一个南街的青年——赫老清晰地记得他当时穿着夹黑袍子，袍里是方格子的，见着日本兵来就跑——被鬼子捆绑起来投进路边的大粪坑里，又用粪叉子捅他的脑袋，灌进粪和尿，再拖出坑外拖到村子的十字街口，一刀、两刀、三刀……先在他脸上切豆腐似的乱砍乱划，然后削他的耳朵、鼻子、胳膊，然后绑在木梯子上。一个日本鬼子兵端着满满一盒水灌进这个"八路"嘴里。这是日本侵略者惯用的伎俩——灌辣椒水。他们给这个酷刑起了一个好听的名字："放焰火"，因为人被灌进辣椒水时，会立即从鼻子和嘴里喷出血水来，喷得很高很远。日本鬼子你一脚我一脚乱踹他被灌进的辣椒水撑得鼓鼓的肚子，又突然兽性大发，索性穿着大皮靴踩在"八路"的肚子上，使之七窍喷血，再给他松绑。"八路"痛得滚成一个大血球。鬼子几乎把他踩死，又用刀挑开肚皮，拉出肠子甩到围观群众的脸上。赫老吓得"嗷"的一声叫，鬼子扭过脸手持刺刀冲赫老叫喊："八格牙路，死啦死啦地！"赫老身体小又灵活，赶紧从人群中的缝隙里向外钻。没想到鬼子狠狠地一阵机枪扫射，成群的大人尸体压在赫老受伤的身上……

鬼子怕天黑八路袭来，就收兵走了。到夜里，八路军来给惨死的村民收尸，一个个掀起看到最下面有个浑身是血的小孩，探探鼻子还有一丝微弱的气儿，忙喊："还有个活的小孩！"抱起来就跑到南门庙口给她做人工呼吸。小孩活了，哼哼几声，慢慢睁开眼，哭着喊"娘"，抱着八路军的腿哭诉。八路军听明白了，这个刚被救活的小孩要找娘，便都去替她找娘。在死人堆里翻找半天，没有找到"娘"，说明母亲还活着。赫老想起她往外钻的时候，母亲也紧跟着跑出去了，可能因此并未罹难……赫老就由八路军抱进南门庙里等着，天亮后出去找人的八路军寻回了母亲，母女团圆，脱离死神。从此八路军救命之恩牢牢记在赫老心里，渴望追随八路军队伍，去报这国仇家恨，报答八路军们。没承想，眼前这位八路军首领正是领导外公革命暴动的王光华同志。当年二舅救护了王光华后，他重回部队。后来，王光华建立了平汉线（铁路线河北一段）抗日游击队，任司令，正在寻找外公一家遗属，也就是赫老母亲，转送党组织给的抚恤金——部队掏出的口中粮——20斤高粱米，这是当时有钱也买不到的救命粮，愈显党领导的八路军恩情长，救了赫老母女性命。王光华同志见着赫老母亲，自然记起1935年冀南革命暴动时的情景。两人握住手都热泪盈眶，摇着双手半天说不出话来。停了一会儿，王光华司令才说起赫老母亲如何在暴动被镇压那天，帮助王光华把枪藏在茅厕的角落里用烂草盖住，之后帮助二舅推王光华从后墙破口处逃走，旋即，二舅回头就被杀死了……

王光华以平汉线游击司令身份立即联系冀南军区政治部组织科，电告八路军第五分区黄光霞司令，说明赫老母亲是革命烈属，是参加1935年革命暴动的积极分子，一直坚持地下党活动，推荐她入伍参加八路军。司令命部下李晓明、杨杰、老郝筹办赫母入伍手续。经他们亲自调查了解后通知母亲带赫老于1945年6月赴任入伍。

　　李晓明政委当场审查赫老的情况：发现赫老年纪虽小，但像大人一样吃了很多苦，锻炼出立志报国仇家恨的成人志气，还有大人不能做到的灵活机敏，能够像猴子一样上房爬树可用于侦察敌情，便当即批准赫老入伍当"小八路侦察员"。赫老高兴地跳了起来……

　　王光华司令通过组织部联系到五分区，令其着力控制衡水与枣强县的要冲——位于李晓明家乡程阳村东边的日本炮楼。李晓明立即派小八路去侦察日本炮楼内的敌情。赫老立马换上农村小姑娘的衣裳，悄悄摸进敌炮楼里，躲在楼梯地下探查鬼子摆放的枪支弹药和重机枪等战备物资以及鬼子上下岗楼的通道拐几个弯，隐藏的对外射击枪口……赫老回来立即将侦查的情况向李晓明政委汇报了，李政委笑着点点头。后来就命令赫老爬上树，看见"情况"就吹暗号通知作战科。这些都是赫老的拿手绝活。

　　侦察活动范围慢慢扩大到附近的村庄，流常镇张景明叔叔的照相馆；程阳村开明士绅李凭云一家；还有张庄抗日维持会会长一家祖孙三代都成了八路军的耳目，消息灵通。肖张镇上李晓明的亲大姑成了赫老亲爱的姑奶奶，特别亲近赫老母女，视为己出，一家三代不惜搭上性命保护赫老一家子。她的老伴去世时，赫老父母给老人家披麻戴孝送葬到坟上，以子女的身份做大祭。姑奶奶常说赫老父母比她在天津行商的两个儿子还要亲。之后赫老一家与姑奶奶的儿子祖孙三四代人几十年的亲情友情，不断往来。赫老父亲从抗美援朝归来至20世纪70年代一直都去看望姑奶奶一家，帮助姑奶奶养老……

五、革命战争年代千锤百炼

日本鬼子投降后,美帝国主义和蒋介石国民党相互勾结,不仅拒绝八路军享有日本"授降权",还抢夺八路军抗日的胜利果实。他们凭借着大量的现代化武器以及雄厚的财力物力资源,狂妄地向解放区发起全面内战。采用日本鬼子残害人民的手段如千刀剐、打肉靶、枭首等惨绝人寰的手段残杀革命的抗日村干部、民兵、抗日军烈属和群众。

中华民族又一次面临重大灾难。大街小巷到处是一片被杀民众的血海,孩子没了爹娘;妻子没了丈夫;白发苍苍的老人失去了儿女,哭声、喊声响彻天地。挺身而出保护人民,解救人民的只有中国共产党!由中国共产党领导解放区人民对蒋介石反动派发起大反攻!号召人民支援以刘伯承、邓小平为首的由抗日战争时期的晋冀鲁豫边区八路军和地方武装组建并发展起来的"刘邓大军",树立"野战军最光荣、四海为家干革命"的思想,离开老解放区开赴中原插入"蒋顽心脏"的大别山腹地。

突破"黄河天险",人定胜天

1947年6月30日,"刘邓大军"抢渡黄河天险。刘伯承、邓小平率领晋冀鲁豫野战军12万人,以河南台前县孙口为中心渡口,东起东阿,西至濮县,沿黄河各渡口300余里长阵渡河作战。以强渡和偷渡相结合的战术,一举突破了国民党蒋介石部队号称可抵40万大军的黄河防线,揭开了人民解放军战略进攻的序幕。如此壮举非我"刘邓大军"莫能为之,深深感动了我黄河沿岸的人民群众。妇女们都端出热水来迎接,儿童和男女学生唱着亲切愉快的歌儿来欢庆。热烈的口号声不绝于耳,给解放军增添了无限鼓舞和战斗动力。

在这支十几万人的队伍中,有多个弱小的身影,就是像赫老一样的小战士们。

队伍不停地从一个地方转移到另一个地方，一天至少几十公里的路程，12岁的赫老个头小，力气小，只能追着队伍跑。大人一步能迈一米，她得小碎步紧倒腾。有时候，首长看到了这个跑步前进几乎体力不支的小姑娘这么辛苦，就破例让她抓着马尾巴，被马尾拽着走，这样还能省些力气。

古人云："兵马未动，粮草先行。"行军打仗最重要的就数后勤补给了。解放战争三大战役中歼敌数量最多，影响最大的战役，就是淮海战役。战争胜利结束后，陈毅元帅曾说了这样一句话："淮海战役的胜利是人民群众用小车推出来的。"

人民群众从四面八方汇集战地，组成担架队，虽然穿着不同的服装，操着不同的地方口音，但都怀着一个共同的信念，支援解放军，歼灭敌人。他们忍饥挨饿，趴冰卧雪，一肩重负，双肩风雨，穿行于炮火硝烟中。他们一不怕苦，二不怕死，克服重重艰难险阻，及时地把军粮送到部队最需要的地方。

赫老深知，如果没有老百姓的支持，他们几乎不可能支撑下去。

挺进大别山，自制棉衣度寒冬

继突破天险黄河后，刘邓首长率部南进推向大别山——河南省南端新县至湖北黄安、麻城一带。由于蒋介石的军队对我军围追堵截，左右夹击，阻滞我军行程，以至到达大别山已是冬天11月份。"刘邓大军"6月份出发时，战士们都身着单衣草鞋。此时已是风吹料峭，刺骨寒冷了。没有棉衣，只能紧扎裹腿带，束紧腰间皮带，跑步跳脚取暖，条件恶劣，艰苦倍增。

党中央毛主席时刻关心着战士们的冷暖，曾打算从晋冀鲁豫根据地送棉衣来。但千里迢迢，封锁重重，这是何等难办到的事！毛主席致电刘邓首长："你们的冬衣物资，要先自己筹备了，如果你们能努力收集棉花、布匹，每人先做一套薄棉衣，或做一件棉背心，能坚持到12月、1月时，后方冬服就有可能接济上来。"

按此指示，刘邓首长动员全体指战员群策群力，发动地方群众，自己动手解决棉衣难题。指示各部队就地购买材料，自己缝制棉衣。当地人民群众非常关心解放军，听说部队筹集棉花布料等，有的送来土布，有的送来棉花，还有的送来拆洗过的旧粮袋……这样东拼西凑总算把棉衣料备齐了。但是群众捐来的布料色杂，红、蓝、白、灰……花花绿绿，五花八门，部队无法统一军容。有位指导员献策道："花布可用草木烧灰染成灰色，不够的话，再用槐树上的槐连豆染了做成黄军装。"大家齐上手，照身上的单衣尺寸依葫芦画瓢，裁裁剪剪，缝制棉衣。虽然是一个部队穿两色棉衣，但也是克服当前困难的办法。当时，邓小平政委和战士们一样亲自动手做棉衣，还和刘伯承司令一起经常到直属部队检查战士们做棉衣的情况。

就这样，赫老和战友们齐心协力扛过了难熬的大别山冷冬。当时大家作了一首诗《棉衣歌》，以之为念：

十月大别冷风急，
刘邓健儿着单衣。
千万将士自己缝，
制成棉衣度寒冬。
……
此事古今从未闻，
千古奇迹出我军。
一切困难皆可渡，
全在万众是一心。

赫老一路高唱："我是一个兵，来自老百姓。革命战争考验了我立场更坚定，哎嗨嗨，枪杆握得紧，睁眼看得清，敌人胆敢侵犯我，坚决打他不留情……"跟随部队，斗志昂扬地参加了淮海战役、渡江战役……

凶险万分的淮海战场

淮海战役以徐州地区为中心，战争场面十分激烈，敌军在坦克、重炮和飞机的配合下，火力猛烈凶险。敌人的炮弹呼啸着朝阵地冲来，我军战士好多都身负重伤，仍继续战斗，顽强地像钉子一样钉在阵地上。等敌人坦克和步兵上来，解放军战士们奋起向敌人开火；反坦克小组战士提着炸药包、手榴弹爬上坦克，拉响炸药包与敌人同归于尽……

在这样紧张的战斗情况下，部队随时要转移阵地。有时候要徒步急行军，昼夜不停，一天行百里路。子弹如雨，从赫老耳边嗖嗖飞过的场景历历在目。

在行军过程中，饮食没有保障，经常是吃不饱，也得跟着队伍跑。有时候，好不容易停下来，烧一顿饭吃，可刚吃几口，前边命令要马上前进！扔下饭碗就得立刻跟着跑。赫老清楚地记得他们一顿饭最多被迫中断过八次，刚端起碗就得马上跟着跑。如此反复，赫老得了盲肠炎，痛得厉害，不得不停下脚步捂着肚子蹲在地上，可是这样就会掉队，被敌人俘虏去，几次差点丢掉性命。当时有位老红军高副政委，湖南人，14岁参加红军，就因急性盲肠炎急行军，肠断而死，葬在路边山坡上。战士们痛唱挽歌："高副政委你永别了，你是为人民革命而死……"所以战士们行军不敢背太多东西，过黄河时只准带4公斤的背包，内装一条军被（没有褥子、床单之类），过长江时，涨到7公斤。就这样少而轻的背包，行军中也会渐渐变得沉重，负重大了就会走不动，从而掉队。赫老体量小，4公斤重的背包背在身上，只见背包，看不到背包底下的人。首长见了心疼赫老，想让大个子的同志给分担一点，又没法分，一个背包装三颗手榴弹，已经是很少的武器装备了；一个带把手的茶缸，吃饭、喝水甚至洗脸都得用。

凡经过敌占区，必须夜行军。过封锁线，必须无声无息，人不能咳嗽，马不能叫唤；若在山区紧急撤退，规定时间内必须翻越几重山；夏天瓢泼大雨把军衣全湿透了，只能贴在身上借体温捂干；脚上的血泡一个连一个，大家取乐称他们是"泡"兵连，如此这般常常夜行军作战，队伍疲劳饥饿、困顿难支，伤亡掉队人数很多。有时早晨起来出发时还有说有笑，乐观地上前线，但是晚上归来时可能只剩一个人、两个人，甚至一个军人都没能回得来，全都光荣牺牲了……房东老乡感谢每一位为解放事业献身的战士，在心里为他们立了光荣碑！

来自父亲的考验

尽管赫老当时只是一个十几岁的孩子，但在战场辗转征战多年，早已超脱了实际年龄，历练成为一名女战士，她心中一直存有一个念头：在战争中做好随时牺牲的准备。

每次打仗出发时，赫老都高唱："一支枪三颗手榴弹，要想什么时候战，就什么时候战。自从参加了战斗员，哪一次都是冲锋在前，退却在后，带着胜利回来的，1、2、3、4！"她用稚嫩的声音和战友一起大声歌唱，把不怕流血、不怕牺牲、英勇战斗的精神永远铭刻在了经过炮火洗礼的心坎之上。

虽然赫老的家人都是革命者，但多年来都各自征战在自己的战场上，团圆的机会非常少。每一次见面，父母在表达思念的同时，也会用自己的方法，给女儿传递不怕牺牲的革命精神。

父亲前往朝鲜参加抗美援朝战争前，曾经安排女儿与他相见。

跟着警卫员走进父亲的住处前，赫老满心欢喜，多年未见，憧憬着跟父亲重逢的喜悦。谁知，推开房门，看的不是父亲慈祥的脸庞，而是一具"遗体"。她以为父亲死了，扑在父亲身上"哇"地哭出了声。

"别哭了孩子，我这是在考验你。"父亲突然说话，从床上起身。赫老抬头一看，吓了一大跳，脸上还挂着泪珠。

父亲说，对人来说，亲人离世一定是这世界上最大的痛苦，而战争一定会有所牺牲。他即将前往抗美援朝前线，所以想用这样的方式来考验考验女儿，训练她成为一个更加坚强的人。赫老一直用父亲的教诲激励着自己。

六、党号召学文化

早在陕甘宁边区文教会议上毛主席就提出：强调军队必须做好文化教育，有句名言："没有文化的军队是愚蠢的军队，而愚蠢的军队是不能战胜敌人的。"

刘伯承司令在战争中也曾多次强调部队学文化，成立过几个随军的"军政大学""第二野战军女子大学"和多个"育才学校"。

新中国成立前的"延安抗大""延安保小""妇干校"等等。

赫老在 1950 年 10 月随志愿军第十五军由西南军区的四川北上去抗美援朝时，加入志愿军部队的青年团。1951 年部队路过北京时，军长看赫老在部队十多年征战，伤病缠身，令警卫员送赫老留京住在北京军区医院（陆军医院）疗伤治病。赫老身体康复后，入学聂荣臻司令主办的"荣臻八一小学"，学习文化知识。

荣臻八一小学的前身是 1947 年聂荣臻元帅在河北阜平创建的荣臻子弟学校。1949 年初，荣臻子弟学校改为"华北军区八一小学"，全校师生怀着北平解放的满心喜悦辞别河北阜平，迁至北京西城府右街李阁老胡同二十号，成为老区进北平最早的寄宿制干部子弟学校，叶一峰任校长。习近平总书记曾在这里度过小学和初中的时光。

过去，荣臻八一小学只收华北部队的烈士子女和团级以上干部子女。随着大军南下解放全中国和抗美援朝的形势发展，党中央、政务院、各大军区和各兵种的干部子女也纷纷来到荣臻八一学校上学。1951 年 3 月 13 日，赫老也成为其中一员。学生们上学的时候都住在学校，周六下午放假，星期日晚上还要回到学校上自习，一个礼拜回家一次。但是赫老的父母都在抗美援朝的战场上，她无家可回，所以就算是放假的日子里，她也留在学校刻苦学习。

赫老的同学中，有很多国家领导人的子女，如毛泽东主席的女儿李敏、刘伯承司令的儿子刘太行、驻联合国首席代表伍修权外长女儿伍曼曼、叶挺将军的女儿叶剑眉、中央常委任弼时同志的女儿任远志、任远芳、任远征等。他们一致认为：新中国建立起来了，建设国家的任务落在他们身上，所以要努力学习，学好数理化，学好自然科学，将来为国家建设做贡献。

这些同学没有因自己的身份而特殊化，反而以更高的标准严于律己，争先恐后起模范带头作用。赫老至今记得，有位老革命干部在给他的革命引路人陈学文烈士的女儿陈月萍的座右铭中写道："你的工作就要埋头苦干；你的生活就要艰苦朴素；你的为人就要先人后己；你的处事原则就要吃苦在前、享受在后、见难先上、见苦先尝、见利先让。如果不能或不够，就不配做革命子弟！"

他们互相鼓励、互相帮助、互相督促，认真地把这些要求条条落实到行动中去。后来，聂荣臻元帅的女儿聂力，去了最危险的原子弹试验基地；罗荣桓元帅的儿子罗东进、张爱萍上将的儿子张翔，也都不畏艰险为尖端科学做出了自己的贡献；前委员长万里的儿子万伯翱、周总理的侄女周秉建等都是第一批上山下乡的知识青年；赫老的战友王毓明、王文芳、陈月萍毕业后则去了最艰苦的大西北，学习工农兵老将吴立锋"把一切献给党"。

赫老说，新中国来之不易，珍贵的学习机会更来之不易。她会一直珍惜地坚守着毛泽东主席时代无私奉献的革命精神和创业精神，永葆共产党人的本色。

赫老在荣臻八一小学学习了四个月就以第一名成绩考入北京师大女子附中。1957年7月，赫老以高分考入中国人民大学新闻系。七年后，分配到中国社会科学部政策研究室，即院领导秘书室。

1978年3月全国政协会上，赫老在大会秘书室得知：胡乔木院长登《人民日报》要成立新闻研究所和下辖的新闻研究生系。因赫老是唯一的人大新闻系毕业生，即令赫老一人和外单位外交学院的团委书记处刘克良同志去开创新闻研究所和新闻研究生系。由新华社出师资，人民日报社出房子，外挂"中国社会科学院新闻研究所"的牌子，赫老一人从院部出发背着拖把、扫帚先去打开了被蜘蛛网密封十几年（原20世纪50年代北京机械学校迁走后留下的旧房舍）的房门。

1980年，赫建中作为主编出版的《中国共产党新闻工作文件汇编》

成立新闻系招考研究生事宜由胡乔木院长的爱将、院科研局副局长温济泽率赫老主考。招收的新生们学习成绩优秀，政治表现良好，毕业后事业有成、各有千秋，有当了全国人大秘书长的王晨；获我国新闻记者最高奖"范长江新闻奖"的艾丰同志……

一切成绩都归功于党！

七、晚年生活 不忘初心

退休之后的2012年，赫老住进了燕达金色年华健康养护中心，安度晚年。经历了一辈子的动荡和艰辛，这下总该停下来歇一歇了吧，但赫老并没有。已经85岁高龄的她每天还在坚持学习，《中国共产党党史》《中医基础理论》……在她的书桌上，放着很多未看完的书籍和报纸。

赫老还关心时事，2020年初的那场新冠肺炎疫情时刻牵动着她的心。每每看到报纸上、电视上报道医护人员英勇抗疫的故事，她就会格外激动。她觉得，不论时代的车轮如何轰轰烈烈地向前滚动，但党和国家始终把人民放在至上的位置，不怕牺牲，不忘初心。暴风雨压不垮，磨难中开红花。虽然疫情来势汹汹，但挡不住久经磨难的中华民族。

少年八路，为国争气，烈士暮年，为党仗义。

多年来，赫老深深感恩党领导人民用鲜血写下的光荣历史，用汗水浇注的辉煌业绩来之不易，深知如今的寸寸河山，乃至赫老九死一生至今85岁的寸寸光阴，都归功于党领导人民浴血奋战，用千百万先烈的生命换来的。赫老永生感恩不尽，永志不忘初心，跟党走！学习习总书记讲话，矢志前进！

附赫老诗作如下：

世代革命北战又南征，
中华赤子双双来继承。
铭心镂骨党的千秋业，
矢志共产主义求大同。

——1960年党在困难时期建中自题

2020年，赫建中与儿子赫然在燕达养护中心

八、儿子赫然：我眼中的母亲

母亲住进燕达金色年华健康养护中心之后，我和姐姐章然会定期前来探望。虽然我都已经 50 岁的人了，但每次听母亲讲述过去的亲身经历和故事，依然有亲临现场的震撼感。

我记得，小时候曾经跟母亲一起参加过八一小学的校庆，母亲和她的同学之间亲密无间、感情深厚，让我印象深刻。虽然现在已经 80 多岁高龄，母亲仍会经常跟一起参加解放战争、年纪相仿、仍然健在的战友们一起聚会，畅聊他们过去的战斗经历。他们共同经历过战争，流过鲜血，躲过子弹，都是过命的交情，甚至比同胞亲人之间还要亲密。

母亲这一代人对物质生活要求很低，他们的精力更多地在思考如何努力

1947年，6个小八路合影，下方中间为赫建中

2012年，6个小八路长大后在北京合影

学习、为社会多做贡献上面。她也一直言传身教，让我们知道人生中最有价值的是什么、最重要的是什么。她对我们的要求也非常严格，不论是品质上的还是学习上的。

时代的车轮一直向前运转，在我眼中，不论思潮如何变化，社会如何变迁，母亲那一代人对党的初心始终没变。我年轻的时候，也跟父母争论过，时代发展变化这么大，你们的思想为什么还这么僵化。但这么多年过去了，我也亲眼看到、亲身感受到党带领人民创造的幸福生活，尤其是2020年新冠肺炎疫情暴发之后，党如何带领人民取得抗"疫"胜利的时候，父母这代人对党坚定的信念，一点都没有错。这也是他们人生最宝贵的财富，也是我们需要传承的宝贵精神。

2015年，赫建中荣获中国人民抗日战争胜利70周年纪念章

文 / 叶晓彦　陈勤

人·物·简·介

葛楚民，89岁，20世纪40年代曾参加新四军地下工作机构，1950年2月考入华东军大。1952年秋入朝作战，葛楚民在步兵72师炮团任新闻干事、秘书等职；停战后回国，先后调入24军、北京军区机关工作，后调总参、军委办公厅任干事、秘书、办公室主任和研究员，战斗中立三等功2次，获军功章3枚。在北京军区和军委机关工作时，葛楚民曾为多任国家领导人服务。在1976年毛泽东主席逝世时，他曾担任毛主席逝世吊唁组成员，开展毛主席的治丧工作。20世纪80年代，葛楚民曾随军委首长视察南海西沙永兴岛，亲身感受了维护国家领土和海洋主权的自豪。

葛楚民

42 年军旅生涯，
经过炮火洗礼坚定的共产主义战士

【简介】

葛楚民，男，1931 年 2 月生于江苏如皋市。20 世纪 40 年代曾参加新四军地下工作机构，1950 年 2 月考入华东军大。1952 年秋入朝作战，在步兵 72 师炮团任新闻干事、秘书等职。停战后回国，先后调入 24 军、北京军区机关工作，后调总参、军委办公厅任干事、秘书、办公室主任和研究员。战斗中立三等功 2 次，获军功章 3 枚。

42 年的军旅生活中，他曾经两次出国作战。第一次是 1952 年秋跨过鸭绿江抗美援朝，他曾冒着零下 30 摄氏度的风雪严寒随部队夜行昼宿，扛着枪炮与敌人作战；他还兼任《火线报》《志愿军报》的战地记者，曾采访过用手按住外流的肚肠，仍坚持瞄准开炮的英雄炮手杨树根。第二次是越过广西友谊关参加对越自卫反击战。

在北京军区和军委机关工作时，他曾为多任国家领导人服务。在 1976 年毛泽东主席逝世时，他曾担任毛主席逝世吊唁组成员，开展毛主席的治丧工作。为了组织好群众吊唁工作，他在人民大会堂连续工作，晚上甚至在大会堂的地板上席地而睡，最终圆满完成任务。20世纪80年代，他还曾随军委首长视察南海西沙永兴岛，亲身感受了维护国家领土和海洋主权的自豪。

退休之后，葛楚民与老伴共同入住燕达金色年华健康养护中心，安享晚年生活。

【童年时代】

"日寇曾在我的家乡疯狂烧杀"

20世纪三四十年代，日本帝国主义疯狂侵略中国广大领土，那些疯狂的罪行至今仍留在葛楚民的内心深处，始终提醒着他，国仇家恨不能忘。

1937年7月7日，日本帝国主义制造了著名的"七七事变"，侵占了北平和天津。为扩大侵华战争，同年8月13日，日本帝国主义蓄意已久地在上海制造了"八一三"事变，对上海的进攻直接威胁着蒋介石的统治中心南京以及华东地区。

葛楚民的老家江苏如皋市难躲劫难。1938年3月19日，日军飞机轰炸如皋城，在北门投掷数枚炸弹，如皋沦陷。根据历史记载，日本侵略军侵占如皋地区的重要交通线及沿线城镇，烧杀抢掠，无恶不作。国民党地方政权及其武装力量龟缩边远乡村，打着抗日旗号，各霸一方，消极抗战，积极反共，甚至勾结日伪，欺压百姓。

日军大肆烧、杀、抢、掠，奸淫妇女。他们一天就能烧毁房屋400多间；一个有800多人的村庄被烧得残垣断壁；对妇女先奸后杀，连七十多岁的老太太和八九岁的小女孩也无一幸免……人民群众饱受蹂躏，处于水深火热之中。

当时的葛楚民只有7岁。一年前，母亲不幸去世，他被安顿在了外公家生活。日军无恶不作，各种残暴行径让如皋人民人心惶惶，纷纷闻风而逃，年幼的葛楚民也跟着外公逃往远方的舅舅家。

父亲为了看护家里的三间房舍、庭院和家什，选择了留守。有一天傍晚，父亲突然听到远方有炮火轰鸣的声音，屋外人声嘈杂，顿觉不妙，赶紧翻出后院的土墙，奔着一个方向拼命奔逃。父亲一刻也不敢停下，一直朝前跑，粗算了一下，足有四五里地的路程。跑到了天黑，实在跑不动了，最后躲在草丛里挨了一宿。

第二天天亮，日寇已经离去，父亲才慢慢走回家中。方向走对了，房子却不见了。父亲眼中只见一片废墟，他依照残墙的痕迹大致能看出原来的模样，可房舍家具全都被日寇纵火焚烧了。

一夜之间，家没了。

父亲悲痛万分，泪流满面，拖着疲惫的身躯绝望地朝外面走去。外面的惨状更是让他痛心疾首，门前大河边，几个人正在伏地大哭，四具尸体直挺挺地横在地上，惨状让人不忍直视。父亲走近一看，死去的是两男两女，这其中还有邻居家的一个妇人。

要不是逃得快，父亲也许也是如此下场。

房子被烧，家什被毁，无家可归的父亲只能流浪。后来，父亲流浪到海安镇，当过劳工，干过苦力，经过两年的努力，还建立起了新的家庭。生活稳定之后，父亲赶紧将寄养在舅舅家的儿子接回一起生活，总算让葛楚民过上一个相对安稳的童年。

【少年时期】

"有个军人在街头演讲，他居然是陈毅"

被父亲接到海安镇生活之后，9岁的葛楚民已经是个小大人了。从农村到城镇，生活环境发生了变化，这也让他对外面的世界产生了好奇。海安镇有一条石板街，大街的中央，有清代就铺起来的青石板。石板街两侧店铺相连，商贾云集，南北货、土特产、茶肆酒楼、市井小吃，应有皆有。逢年过节，街面上还有舞龙灯、跳马灯、踩高跷、挑花担、舞狮的，热闹非常。葛楚民就很喜欢在石板街上溜达。

1940年秋天，在石板街偶遇的一幕场景，让葛楚民至今印象深刻。因为，那一次，他居然偶遇了陈毅。

为了打开苏北的抗战局面，陈毅积极部署新四军江南指挥部主力分批渡江北上，于1940年7月中旬胜利渡过长江，到达吴家桥地区，并将新四军江南指挥部改称为苏北指挥部。1940年10月7日，陈毅率领部队抵达海安西南营溪，并将苏北指挥部驻扎在镇上的一座寺庙里。

当地各界人士和群众对抗日将领十分尊敬，民众纷纷前来慰问，把鸡、肉、鱼、蛋等慰问品接连不断地送往医院和驻地；广大妇女还组织起来为指战员洗衣缝被；镇上的浴室免费开放，为抗日将士洗涤征尘。有一次，新四军在寺庙里召开群众大会，庙堂里人头攒动，十分热闹，也吸引了葛楚民和几个小伙伴。走进寺庙，大会已经开始了，院子里，男女老少有的坐着，有的站着，但所有人都静静地听着。扒上大人的肩头，葛楚民才看清，站在人们目光的最前方正在挥臂演讲的，是一个身穿军装的军人。

这位军人慷慨激昂地给群众讲述日寇在东北、华北肆意烧杀抢掠，实行"三光政策"（烧光、杀光、抢光）的罪行。这位军人的讲话，让葛楚民突然回想起了父亲无家可归的那段经历，一下子点燃了他对日寇的愤慨。这个男孩跟着四周的聆听者一起鼓掌、一起喊口号，一双小手拍红了也不肯停下。

散会后，群众久久不肯离去，依然热烈讨论着。"陈毅总指挥讲得好，我们要团结抗日，坚决不做亡国奴。"身边一个男子情不自禁地说。"什么？刚才说话的人是陈毅？抗击日寇的大英雄陈毅？"葛楚民惊讶得叫出了声，嘴巴张大，半天合不上。

自从新四军江南指挥部进驻了海安镇，陈毅总指挥率领部队伏击日寇的故事早就在街谈巷议中流传了，在群众心中，他是抗击日寇的大英雄。偶然倾听了陈毅的现场演讲，在葛楚民小小的内心里产生了很大影响。从那时开始，他的愿望就是当一名军人。

后来，葛楚民还听说了陈毅在海安广结社会贤才团结抗日的精彩故事。陈毅总指挥到达海安之后，住在了爱国士绅韩紫石先生的隔壁。韩紫石是前清举人，民国初年和北洋军阀统治时期，两度出任江苏省省长，还担任过代理督军等职，后因不满军阀之间派系斗争而隐归苏北故里海安。

由于韩紫石有一定的正义感和较强的民族意识，他在苏北中上层绅士中威望很高，并且，他的许多门生故旧多居国民党军政要职。因此，做好争取韩紫石的工作，对于团结苏北乃至全国的中间势力加入抗日民族统一战线有很大作用。

为广结社会贤才，陈毅曾经多次拜访韩紫石。在第一次会见时，陈毅讲了许多国共团结抗战的道理，韩紫石深为感动，但是他又存有疑虑。聪明的韩紫石就通过谈诗说文进行试探。他提出上联："陈韩陈韩分二陈（二层）韩（含）二心。"陈指的是陈毅，韩指的是国民党省长韩德勤。陈毅立刻察觉出这是做团结工作的好机会，略沉思后说："谁说我们分二层，含二心？我的下联是：国共国共同一国共一天。"

韩紫石听后十分高兴，对陈毅的敏捷才思钦佩不已。韩紫石当面对陈毅写下了评语："注述六家胸有甲，立功万里胆包天。"盛赞陈毅坚持合作抗战的雄才大略。

【战争年代】

42年军旅生活 曾两次出国作战

虽然那次偶遇了陈毅，但葛楚民和陈毅的渊源还在继续。1949年4月，解放军打响渡江战役，渡江战役胜利后，宁、沪、杭等大城市迅速解放，新中国的诞生指日可待。为了加速解放军的干部队伍建设，中央军委决定，将前华东军事政治大学与三野军政干校合并，正式成立新的华东军事政治大学，并任命陈毅元帅为校长兼政治委员，陈士渠任副校长，钟期光任副政治委员。

1949年6月，上海《解放日报》的头版头条刊出了一则消息："大批培养各种建设人才，华东军政大学本周招生，第一期名额三万，陈毅将军任校长。"这则消息立即在上海和华东地区广大进步青年中引起巨大反响，掀起了一股积极参加华东军大的热潮。1949年10月，华东军事政治大学在南京孝陵卫举行第一期开学典礼。

看到这则消息，葛楚民热血沸腾。自己的童年因为战乱逃离家乡，父亲因为躲避日寇房屋被毁，国仇家恨冲上心头，再加上校长是曾经与自己有过一面之缘的陈毅，更是决心一定要考取华东军大，为祖国效力。功夫不负有心人，1950年2月，葛楚民以优异的成绩考入了这所大学。

这里并不是一所旧式的军事学校，而是一所按照人民的需要，为人民解放军培养干部的新式学校。在这里，身穿一身戎装的葛楚民努力学习着政治、军事、经济、文化以及革命知识，努力让自己成为一名优秀的军人。

军政大学新兵 宣誓入朝参战

时至今日，无论老少，绝大多数中国人都还记得这样一首歌："雄赳赳气昂昂，跨过鸭绿江……"这说的就是在20世纪50年代，中国人民志愿军远渡鸭绿江，奔赴朝鲜战场参加抗美援朝战争的故事。这首慷慨激昂的战歌，激励了无数志愿军战士保家卫国。这场战争的胜利，在人类战争史上，足以被书写下浓墨重彩的一笔。在那个年代，面对着装备精良的美军，志愿军战士们创造了许多人类战争史上的奇迹。

葛楚民也是其中一员。

1950年10月19日，中国人民志愿军在司令员兼政治委员彭德怀率领下，跨过鸭绿江，赶赴朝鲜战场。25日，揭开抗美援朝战争序幕。

当时，全国掀起了抗美援朝保家卫国的爱国浪潮，各地成立抗美援朝分会和基层支会，积极宣传教育，动员群众参军参战，组织医疗团赴前线服务。各级群众倍受鼓舞，热情高涨，用多种形式支援抗美援朝。

在教育领域，很多大学也举行了动员大会，号召青年学子积极报名参军参干。与此同时，位于南京的华东军事政治大学操场上，包括葛楚民在内的上千名军校学员也群情激昂。当时，一场结业典礼正在举行。为了顺应当时的形势，华东军事政治大学全部提前结业。而那场结业典礼，也同时成了学员们奔赴保卫新中国前哨的誓师大会。

葛楚民清楚地记得，陈毅校长讲了当时的国际形势和战争的阶段性成果。当他讲到中国人民志愿军入朝作战之后节节胜利，重重打击了美国为首的侵略军时，全场发出了一片欢呼。陈毅说："中国人民派出的志愿军英勇作战，摸了美帝国主义这个老虎屁股。只一个多月，美军骑1师和第2师、第25师受到沉重打击，那个土耳其旅被打成'土包子'了。"他那浓重的四川口音让学员们听得十分过瘾，个个跃跃欲试地争上战场。

陈毅勉励学员："应在抗美援朝保家卫国的新岗位上来考验自己。"他还要求学员们在院校调整中自觉服从组织分配，响应党的号召，抗美援朝保家卫国，到抗美斗争的第一线经受锻炼和考验。葛楚民当时的心情也十分激动，同大家一起振臂欢呼，要求到部队去，要求参加抗美援朝。典礼后，全体学员根据国防需要，奔赴各条战线。

1951年初，20岁的葛楚民被分配到72师炮兵351团，正式以一名战士的身份投入抗美援朝战争。

加入部队之后，葛楚民真真切切感受到了战场硝烟的味道。开展深入的战前教育、研究地形和敌情、制定完备的作战方案、构筑坚固的阵地工事、部署通信联络、粮弹储备……部队里，每一个人都在各司其职地忙碌着，他也丝毫不敢懈怠，和年轻的战友们一起，开展紧张的战前练兵，大家都装备整齐、斗志昂扬、严阵以待，求战情绪高涨。

葛楚民所在的72师是华东军区具有光荣战斗历史和传统的英雄部队，主要担负中线上甘岭、平康、五圣山地区防御任务，参加了金城战役注字洞南山战斗，歼灭敌人1.6万余人。

1952年一个初秋的黄昏时分，葛楚民带着雄师劲旅的雄姿和风采，在鸭绿江畔，面向祖国，庄严宣誓，然后跟着部队雄赳赳、气昂昂地跨过鸭绿江，毅然入朝参战。

从元山港奔赴五圣山前线

进入朝鲜境内之后，炮兵351团一直在朝鲜东海岸的元山港一带，负责沿海30公里的二线防御。

在山上构筑防御工事，全部要自己亲手完成，这些年轻战士们克服困难自己动手。会木匠活儿的战士因陋就简、就地取材，砍伐已经被美军炮火摧毁的树木，制作木质工具；坑道也要自己挖掘，战士们就自制独轮人力车，前拉后推，运送矿渣。利用战备训练和施工间隙，战士们还开垦荒地，种植蔬菜，解决部队部分吃菜问题。

葛楚民和战友用了两个多月的时间进行防御作战准备和冬防工作，在这个时候，抗美援朝中线金化地区的

1952年10月，葛楚民在朝鲜元山港战场留影

上甘岭阵地，志愿军正同美军、韩军进行反复争夺战，多次击退敌人的进攻。

上甘岭实际上是朝鲜五圣山主峰东南 4 公里处的一个只有十几户的小山村，村南边两侧有两个小山包，一个标高为 597.9 米，美国为首的"联合国军"称之为"三角形山"；另一个标高为 537.7 米，其北山被"联合国军"称之为"狙击棱线"，这两个高地像两把钢刀插在敌军阵地前。

美国为首的"联合国军"为配合板门店停战谈判，于 1952 年 10 月 14 日发动"金化攻势"，投入兵力 6 万多人，在百余辆坦克和火炮支援下，向我 15 军坚守的上甘岭高地连续攻击，敌我双方在总面积不足 4 平方公里的阵地上激烈争夺 43 个日日夜夜。美军进攻的第一天，向志愿军的阵地发射 30 多万发炮弹，投下 500 多枚炸弹，让志愿军的阵地成了一片焦土。15 军在秦基伟军长的指挥下，以坚决固守、寸土必争的顽强精神，依托坑道工事打击敌人，歼灭美、韩军 2.5 万余人，直到 11 月 25 日粉碎了敌人的焦土进攻。当时，战场上涌现出了黄继光、邱少云、孙占元等英雄人物，他们用鲜血和生命换来了伟大胜利。

上甘岭战役传来胜利的消息，24 军军长皮定均将军号召全军指战员学习 15 军英勇战斗、保卫阵地的爱国主义和国际主义精神。葛楚民和战友们格外着急，纷纷要求上前线，打鬼子。

1952 年 12 月的一天，指导员从团部开会回来之后，立刻叫来葛楚民，"上级有令，咱们要转移到中线作战，你赶紧开始准备。"当时，葛楚民是二营营部杂务班的班长，这就是作战信号啊，兴奋的葛楚民马上回到营部，招呼通讯员、文书、炊事员、挑夫一干人等，补充粮食袋和弹药，做好行军准备，随时出发。很快，葛楚民和战友们离开元山港阵地，开赴"三八线"。

12 月的朝鲜东海岸天寒地冻，气温达到了零下 30 多摄氏度，351 团的战士们夜行昼宿，顶着太平洋吹来的凛冽寒风，爬越东海岸 1000 多米的摩天岭，直奔五圣山。

后来，葛楚民负责在各连队开展宣传工作。行军中，战士们列队前进，骡马拉着缴获而来的美式山炮跟随其中。在队伍中穿行的葛楚民十分显眼,"我们要学习上甘岭精神。""不怕苦、不怕冷,战胜风雪上前线。"葛楚民手举广播筒,用最大的力气朝着队伍大喊,因为天气太冷,一张嘴就冒出阵阵白气,水汽落到广播筒上,又迅速结了一层白霜。

一天半夜,部队正在翻越海拔1000多米高的摩天岭,天寒地冻,狂风呼号,接近山顶时,人人气喘吁吁,汗湿衣裳,但又很快就结成冰。在这样艰苦的自然条件下,很多战士撑不住了。

葛楚民记得,在他们前边的一支队伍里,有几个炊事员在山顶放下铁锅歇脚的短短时间里,就永远站不起来,被活活冻死在了山顶上。葛楚民得知这一情况,带着几个宣传员,跑到队伍里,用打快板儿的形式通报兄弟部队的惨痛教训,鼓励大家咬紧牙关,越过山顶不停步。

山顶上,东海刮过来的风让人站都站不住,葛楚民说快板儿的时候,被风雪堵得嘴都张不开。但尽管这样也要继续坚持,几个宣传员要站在风雪中不停地说,一直坚持到全营通过后才跟上队伍继续前进。

行军途中,粮食的消耗最大,随时需要补给。葛楚民所在的队伍就面临了这样的难题,由于粮食补给没有及时跟上,他们连给马喂的饲料都吃了。那是用豆饼和杂豆混合煮在一起的压缩饼干,苦涩不说,还带有发霉的味道。看着战士们难以下咽,葛楚民带领下的宣传组又响起了快板儿声:"志愿军是钢铁汉,马料填肚照样干,今夜行军超百里,支援上甘岭英雄汉。"

就这样,351团抵达中线,接友军的防地,支援上甘岭步兵阵地。

葛楚民所在的二营营部在五圣山东侧宗铁洞坑道里安营扎寨了。营部设在4米多高的大岩石下,为了不让敌人发现,洞口只有1米多高,进出都要弯腰低头。进洞走3米向右一转,有一间12平方米左右的居室。屋里除了一张土炕,只有一个木箱,木箱上放着很多电话,土炕既用来睡觉又充当饭桌。

本来这里是个炮火死角,又有很厚的覆盖,不怕炮弹和炸弹的袭击,是一个安全洞。可没想到,有一天清早,葛楚民正在洞外厕所方便,敌人的炮火"轰"地就炸过来了，他拔腿就跑。再回头望去，厕所土墙轰然倒下。后来才知，那一次炮轰是叛徒向敌人告密的结果。

每逢夜晚，趁着天黑，战争才会打响。葛楚民和几个营部的战友负责背炮弹上山，运送到位于山洞里的炮位上。他记得队伍里有个大个子战士，人称"铁疙瘩"，一趟能背150公斤的弹药，足足有五六箱。葛楚民个子小，身上背的炮弹不到"铁疙瘩"的一半，只有两三箱，还经常累得爬不上去。通过敌人封锁区的时候，他不仅自己十分英勇，还常常推着小个子葛楚民向山上爬。作为宣传员，葛楚民当然不能放过这个宣传机会，用大个子战士的"铁疙瘩"精神鼓舞大家向阵地上冲。

艰苦而危险的战斗过程中偶尔也有欢乐。

1953年春节，葛楚民和战友们在营部后面驻地与朝鲜民青委员们一起唱歌、跳舞、聚餐。前方断续的枪炮声中，他们一起唱《东方红》《金日成将军之歌》和苏联的《红军之歌》。在年轻的葛楚民眼里，虽然战火残酷，但中朝人民的血肉友谊都凝结在了欢乐的歌舞当中。

穿越封锁线开展战地采访

1953年春节过后，葛楚民被调至团政治处任新闻通联干事，给《志愿军》报、《火线报》写稿，成了一名战地记者。

在抗美援朝战争中，志愿军部队继承了党和人民军队一贯重视政治思想工作的这一传统，意识到报刊宣传工作的重要性，从志愿军总部到各军、师、团都先后创办了自己的机关报以及大量的连营小报。贯彻领导意图、反映部队情况、交流作战经验、表扬英雄事迹，是这些报刊的主要内容。在战斗过程中，战士们在休息之余看一看报纸，在一定程度上能增强志愿军的战斗力。

其中《志愿军》报就是一张全军性的战地报纸，其报头由彭德怀题写。报纸的内容除了社论、国内消息外，还经常刊登短小的通讯和各种参考资料。

从1952年5月起，在报头一角还增设了"光荣的志愿军"新闻照片专栏，使版面更加美观、活跃。

志愿军中许多可歌可泣的英雄事迹的宣传都出自这张报纸，如《英雄杨根思永垂不朽》《爱民模范罗盛教》《伟大的战士邱少云》《祖国的好儿子黄继光》等。葛楚民的作品也经常在《志愿军》报上刊登。

葛楚民回忆，当时，皮定均军长对新闻宣传非常重视，特意把各师团的新闻工作人员召集起来，要求大家把部队英雄事迹报道出来，决不能让它压在朝鲜大山下。

接到新闻宣传的任务之后，葛楚民立刻开始寻找选题，开展采访。

1953年夏季，抗美援朝战争进入第三阶段的金城战役，这也是抗美援朝战争的最后一次战役。此役中国人民志愿军歼敌5.3万余人，收复阵地160余平方公里，有力地配合了停战谈判。

金城战役打响当晚，志愿军1100多门炮列阵齐射，将1900多吨炮弹"倾泻"到金城以南正面宽25公里的阵地上，摧毁了敌人阵地上的主要工事。战至16日，志愿军完成了全部进攻任务，向敌纵深推进，最远达18公里，占领了战略要地金城地区的全部，兵锋直指汉城。

在战斗期间，葛楚民冒着炮火，穿梭往返于金城前线的上所里北山、菊亭岘、注字洞南山等炮兵阵地开展采访。他和战友步行穿过数道封锁线进行采访，不时地利用地形躲避炮弹。有时候，轰炸炮火格外猛烈，炮弹到处开花，但这些都没有阻挡葛楚民的步伐。他要抓紧时间采访到战士们英勇作战的事迹。

在作战过程中，炮手和运输兵的英勇事迹十分感人。炮手的工作就是不停地往炮筒里装炮、发射，有时候一个小时的时间就要打出去100多发炮弹，持续工作的炮筒子因此变得特别的烫。但炮手就是要忍受着高温，持续发射。运输兵的工作更加危险，因为战斗需要，很多阵地都设在了山上，这样可以更好地防御和阻击敌人的进攻和撤退，但同时也给运输带来了困难。有时候，运送一箱弹药和一袋面条都困难重重。为了躲避轰炸，运输兵只能夜间开车运输，怕被敌人发现还不能开灯，行驶在弯曲狭窄的山路上，稍不注意就可能会掉入万丈深渊。但由于敌人的严密封锁，运送物资的士兵伤亡比例很高，他们也是为战争胜利付出宝贵生命的民族英雄。

时隔60多年，葛楚民现在还清楚地记得自己为《火线报》投稿的一篇报道，题目叫《炮手杨树根盘肠大战》，因为那惨烈的场景至今都还停留在他记忆深处。

那是一场夏季反击作战的战场，杨树根是七连的一名炮手。当时他所在的队伍正在支援步兵攻打红山头的战斗，用连续发炮的方式，用火力压制敌人。然而，就在杨树根不停装炮、发炮的过程中，一枚敌人还击的榴炮弹在他的炮位右侧爆炸了。顿时，他的肚皮就被炮弹碎片炸伤了。杨树根立刻捂住腹部，可当时腹部流出来的不仅有鲜血，还有肠子。为了继续发炮，他忍着剧痛，一只手摁住往外流的肠子，另一只手继续瞄准、开炮，直到支援的步兵冲上敌人的阵地。后来，杨树根被送到卫生站接受治疗的时候，葛楚民对他进行了采访，写下这篇鼓舞部队士气的优秀报道。当时，为了打击敌人嚣张气焰，志愿军开展了"冷枪冷炮"杀敌活动。葛楚民就跟着队伍冲上战场，亲身经历了战士们如何耐心蹲守、冷炮作战的全过程。

在当时，不仅战地报刊的采写需要冒着生命危险，编排和印刷也要经历血与火的洗礼。比如当时的《志愿军》报，印刷厂设在一座山洞里，没有电灯，排字工人把蜡烛插在手盘上，摸索着捡字。所有的人都要参加手摇印刷机劳动，每天工作量常常要达到十几小时。编辑人员的生活条件也是相当艰苦，编辑部设在一个宽仅1米，长200多米的半截子山洞里。洞子既暗又潮湿，大白天也得点蜡烛。白天，大家就坐在洞口，用一块木板平放在膝盖上当办公桌，编辑稿件。敌机一来，就收起稿子，夹着木板往洞里钻。晚上，编辑们就睡在又黑又潮的山洞里。

正是有了葛楚民这样的战地记者和后方编辑部的不懈努力，这些战地报刊在战斗过程中持续把鲜明的爱国主义和国际主义精神宣传到战场的每个角落，激励着广大志愿军战士。

出其不意的"冷枪冷炮杀敌运动"

由于朝鲜复杂的地形，敌我双方的战线犬牙交错，我军与敌军的防线之间的直线距离在500米以下，有的甚至在100米以下。于是，志愿军利用这一点，提出单枪、单炮依托固定阵地或采取游动方式，消灭敌人的有生力量，摧毁敌人的武器装备，也就是"冷枪冷炮杀敌运动"。

这场运动让以美军为首的"联合国军"痛苦不已，防不胜防的子弹和炮弹，让敌军损失惨重。在不断的摸索中，志愿军将士不断总结经验，改进"冷枪冷战"的战法，让他们在战场上面对敌军更加得心应手。有一天半夜，战地记者葛楚民跟随"冷枪冷炮"部队出发了。出发前，炮手们先把美式山炮拆成零件，将炮身、支架和护板分开，分别由战士们扛着，借着月色，翻越山坡，来到上所里北山后的一座山头。排长命令葛楚民留在山头观察，战士们则爬到前沿的山坡上，在距敌人阵地200多米处架设火炮，等待黎明。

时间一秒一秒地度过，葛楚民窝在山头，耐心等待着东方的天空发出微光。在这样的场景下，是不允许犯困的，敌人可能随时出现，一丝的困倦都有可能毁掉整个计划。

天空微微发亮，敌人的身影在他们的火炮洞口出现了，山头后的葛楚民立刻绷紧神经，既紧张又激动。只见志愿军炮手立刻架起火炮朝敌人的洞口瞄准，由左到右，对着敌人三个炮位迅速发射。咣！咣！咣！连续三发炮弹，把敌人三个炮位炸翻。还没等敌人反应过来，排长立即挥挥手，指挥炮手马上撤回，一次成功的"冷枪冷炮运动"顺利完成。

还有一次，葛楚民所在营的四连七班选择梨岘附近的丁字路口作为狙击点。敌人一个连从金化向十字路口开进，早已经选好阵地的7班居高临下，连续发射10多发炮弹,当场炸死敌人20余人。几个月的时间,他们用"冷枪冷炮运动"多次变换阵地出击,屡获成功,共击毁敌人汽车7辆、火炮3门,敌人步兵死伤200余人。

后来,不仅冷炮歼敌的战绩受到了上级赞扬,葛楚民在《火线报》《志愿军》报等战地刊物上刊登的及时报道也得到了营长的表扬。营长还特意叮嘱,葛楚民采访时孤身一人在山谷里奔走实在危险,万一被敌人的炮弹击倒,都没人知晓无人救助。营长要求各连派出通讯员,专门为葛楚民接送,保障他的安全。这位年轻的战地记者十分感激营长的关心,可在那个时候,他哪儿会顾及自己的安全,全心投入到战地采访中了。

得到营长表扬的时刻,还发生了一个有意思的小插曲。就在营长讲话的时候,通信排长突然出现在坑道里,他边跑边喊:"好消息!好消息!"

"什么好消息?"文书问。

"后方留守处来电,杨营长的夫人周大姐生了个女儿。"通信排长乐着说。

"好啊,好啊,太好了。"坑道指挥所内一片欢呼。

"快给她取个名字吧。"快嘴文书紧接着说。

突然,电话铃响起,陆参谋长抄起电话,对方传来最新情报:"菊亭观察所报告,金化丁字路口有发现,有美军运输队经过。"

杨营长接过电话听完突然抬起头说:"菊亭,女儿就叫菊亭,是对这场战斗的纪念。"大家的掌声一片,表示赞同。

说完,杨营长立刻转入战斗状态:"对十字路口的美军目标进行射击,五分钟急速射!"陆参谋长朝电话重复着杨营长的命令,顷刻,全营群炮齐发,隆隆炮声惊天震地。随后前方报告:炮弹命中目标,毁敌运输车三辆,其中两辆被炸燃烧。杨营长一贯板直严肃的脸庞,立刻露出璀璨的欢笑。这不仅是因为这场小战役的胜利,更是为了新生女儿菊亭。

战场上有胜利,也难免有流血牺牲。葛楚民记得,有一次他跟着部队转移阵地,正巧遇上敌人炮火聚集。前方部队九连的副指导员被弹片击中腿动脉。他赶到时，营部的通信员正在为他用力包扎。鲜血已经浸透了裤管，由于失血过多，副指导员已经脸色刷白了。后来，战士们抬来一副担架，赶紧把副指导员送去卫生所。当夜，葛楚民打电话给卫生所询问副指导员的伤情，才得知他因为失血过多，没有血浆及时救治，而不幸牺牲了。

在"三八线"度过停战之夜

1953年12月，葛楚民与战友在朝鲜防空演习时留影

在长时间的阵地对峙作战中，志愿军阵地巩固、防御能力日益加强。美方借战俘问题长期中断的和谈，被迫在1953年4月26日恢复。到了6月，随着志愿军反击作战的胜利，和谈不断进展。7月初，李承晚出来反对停战，经过我军以打击李伪军为重点的再次反击战之后，迫使美方做出了实施停战协定的保证，双方最后校正了南移的军事分界线。

1953年7月27日，停战的那一天，葛楚民和战友们接到上级告知：上午已签订了停战协定，要严守岗位，一律不离阵地，防止敌人制造事端，并要做好撤出军事分界线的准备。

晚上7点，敌炮群突然向葛楚民所在部队的阵地猛烈射击，步兵和炮兵阵地都受到敌炮火的轰击，山头和谷地里一片火海。志愿军的炮群立即还击，营部参谋马上建议对敌目标进行急速射击。杨营长立刻命令执行，顷刻间，喀秋莎火箭拖着鲜亮的火焰一排排飞向敌阵，榴炮、山炮炮弹呼啸着扑向敌人的阵地，山谷里顿成火海，各阵地把成吨的弹药泻向敌人。

9点钟，敌方炮火渐疏，志愿军的炮群下达了停止射击命令。这时，整个"三八线"阵地上一片寂静，没有炮声也没有枪声。10时整，正式停战。志愿军阵地上，几十支手电光不住地晃动，大家热烈欢呼；敌方阵地也亮出探照灯，欢呼起来。

历时长达3年又32天的战争，以中朝军民的胜利和美国为首的17国军队的失败而结束。葛楚民也完成了他人生中的一个重要篇章。

对越自卫反击战与难忘的许世友

1979年2月17日至3月16日期间在中国和越南之间的那场战争，葛楚民参加了，并且留下了与战争东线广西边防部队总指挥许世友的珍贵记忆。

从抗美援朝战场胜利归来后，葛楚民进入中央军委工作。当时，中央军委在部署这次反击作战时，决定组织广西和云南两个方向的前线观察组，去战地了解情况。葛楚民被任命为广西前线观察组组长。接到任命后，葛楚民立即带领全组三人，赶到广西前方指挥部，向许世友司令报到。

"小葛，部队有什么事你先跟我说啊。"许世友对葛楚民说。

"是的，有什么事先向司令员报告。"葛楚民立即回答。许世友很高兴，让葛楚民的小组随128师部队战斗前进。

2月中旬，许世友司令在广西南宁市西园召开作战会议。他当时指出，部队虽然20多年没打仗了，但也要不惜一切代价把自卫反击战打好。

很快，葛楚民的检查组随队出发。让他印象深刻的是，我军出友谊关攻击越南同登之敌军三师十二团及若干独立营时，部队从正面和侧面对敌人进行合围，仅仅用了两天的时间就占领了全城。敌人只好钻山洞、下地洞。

我军逐山清剿，重点攻破法国人造的火车站炮楼。葛楚民记得，部队先去炸掉了炮楼四角的暗堡和地洞的洞口堡。为了对付敌人在洞内对洞口的封锁，我军从洞口滚进十几只汽油桶，用冲锋枪射击，汽油桶瞬间爆炸。守洞口的越军一个个连滚带爬地逃出洞口，有的已被烧得皮开肉绽。

在这场自卫反击战中，我国的炮兵、坦克参战数量大、配合好，在我军战斗历史上是空前的。被俘虏的越军有三怕：一怕炮火轰；二怕坦克追；三怕围山搜缴。由此可见当时炮火威力足以让敌人丧胆。

在禄平战斗中，越军一个炮营被我炮团发现后，还没来得及逃，就被我炮一次五分钟齐射，摧毁敌炮7门，敌人死伤150多人。我军某坦克团支援步兵师攻打东梯时，为切断谅山高平段公路，边打仗边前进。越军没有料到我军在山沟土路上开进，慌忙炸水库，企图冲毁土路，阻我军的坦克。我军坦克在泥水中前进，遇到十多米宽的水沟时，工兵未到，就用两辆坦克冲入水沟作桥，其他坦克从上面通过继续前进，提前10分钟冲入东梯，卡住敌人退路，在坦克战史上写下光辉一页。

在自卫反击战中，广大干部、战士前赴后继、英勇作战，涌现出大量的英雄事迹。某团一连副连长马国民在第一仗中亲任爆破手，连续爆破了四个火力点，炸敌堡打敌人，神出鬼没，被评为战斗英雄。某团坦克连指导员孙永贵四处负伤，在坦克熄火时，自己下车端枪护卫车手，给车手争取时间，修好坦克，重新投入战斗。当时，还有许多已宣布转业地方的老干部仍坚持参战。有的子女在本部队参战，就鼓励其英勇战斗。某单位的副政委的儿子在部队当排长负伤，入院的第二天，就用多种办法返回部队参战，正巧遇到他父亲。他说："我不顾医院规定，坚持重返前线参战，老爸原谅我吗？"这位副政委说："为了打越寇保边疆，我原谅你了，你上前线要英勇杀敌！"

一位记者采访许世友后说：许司令在抗美援朝、西沙群岛自卫反击战，特别是这次自卫反击战中，都亲临前线指挥，真是宝刀不老啊。

【珍贵记忆】

心情悲痛的 6 天吊唁工作

1976 年 9 月 9 日上午，军委办公厅正在交接班，突然接到全军进入一级战备的命令。正在秘书处工作的葛楚民脑子突然一片空白，顾不得手头正在进行的工作，整个人怔住了，其他同事也露出了震惊的表情。但大家并未慌乱，依然各自坚守岗位。

又过了一会儿，党中央传来特急电报：当日凌晨，零时 10 分，伟大领袖毛泽东逝世。人群中，哭声一片，葛楚民也流下了泪水。

中午，中央人民广播电台、电视台播发了毛主席逝世的消息，办公厅领导交代葛楚民和秘书处的四个人参加毛主席的治丧工作，并于第二天上午去人民大会堂江苏厅报到。

第二天上午，一身素衣的葛楚民早早就来到了人民大会堂江苏厅，和其他几位同事站在一起，强忍着悲痛，听着上级领导传达的中央指示：实行丧事改革，把遗体告别和吊唁活动结合在一起进行，地点就在人民大会堂北大厅，时间从 11 日至 16 日，安排 30 万人。17 日休息，18 日下午在天安门广场举行盛大追悼会，人数为 100 万人。

葛楚民在心里牢牢记住上级领导传达的每一个字，这是一项极其严肃的政治任务，绝不能出任何差错。他所在的吊唁组的任务是，在 6 天时间里，在北大厅组织 30 万群众吊唁并瞻仰毛主席遗容。

经过集体研究，计划每天组织 5 万人，由党、政、军、民四个口平均分配，每个口每天 12500 人。研究好方案之后，吊唁组人员每人领到了一套被褥，放到了江苏厅的一角，那里就是他们这 6 天的集体宿舍了。

11 日早上 6 点多，吊唁组全组人员从江苏厅起床，在宴会厅东侧餐厅随便吃了几口，7 点多聚集在北大厅开始工作。

大厅布置得庄严肃穆，南面挂着黑底白字的横幅，写着："极其沉痛地悼念伟大的领袖和导师毛泽东主席！"下方悬挂着毛主席的遗像。在鲜花丛中，毛主席的遗体仰卧在水晶棺内，两侧站立着持枪的礼兵。大厅内摆放着中共中央、全国人大、国务院、中央军委和百多位党和国家领导人敬献的花圈。

7点50分左右，吊唁组先随着治丧办人员，在毛主席遗体前默哀鞠躬，然后走向各自岗位。葛楚民心里十分清楚，虽然心情极其沉痛，但仍要坚守岗位，组织群众有序瞻仰，不容差错，这样才是对毛主席最好的悼念。

上午10时，党中央政治局同志及国家领导人集体吊唁。在哀乐声中，领导人从福建厅陆续走进北大厅，面容沉痛悲伤，步履缓慢。在毛主席遗体前，他们沉痛肃立、默哀，行三鞠躬礼，瞻仰遗容，分立两侧守灵，然后退出。

11时左右，国家将领、名人陆续进入北大厅，悲痛地吊唁伟大领袖和导师，瞻仰毛主席遗容，吊唁时间延长到12点才结束。

下午，吊唁的群众来了。吊唁的群众队伍很大，葛楚民就叮嘱大门哨兵，让大家分四路纵队进入，在毛主席遗体前三鞠躬，每侧两路人员瞻仰遗容后退出大厅。虽然前来吊唁的群众都悲痛不已，但进入大厅后，大家都遵守秩序，没有出现混乱的场面。

接下来5天的吊唁和瞻仰活动都很顺利，来自社会各界的干部队伍、工人农民群众和学生队伍有序进入大厅，场景感人。截至16日，经过吊唁组的统计，各族各界党政军领导和群众，共有36万人来人民大会堂吊唁并瞻仰毛主席遗容。在第6天下午吊唁活动临结束前，中央政治局同志再次集体来北大厅吊唁，并在主席遗体旁守灵，直至哀乐停止，吊唁活动圆满结束。

神经紧绷了整整6天的葛楚民松了一大口气，睡在人民大会堂江苏厅的这6天，他夜不能寐，生怕出现一点差错。好在最后圆满完成了任务，他的内心也得到一丝安慰。

登上南海西沙永兴岛

西、南、中沙群岛地处我国南海中南部，由 200 多个岛、礁、沙滩组成，岛屿总面积约 13 平方公里，海域面积近 200 万平方公里。西沙永兴岛是西、南、中沙群岛最大的岛屿，面积 2.13 平方公里。

20 世纪 80 年代，主持中央军委工作的杨尚昆同志，遵照邓小平同志关于加强经济建设和国防建设的精神，多次在军委会议上强调维护国家领土和海洋主权是人民军队的神圣职责。面对我国 1.8 万多公里长的海岸线，6000 多个岛屿和数百万平方公里的海洋领土，杨尚昆同志开创性地提出了"经略海洋国土"的战略思想和决策。要求全军着力维护我国海洋国土的权益，加强岛屿和海岸线的军事部署。

为了落实中央军委的决策和部署，刚被任命为军委副秘书长的洪学智上将决定亲赴南海诸岛巡视调研。作为军委办公厅研究员的葛楚民，在军办程建宁主任的领导下，跟随洪学智上将一同前去。

1988 年底做出决定后，第二年的 1 月 3 日，葛楚民跟随洪学智上将乘专机离京，抵达海南岛榆林港海军基地。首长听取海军榆林基地李副司令员汇报海南地区情况后，于 8 日上午乘直升机奔赴西沙永兴岛。

葛楚民记得，当日天气晴朗，洪学智上将和秘书、警卫等随行人员，分乘两架直升机飞行在南海上空。从窗口望去，大海碧波万顷，其中点缀着一片片青石滩、圆形礁在朝阳下闪闪发光。很快，视野里出现了一片绿洲，这就是西沙永兴岛。

直升机缓缓降落在绿洲的空地上，大家受到海军官兵和驻岛省府办事处人员的欢迎。当天的气温 25 摄氏度左右，阳光明媚，空气新鲜，水里的礁石在阳光下发出蓝光，贝鱼类在水草中闪动，深处的珊瑚石像一把五光十色的利剑。海水清澈，没有任何污染。

向岛的东边望去，有座巨石叠积的小岛。大家叫它石岛，岛上怪石纵横，不见草木。石岛距永兴本岛约有几百米远，中间有一片沙石礁相连接，落潮时可以涉水去到石岛，涨潮时不见沙滩。后来，上级决定派出大型运输船从海南岛的山区搬运沙土石料至永兴岛，于是将沙石滩填平，使永兴岛与石岛连成一片，并建设了可以起降战机的飞行跑道，保障航空兵的起降飞行。

1989年，葛楚民在西沙群岛工作时留影

中午后，葛楚民一行人来到了永兴岛西部。这里满地沙石，高低不平，旁边一片高地上，有几棵大树和房舍。走近一看，石板地上耸立着一座水泥碑柱，1米多高，碑的南面刻写着"南海屏蕃"四个字，北面刻写着"海军收复西沙群岛纪念碑"和"中华民国三十五年十一月二十四日，张君然立"。

询问得知，碑是第二次世界大战反德、意、日法西斯战争胜利纪念物。这座拥有半个多世纪历史的庄严碑柱，标志着我国对南海诸岛不容置疑的领土主权。葛楚民靠立在碑柱前，内心澎湃不已。

缓步走入营区，在树林里和礁石中间，有一块块黄土菜地，种着青蒜、油菜、韭菜、萝卜……海军战士说，这是各科室和班排的自耕地。"我们的领导要求每人从大陆归来，都要带一包黄土，用黄土在岩石上自建耕地种菜。"几年的工夫，战士们已用大陆带回的黄土，垫起了几十块菜地，既丰富了生活，又改善了伙食。

站在南海之边，葛楚民感慨万千。

当时的他已经58岁，突然回想起这几十年的坎坷经历，童年时光被日寇搅得动荡不安，青年身穿戎装屡次为祖国扛枪上战场……祖国的强大和美好，才是幸福所在。

葛楚民和老伴张竟在燕达养护中心

文 / 叶晓彦

文化人生

人·物·简·介

罗兰,原名杨曼云,94岁,幼年出身贫苦,迫于生活,被卖为童养媳,被参加了地下党外围组织的姐姐洛林和党组织所营救,从此走上革命道路,并于1943年加入中国共产党。罗兰在抗日战争到解放战争的多次战役中,从事译电、发报、抄报等工作。1949年以后,罗兰在察哈尔广播电台工作;1954年,被分配到交通部水运设计院做党政工作;1958年,被组织调入中央人民广播电台做党政工作,后成为中央人民广播电台播音部党支部书记,培养挖掘了很多著名的播音员,是中国人民广播事业的奠基人之一。2015年,罗兰光荣受邀参加"纪念中国人民抗日战争暨世界反法西斯战争胜利70周年"大阅兵。

罗兰

跟党走革命路，我的无悔人生

【简介】

罗兰，原名杨曼云，女，祖籍天津，于1926年4月10日出生于北平（今北京市）。幼年出身贫苦，父亲给资本家常年打工积劳成疾，6岁时父母、哥哥、弟弟相继离世，只剩罗兰和姐姐相依为命。迫于生活，罗兰成了童养媳。

20世纪30年代，其姐姐洛林同志参加了地下党外围组织，在姐姐的鼓励和党组织的营救下，罗兰同志走上了革命道路。1939年，年仅12岁的罗兰成为"红小鬼"，在组织的培养下负责侦查、放哨，以及宣传动员等工作，辗转行军中，受到组织培养快速成长，并于1943年秘密加入中国共产党。罗兰同志经历过多次战役，从抗日战争到解放战争，从事译电、发报、抄报等工作，晋察冀根据地、平西根据地的部分国际国内重大战争消息都是经罗兰同志和战友们翻译和发送，为我党在战争中了解世界局势、分析战争形势立下了功劳。

1949年以后，罗兰同志在察哈尔广播电台工作；1954年，被分配到交通部水运设计院做党政工作；1958 年，被组织调入中央人民广播电台做党政工作，后成为中央人民广播电台播音部党支部书记，培养挖掘了很多著名的播音员，是中国人民广播事业的奠基人之一。

2015 年，罗兰同志光荣受邀参加"纪念中国人民抗日战争暨世界反法西斯战争胜利 70 周年"大阅兵。她一生跟随党的脚步，热爱党，一辈子以党员的标准要求自己及家人，家风淳正，子女孝顺。

【童年时代】

"我没有童年"

2015 年 9 月 3 日，北京天安门广场，"9·3"纪念中国人民抗日战争暨世界反法西斯战争胜利 70 周年大阅兵正在进行，这也是首次组织抗战老兵代表接受检阅。

抗战老同志组成两个乘车方队首先出场。敞篷车缓缓向天安门城楼门前驶去，城楼上的毛主席像越来越近，鲜红的国旗在风中飘扬，雄壮的歌曲在耳边响起……眼前的这一幕，让正坐在观礼台上的罗兰顿时湿了眼眶。

这位 90 岁高龄老人的脑海里，突然浮现 80 多年前的自己，那个动荡年代里曾经一度想结束生命的小姑娘，并且在心底由衷地对她说："感谢党让你没有放弃自己，你看，现在的生活多美好，现在的我们多幸福。"

打开了记忆的闸门，往昔岁月的酸甜苦辣像江水一般缓缓流出，"我没有童年。"说起童年的经历，罗兰眼里含着泪水，用苦涩的声音说出了这句话。

罗兰同志本姓杨，名叫杨曼云。参加革命后，地下党组织因抗日工作需要保密，给她改名罗兰。

20 世纪 20 年代中期的北平，正处在半封建半殖民地社会，当时北平不但有很多外国人的租界，还有国内的军阀割据，中国人民遭受压迫和剥削，日子困苦。

杨曼云家有6口人，父亲在一户外国人家里做长工，做饭、维修、喂狗、管家……什么活儿都干；母亲没有工作，平日操持家务、照顾孩子；哥哥和姐姐正在上学；弟弟刚刚出生不久。父亲是家里的顶梁柱，也是唯一的收入来源，刚够勉强维持一家人的温饱。虽然生活不易，但也算其乐融融。

然而，好景不长，祸从天降！

旧社会，地位低下的人可能随时招来打骂。父亲无端遭到了外国主人的羞辱和打骂："你们中国人狗都不如！"一向正直的父亲急火攻心，突发脑溢血，待被送到医院之后，命是保住了，但是全身瘫痪。在那个年代，发生这种事没人管，只能自生自灭。父亲的工作丢了，顶梁柱倒了，家里失去了收入来源，天塌了。哥哥看到家里的情况自己却无能为力，抑郁成疾，大口吐血，家里没有钱，眼看着哥哥的病一天一天地加重，最后还是去世了。

看着丈夫瘫痪在床、大儿子突然离世，母亲天天以泪洗面，奶水骤停，小弟弟饿得哭叫不停，最后也活活饿死了。接连失去了两个儿子，母亲承受不了这个巨大打击一病不起，几个月后也撒手人寰。

"屋漏偏逢连夜雨，船迟又遇打头风。"

无钱住院和买药，父亲被赶出了医院。举家从北京迁到天津老家，没有住处的一家三口借住在大娘家，三个人勉强维持着半饥饿的日子。不幸的是，几个月后父也去世了。这个六口之家，在短短一年多的时间连逢变故，家破人亡，杨曼云和姐姐成了无依无靠的孤儿。

看着父亲躺在床上的尸体，连买几块薄板安葬父亲的钱都没有，杨曼云和姐姐束手无策。家里的大娘起了坏心，让小曼云卖身葬父。走投无路的姐妹俩没有办法，于是在大娘的操作下，小曼云被卖给人家当童养媳，未来的"婆家"出的钱都被大娘拿走，只给了姐妹俩购置薄板棺材的钱，姐妹俩这才在乡亲的帮助下，含泪将父亲草草安葬。

杨曼云尚小，大娘跟"婆家"约定待杨曼云长大到13岁再去做人家的媳妇儿。于是，杨曼云就被带到大娘家，等待"出嫁"，而姐姐被送到了香山慈幼院生活和学习。

到了大娘家，杨曼云噩梦般的生活开始了。大娘非但没有把杨曼云当作自己的亲人，反而当她是一个不花钱的佣人。小小年纪的杨曼云不仅包圆了所有的家务活，挨打受骂更是家常便饭。每天天还没亮，小曼云就要起床干活：提水、擦桌、洗衣……样样都要干。就算干完活，大娘也不给她吃饱，经常随便扔个棒子面疙瘩，或者一碗稀粥打发了。晚上辛劳一天的小曼云拖着酸疼的身子，还得照顾大娘家任性爱闹的小弟弟，稍有不顺弟弟就会大哭大闹，小曼云免不了一顿打骂。大娘家还有个堂姐，她夜里做活白天休息，大娘怕堂姐晚上犯困，狠心让小曼云晚上不睡觉，跟堂姐做伴。白天家里的活儿小曼云还一样不能少。年幼的小曼云经常撑不住了打瞌睡，又是招来一顿打骂。

痛苦万分的小曼云心情极度绝望，一心想着："我要是死了就不用遭这些罪了。"一个才年仅七八岁的孩子呀，竟然想到了自杀！

怎么死？听大人们说喝红矾就能死。她翻箱倒柜，在家里找到了一块矾，一咬牙一闭眼，冲水喝了。矾水又酸又涩，难以下咽，可是想想自己的这望不到头的苦日子，杨曼云还是给咽下去了。躺在床上等死的杨曼云肚子难受极了，可是一直等到了晚上，都还没死成。后来她才知道，自己吃的是白矾，死不了人。

自杀未遂的结果，是招来了更加难挨的毒打。杨曼云真不知道这苦日子该怎么过了，小小年纪的孩子，就这么一天天辛苦地挣扎着、煎熬着，没有欢笑、没有亲情，充满这无休无尽的打骂和永远干不完的苦力，这就是杨曼云的童年。

好在，嫁在北京的姑姑辗转得知了哥哥一家的遭遇。几番周折，终于把小曼云带离了这个噩梦般的地方，又回到了北京。

"跟着党走！"

杨曼云被姑姑接走之后，姐姐洛林打听到了妹妹的下落。实际上，姐姐洛林在香山慈幼院生活和学习的过程中，已经与地下党有所接触了。香山慈幼院的创始人是熊希龄，于民国六年（1917年）创办，专门收养孤儿和城内外贫苦的孩子，让他们接受教育，免于受苦。在20世纪20年代，香山慈幼院早已是中共北平地下党早期在北平从事革命斗争的可靠据点之一。洛林向地下党组织汇报了这一切，提出了带妹妹一起去根据地的申请，很快党组织批准了洛林的申请，鼓励她把妹妹营救出来，帮助洛林制定了严密的营救计划，并让洛林严格保密，姑姑家的任何人都不能说。

以最快的速度赶来的洛林见到妹妹的时候，杨曼云灰头土脸的样子，一点儿都没有孩子应有的朝气和活泼。姐姐看着心疼不已，她向姑姑提出，想带着妹妹出去玩一玩，散散心。

对人生已经没有希望的杨曼云看到姐姐到来，也没有露出惊喜的表情。她当时觉得，姐姐年纪也不大，自己都顾不了自己，肯定也没有能力救她。"玩就玩吧，反正回来的路上，跳车死了算了。"

跟着姐姐出来，杨曼云也没什么心思玩，姐姐去哪儿她就跟着去哪儿。当天傍晚，天色已黑，姐姐把她带到了当时的北京女十三中。头一次走进学校的杨曼云对一切都很好奇。她发现学校里有一座大庙，平日用来上课，庙里还有课桌。姐姐把她带进教室，"你藏在桌子底下，谁叫也别出来。"姐姐跟她叮嘱了几句，就离开了。

个子小小的杨曼云很听话，乖乖躲在教室里不出声，直到晚上9点以后，才等来了姐姐。当晚，杨曼云被安顿在一个上铺，累了一整天，第一次安稳的一觉睡到了大天亮。

第二天一大早，姐姐叫杨曼云起床，吃完早点，又把她拉出了门。这回，姐儿俩走到了西单。

半路上，姐姐突然问杨曼云："你愿不愿意上学？"

杨曼云被问得有点突然，这跟她当初的设想不太一样。活都不想活了，还能上学？那是她根本不敢奢望的事情啊！

"当然愿意啊，可是……"杨曼云答。

"好，我带你去上学。"姐姐答得干脆利落。

"去哪儿上？怎么上？哪儿有钱上学？"杨曼云一连串问了好几个问题。

"那你不用管，一会儿要是有人问，你就说去上学。"姐姐说完，拉着她继续往前走。

半路上，姐姐找了一台电话，给姑姑打了过去："姑姑，我带曼云走了。"没等电话那边姑姑回答，她就把电话挂断了。

姐妹俩从西单走到了西直门，前方不远处，有一个日本人设置的检查岗。

"别忘了刚才我说的话，有人问你，就说去上学。"姐姐叮嘱道，懵懵懂懂的杨曼云连连点头。

检查岗前，会中文的日本人盯着她上下打量："小朋友你去哪儿？"

"我跟姐姐去上学。"杨曼云赶紧回答。

"好，走吧。"日本人挥了挥手，让姐俩出去了。

过了检查岗之后，杨曼云回头发现，后面一直有两个男人跟着她们。

"姐，后面有人跟着咱。"

"不用管，跟着我走就行了。"

可走出去没多久，后面的人突然小跑起来，姐姐拉起杨曼云拔腿就跑。"妹妹，快，快跑。"杨曼云不知道发生了什么，心里突然害怕起来，可她不能停下来，姐姐是她唯一的亲人，只能跟着她。

后面两个人跑到跟前，跟姐姐说了一句："被发现了，先躲起来。"然后领着姐俩躲进了旁边的玉米庄稼地，自己则故意暴露，把敌人引开。

一人多高的庄稼地里，姐姐跟杨曼云和盘托出了真相。原来，姐姐已经加入了共产党的外围组织，她要带妹妹去根据地干革命："我可不敢在西直门的检查岗告诉你这事儿,怕你一紧张说漏了嘴,坏了大事。"

杨曼云恍然大悟,没想到幸福来得这么突然,终于不用再回去给别人当童养媳了,再也不用过挨打受骂的日子了!终于可以跟姐姐在一起生活了!!

姐俩躲了很长时间,待到觉得稳妥之后,才小心翼翼地跑出庄稼地。她们又走了很久,到达了目的地——燕京大学(现在的北京大学)集合点。在这里,一共有十几名青年学生正在等待她们,原来大家要集体出发,去平西抗日根据地。

当时,抗日战争已全面爆发,八路军晋察冀军区命一支队政委邓华率第三大队进军平西。平西指的是北平以西的百花山、涿县、涞水以西以北一带约12个县构成的区域。邓华支队进入平西斋堂,收编伪军、肃清土匪,偷袭门头沟日军据点,连战连捷,收复了房山、涞水、涿县、昌平、宛平、宣化、涿鹿、怀来的大片地区,以斋堂为中心创建了平西抗日根据地。

根据史料记载,抗日战争过程中,北平与根据地之间有多条交通线,从燕京大学出发的这条线路从学校出发,到颐和园,过大有庄到西北旺。在西北旺分为南、北两条支线。南线从温泉到北安河边的妙峰山,爬上妙峰山后走到田家庄,进入平西根据地。北线从西北旺到六里屯,再到永丰屯,穿过前后沙涧和前后白虎涧,开始进山,到淤泥坑,进入平西根据地。

杨曼云跟着十几名大哥哥、大姐姐大约走了1个月左右的时间,才到达了目的地。路程中要爬山、蹚河,还要穿过日本人的层层封锁线,路程比较难走。杨曼云是队伍里年纪最小的,长这么大她从来没走过这么长的路,一路上都是靠哥哥姐姐的搀扶前进的,实在走不动了,还有人背着她。白天有敌情不能走,只能在山里躲着,等月亮出来之后,一行人才敢偷偷前行。

这群年轻的孩子们互相扶持,经过了敌人一个又一个的封锁线哨卡,在接近根据地的时候,日本人终于发现了他们的踪迹,派出了军队追赶,孩子们争分夺秒加快了前进的速度,终于在敌人追上他们之前到达了根据地,好险!

根据地的领导萧克亲自接待了这十几名年轻人。罗兰记得,为了表示对他们的欢迎，根据地的人还杀了一头羊改善伙食。吃着香喷喷的羊肉，看着大哥哥大姐姐们相互关心，感受着大家对她的关爱有加，杨曼云顿时从心底升起一丝希望：跟着党走！有饭吃，有人关爱！跟着党走，未来一定有盼头！

从此，杨曼云改名罗兰，加入了革命队伍，这个世界上再也没有一个叫杨曼云的苦命女孩了。

【战争年代】

"共产党给了我生的希望"

当时，在晋察冀分局领导下，平西抗日根据地担负起北平郊区各地区的游击战争和开辟根据地的工作。当地的抗日武装力量发展很快，根据地军民的抗日积极性也被充分调动起来。以萧克为首的挺进军出击宛平、房山境内的王平口、佛子庄、长沟峪、周口店一线，袭占南窑、北窑等日伪军重要据点，破坏了从这里运煤至北平的高线铁道；在永定河畔、门头沟地区、北平近郊，挺进军频频出击，连获胜利，给日伪军以很大震动。

平西抗日根据地在抗日战争时期具有非常重要的地位。根据地开创后，这里迅速成为八路军向热河、察哈尔前进的阵地，更成为北平、天津中共地下党组织与边区联系的"红色走廊"——前往解放区的华北革命青年、爱国人士和国际友人，都要通过这个"红色走廊"奔赴延安；当时全国各地支持延安的物资中有近三分之一是从这条走廊中安全运出的。

姐姐洛林一直跟着部队四处开展工作，而罗兰因为年龄太小，还不如枪高，不能上前线打仗，就被安排在涞水县政府做一些力所能及的事，比如跑个腿、打个杂、烧个炭等等。

"罗兰同志，请帮我把文件送到某某同志手中。"

"罗兰同志……"

每当罗兰有了新的任务，或者听到同志们对自己工作的评价，她就会格外开心，感觉身体里有无穷的力量。虽然根据地的日子也很艰苦，当地群众少，队伍多，粮食不够吃，还有时候只能以野菜、树叶、黑豆充饥，但这比在大娘家整天挨打受骂的日子强多了。在这里，她是一个有价值的人，她一定要好好活下去。

别看罗兰年龄小，但是非常聪明，大家对她的评价也很高。于是组织送罗兰到野三坡革命干部训练班学习，还专门配备了几名专职老师教这帮"红小鬼"知识、文化、唱歌、跳舞和革命道理。有敌人来袭的时候，训练班跟着部队一起转移，边打仗边学习。在行军打仗的过程中，罗兰很活跃，不仅指挥唱歌，还参加活报剧表演，文艺才能逐渐显现。因为表现出色，组织曾几次拟送罗兰进入挺进剧社文工团工作学习，由于日本人封锁的原因，几次都未能成行，这也是罗兰的一个遗憾。

"鬼子的大炮轰炸了我的家，枪杀了爸爸，又拉走了亲爱的妈妈，叫爸爸也不答应，叫妈妈也不理。哪年哪月才能回到我的老家？啼哭有什么用处，我参加八路军，打垮了日本狗强盗，才能够得胜利！"这首歌叫《我的家乡》，在训练班里，歌声唱出了大家的心里话，罗兰想起了自己那个曾经温暖的家，她每次唱起来都泪流满面。

"鬼子这边来呀，我们那边转，绕圈子呀，爬高山呀，把他围困在中间呀！你打头呀，我打尾呀，让他日夜不得安呀，吃没有吃呀，穿没有穿呀，急得鬼子把眼翻呀，我们来打个歼灭战呀，一个一个，一个一个，把他消灭完！"唱起《解放歌》，小罗兰充满了力量，共产党给了她生的希望，跟着党打胜仗！

军民一家共抗日

抗日战争爆发后，国内出现了"亡国论"和"速胜论"等论调。抗日战争究竟如何进行，怎样发展？结局会怎样？为了回答这些重要问题，为抗战指明胜利方向，1938年春，毛泽东同志发表了《论持久战》。

罗兰回忆，当时，革命形势正处于毛主席《论持久战》的第一阶段，这是最困难时期，敌人对游击根据地进行疯狂的围剿和扫荡，实行"杀光、烧光、抢光"的"三光政策"。

地下党领导部队采取游击战的战术。如果敌人来了，他们立刻撤退到山里，或者转移到其他地方，敌人走了他们再回来。部队帮助老百姓抢种抢收，加强工事，坚固堡垒，对付敌人，不给敌人留下粮食和任何东西。有时来不及撤退，部队就藏在老乡家的柴垛里、地窖中、挖的地道里……

让八路军躲藏的老乡家叫堡垒户，是支持游击队的群众。进堡垒户之前，要先把这家人的情况了解清楚，几口人，都叫什么名字，自己在这个家里面叫什么名字。弄清楚这些，为的是应付敌人盘查。

罗兰在这段时间曾两次遇险，都是堡垒户老乡伸出了援手，军民鱼水情义深，她至今难忘。根据地的生活条件很差，八路军常常要各处躲藏，藏身之处阴暗潮湿，睡觉也没有固定的床铺和被褥，更没有换洗的衣服，很多人身上都生了虱子，长了疥疮。罗兰也是一样，她不幸得了疟疾，高烧不退。当时根据地因为封锁完全没有药，就在这病重关头，是堡垒户的群众铤而走险在敌占区弄到了药，让她活过来了。

还有一次更为惊险。

当时，在共产党的带领下，敌后的抗日活动进行得如火如荼，抗日武装用游击战术把日军打得心惊胆战，损失惨重。面对机动灵活的抗日队伍，日军意识到一举消灭抗日力量是无法达成的，于是他们想到了一个损招——夜袭战术。到了晚上，日军就开始四处出击，进行大扫荡，让抗日武装无法得到充足的休息。如果他们在搜查的村子里发现八路军，就会牵连到很多人被杀。八路军战士们不想连累村民，就每次晚上转移地方，到无人的废旧土屋里休息，有时候连土屋都没有，只能在玉米地，或者其他荒废的土地里将就一晚，在频繁变动迁移的时候，这些行进的士兵需要跨过山脉，渡过深河，有可能会有人掉队。

一天夜里，大家都在睡觉，敌人突然前来扫荡，队伍要紧急转移。罗兰突然惊醒，意识到队伍需要马上出发，于是赶紧起身跟着大家转移，走在她前边的，是一个男孩。漆黑一片的荒地里，男孩走着走着跟错了队伍，本来应该跟着部队后面走，结果走到了老百姓转移的队伍中。发现队伍跟错了，两个孩子都吓傻了。身处危险之中，不能停下脚步，只能不停地往前走。

也不知道走了多久，更不知道自己走到了哪里，两个孩子筋疲力尽。"我身体不好，实在是走不动了，你快走吧。"男孩对罗兰说。罗兰急哭了，怎么拉怎么拽，那个男孩就是走不动了，她只能把他藏到了柴垛中，自己继续往前走。不知不觉，罗兰走进了一个村里，很快有村民发现了这个穿着灰色军装的孩子。

"孩子,你怎么在这儿呢？被敌人发现了可怎么办！"村民们小声议论着，"这应该是跟部队走散的吧。"

村民们积极想办法怎么保护走丢的罗兰，有一位大娘主动把罗兰拉到身旁说："这孩子，我管。"

可能因为被吓得厉害，当天夜里，罗兰就开始发高烧，嘴里开始胡言乱语，照顾她的大娘不顾年事已高，亲自去找来村里的大夫，给罗兰看了病，抓了药。

几天后，八路军来村里，四处寻找，见人就问，有没有看见一个叫罗兰的小女孩。大娘闻声赶来，把八路军领回家，把罗兰亲手交给了八路军。这样，她才和部队团聚。罗兰又一次化险为夷！

关于一起走丢的那个男孩，20世纪70年代有人曾经调查过，说他没有死，是被另一队八路军给救走了。

"我是一个兵，来自老百姓，革命战争考验了我,立场更坚定！"战争时期，无数群众保护了我们的战士，这支来自老百姓的武装队伍，在持久战中最终坚持下来，成功阻止了日本侵略者亡我中华之野心！

土地革命立新功

随着革命形势的发展，游击区根据地不断地巩固和壮大，各方面条件稍有些改善。罗兰就经常深入到群众中做宣传动员工作，发动群众支持抗日战争。

罗兰记得，1942年第一次解放张家口时，他们发现当地是日军的后勤基地，日军准备进攻苏联，储存了大量物资，武器弹药、食品罐头，应有尽有。打游击穷了这么多年，战士们看到这些东西都高兴得不得了。

毛主席号召大家不要学李自成，要经得起进城的考验，颁发了"三大纪律八项注意"让大家学习。罗兰和同志们就把物资严格管理起来，用于支援抗日前线，没有发生哄抢、遗失等事件。

随着战争的胜利，晋冀鲁豫一带革命根据地也得到了巩固和发展。当时的土地还是在少数的地主手中，农民承受着沉重的租税负担，从当时传唱的一首民歌中就可以看出农民负担的沉重和痛苦。

"咱村有个王老三，家中种田两亩半，浇三遍，除三遍，打下粮食一担五，交租整一担。辛辛苦苦整一年，只剩下豆角、萝卜、南瓜、山药蛋、糠面窝窝糊糊饭，一家大小半饥半饱度日难。"

在这种革命形势下，党中央提出了减租减息政策，并在根据地进行土地改革，没收的土地分给农民，把地主扫地出门。组织上还成立农民协会、妇女会、儿童团，罗兰和机关干部们全部下基层做宣传发动工作，告诉农民，他们才是土地的主人，打消他们的思想顾虑。

经济上和政治上翻了身的农民大大地提高了革命的积极性，促使农村经济迅速走向恢复和发展。失去土地的地主有的也不甘心失败，企图反攻倒算。

罗兰就曾经亲自挫败了一次地主杀人的阴谋。

罗兰所在的工作队在村里开了分田到户的大会，得到消息称有的村出现了地主杀人反攻的事情，让大家提高警惕。罗兰牢牢记住大会传达的精神，时刻保持警惕。

一天晚上，罗兰外出上厕所的时候，看见地主正在敲农会主任家的门，她立刻向组织报告了此事，并配合大家紧急组织了一些同志赶到农会主任家，吓跑了地主。第二天，大家把这个地主抓住审问，地主抵赖不过，交代了自己企图去杀村主任的阴谋。

地主受到了人民的审判，得到应有的惩罚，罗兰同志在土地革命中立下了功劳。

永不消逝的红色电波

抗日战争时，面对敌人的层层封锁，广播电台是一条看不见的通道，它将战局情况和抗战口号，以电波的形势传播到各个角落。电台消息来源广泛，逐渐成了对敌斗争的重要武器，为战争的胜利做出重要贡献。

因为工作需要，罗兰同志被调入北京平西根据地黎明报社的电台当报务员，负责收电报、发电报、译电报等工作。

学习发报的日子是异常艰苦的。需要了解电键的操作、喇叭的使用；熟记字码和熟悉每一组"嘀嘀"声代表的不同含义；反复训练接收、翻译字码、发报。为了练好业务，罗兰常常一坐就是大半天，皇天不负有心人，勤奋的罗兰很快脱颖而出。

当时的电报信息全部来源于新华社，只要电台接收到了新华社发来的文字广播，罗兰和同事们就要马上抄写信息，把信息翻译成电报，再通过报纸发送出去。

战争时期办报条件艰苦，报纸只能用石印，发报机也很陈旧，没有电源，有时候能用电池，但是电池也是很珍贵的稀缺物品，往往被敌人封锁获取不到。罗兰和同事们工作用的电台仅剩几块电量非常少的电池。多数时候，罗兰和同志们需要采取马达手摇发电的方式保持发报机正常工作，一个人用手摇马达，一个人收发电报。

有一部文艺作品叫《永不消逝的电波》，讲的是情报人员利用电台传递情报的故事。电视里的演绎很精彩，但实际上，电报工作远比电视里的演绎更为艰苦。

那个年代的电波信号受条件限制经常时有时无，电波声音很小，又都是急电，报务员不能离开岗位，要一直盯守，精神需要高度集中。突然出现信号的时候，报务员就要像弹簧一样突然弹起来，摊开笔记本马上记录、翻译、发送，收到电波后的几分钟，就要迅速发出几百字的电报。这种情况下两三天不合眼是经常的事儿。

苦等电波信号出现的状态是很焦灼的，但只要电波一出现，大家伙儿就立刻兴奋得不得了。因为对于罗兰这些报务员来说，来自新华社的电波就像是"茫茫黑夜中的灯塔"，对整个局势起着号兵的作用，她们也深感责任重大。有一段时间，部队要分出一部分人去接收张家口市，只留下罗兰一个人在电台工作，她一个人既要盯着电台，又要翻译和发报，为了清醒地工作，她咬紧牙关用凉毛巾敷着脑门，夜以继日地坚守在报务岗位上。

有几次收发报工作令罗兰至今难忘。

1942年底，日寇在平西地区实行无人区，采取并村行动，企图割断老百姓与游击队的联系，王家山的村民仍然坚持对敌斗争。气疯了的日寇在12月12日包围了王家山，青壮年逃到山里去了，日寇将村里剩下的老弱病残42人集中在一个大屋里。日本人在周围架起机枪，下令放火烧村，42名无辜群众全部葬身火海，造成了震惊中外的王家山惨案。中央电报指示，要彻底揭露敌人的罪行。罗兰和同志们通过电台和报纸先后几次报道了这次事件，坚定了平西人民为死难者复仇的决心。

1947年，解放战争最先在东北战场取得了胜利，但是国民党蒋介石让胡宗南对延安进行疯狂围剿，当年3月党中央决定撤出延安转战陕北。在那些日子，电台突然收不到中央的消息，大家都非常着急地守在电台旁。两三天之后，当罗兰同志重新收到了中央的电报，知道党中央撤出了延安并且在彭德怀、习仲勋领导的野战军在青化砭打了个大胜仗的重要消息时，大家终于放下了悬挂已久焦灼的心，热烈欢呼拥抱。饱含着热泪，罗兰同志用滴滴声通过电波将毛主席的话"我们就是用宰牛刀杀鸡，给敌人致命的一击！"随同胜利的消息传送出去。

电台除了播送新华通讯的国内电讯外，还抄收国内外新闻电讯。在第二次世界大战中，斯大林领导的苏联红军攻克了柏林的这一重大消息正是罗兰接收的。当时，罗兰收到了一封100多字的电报，上面还备注了"加急"，经过紧张地翻译，没有任何错误，报务组和报社的同志一起为这一振奋人心的喜讯鼓起掌来，她也为自己顺利完成了这次重要任务而高兴。

在电波里，罗兰经常能听到整点敲钟的声音，当年的她并不了解这声音是如何发出的。直到许多年以后的今天，罗兰在一个拍摄当年延安电台的纪录片里看到：一个黑色破瓷碗，当时延安的报务员就是敲击这个破瓷碗，再通过电波将报时的声音发送到全国各地。

今天，我们的信息战有了更多先进的技术，电报早已成为历史。但是那段光辉岁月，伴随着滴答声，永远镌刻在共和国的史册里，红色电波永不消逝！

【难忘的事】

生生不息

1945年8月15日，日本帝国主义投降了！但是战士们还没来得及享受几天抗日战争胜利的喜悦，还没脱下戎装，蒋介石又发动了内战，三年解放战争拉开了序幕。

当时，傅作义的部队对晋绥根据地展开了大规模进攻，天天派飞机轰炸。罗兰所在的野战军又被迫撤出了张家口，到山里去了。那时候的局势也很惨烈，有的同志没有死在日寇的屠刀下，却牺牲在国民党傅作义的枪下和飞机

1946年，罗兰和爱人在张家口合影

扔下的炸弹中。在这艰苦的环境中，许许多多的女战士们，也艰难地孕育着下一代。

罗兰在这一年结了婚，爱人也是在报社工作的文字记者，是报社的主要笔杆子。刚结完婚不久又怀有身孕，罗兰跟着其他女同志一起被组织安排从宣化撤退到了涞水。车上很多都是结了婚的女战士，有的刚生完孩子，有的跟罗兰一样正处在孕期。从宣化到涞水这一段路，头顶上经常有飞机巡逻偷袭。

有时候车在路上行走，上空就会突然出现一阵机关枪的扫射。子弹像雨点一样散落下来，罗兰跟女战士们立刻四处躲藏。有的怀孕女战士躲闪不及，被打穿了肚子，一下子两条人命没了。

罗兰亲眼看见，在一次撤退中，一个刚刚生完孩子没有几天的女同志，一直抱着孩子在马车上坐着。路高低不平，车颠簸摇晃，怀里的孩子一直用被子紧紧裹着。几个小时后到了目的地，下车打开被子一看，孩子已经被捂死了。大家流着眼泪，把孩子埋在路边，伤心离去。

在撤退的过程中，有的女战士即将临盆，但周围根本找不到卫生所和医生，罗兰和战友们只能亲自上手，为孕妇接生。胎儿位置不正，产妇难产，没有产房，更没有接生工具，大家就在荒郊野地里围坐一团，用手把孩子掏出来。等大家费了九牛二虎之力把婴儿掏出来，孩子的脸已经憋成了土白色，已经断了气。

生生不息。穿过炮火纷飞的岁月，女战士们艰难地孕育着祖国的下一代。

她们是战士、是妻子、是母亲，给了新中国最美好的希望！

姐姐"牺牲"了

姐姐洛林把罗兰带上了革命道路之后，姐妹俩就奔赴各自的战斗岗位了。1943年的一天，正在接受报社培训的罗兰走进组织部长的办公室谈工作。突然，有个宣传部的同志推门走进来，对组织部长说："你知道吗，洛林同志牺牲了。"

"什么？！"组织部长有点惊讶，但他身旁的罗兰整个人已经僵住了。洛林当时是宛平县妇救会主任，而且是从北京去的姑娘，在部队里比较有名气。

组织部长缓过神儿，赶紧打住了这位同志的话，然后把罗兰拉到座位上坐好，扭头朝宣传部的同志介绍说："这位是罗兰，洛林的妹妹。"

宣传部同志的表情有点尴尬，欲说还休的样子。

罗兰缓了缓神儿，语气坚定地说："同志，不要紧，你说吧，我能挺得住，我想知道姐姐到底是怎么牺牲的。"

宣传部的同志只好开口。当时洛林同志和战友为了躲避敌人的追击，藏进了防空洞。于是，敌人就把炸药扔进了洞口，随后防空洞发生了爆炸。

罗兰听着听着流下了眼泪，心里想，带着她逃出苦难日子的姐姐就这么牺牲了，这个世界上

姐姐洛林（98岁，中央党校离休教授）

就只剩下她孤身一人了。但是反过来她又安慰自己，战争就是这样，有很多"姐姐"也都是这样牺牲的，姐姐是为国家牺牲的。

罗兰为了姐姐牺牲的事情难受了很长一段时间，可一年之后，她居然收到了一个让她这辈子最开心的消息：姐姐还活着。原来，当时大家都以为洛林和同志们在洞里一定被炸死了，后来游击队赶到，发现他们没有死，把他们救了出来。

直到现在，洛林依然健在，98岁高龄的老人还经常找妹妹罗兰聊天聚会，畅谈她们当年的故事，北京电视台还给姐妹俩做了访谈节目。

【和平年代】

用一辈子的行动报答党

1949年北平和平解放了，10月1日，中华人民共和国宣告成立。

国家百废待兴，急需各方的人才，于是成立了工农速成中学。这所中学主要吸收工农干部及工农青年入学，教授中等程度的文化科学基本知识，让他们毕业后能升入高等学校继续深造。跟着队伍南征北战多年的罗兰虽然一直在不断学习进步，但总觉得自己需要更系统地深造。抗美援朝没有成功报名，她就转去报名工农速成中学，成为一名学生。

在学校学习了4年之后，1954年，罗兰被分配到交通部水运设计院做党政工作。设计院里，大多数是知识分子，来自工农速成中学的工农干部如何做好知识分子工作，是她面临的新的挑战和考验。

设计院主要负责水运码头的设计和施工，设计人员大多理论丰富，缺少实践经验，于是罗兰就组织大家到十三陵水库工地劳动。十三陵水库是时任中共中央主席毛泽东号召修建的，因为尚处于新中国成立初期，各方面条件有限，劳动条件艰苦，主要靠人挑肩抬。

虽然罗兰做的是党政工作，但她身先士卒，带头跟着大家一起干。知识分子缺乏劳动锻炼，一开始劳动劲头不高，磨破了手，砸伤了脚的现象时有发生，干一天活累得吃不下饭，大多数人一顿只吃一个窝头。罗兰同志深入群众做大家的思想工作，给大家加油鼓劲儿，渐渐地大家态度认真了，劳动积极性也逐步提高。有一天，毛主席带着党中央的领导干部到十三陵水库参加劳动，受到了激励和鼓舞的设计院同志们劳动热情更加高涨，在劳动结束时，队伍获得了奖状。

1958年，组织调罗兰到中央人民广播电台做党政工作。在战争年代干过报务员的罗兰深知，电台是党的喉舌。这个单位部门多，人员结构复杂，有播音、记者、编辑、技师、工程人员、后勤保障服务人员等等。这个工作对她来说是个新的挑战，当时的她还有些畏难情绪。

"这是知识分子成堆的地方，有很多老知识分子，我哪胜任得了这项工作？"

"你先去干试试，他们要是把你赶出来，你就回来，不把你赶出来你就在那干。"

领导都这么说了，罗兰只好硬着头皮接下了这个工作。还好，不但没被赶出来，还一干就是几十年。

在播音部工作期间，主要任务是认真做好知识分子的工作，关心他们的生活，解决他们的困难，和他们谈心交心，和知识分子交朋友。在三年困难时期，播音部的同志们都很辛苦，营养跟不上，身体健康受到影响，罗兰就和有关部门联系，给他们每月每人5斤鸡蛋。老同志帮助新同事，新同事虚心向老同志学习，当时播音部的口号是：老爱小，小敬老，中层敬老又爱小。全部门大家团结互助，新分配到的广播学院和工农兵大学生，业务水平很快地提高了，担当起了播音任务。

罗兰觉得，爱护知识分子，保护他们的工作积极性，也是党务工作者的重要工作。在"文化大革命"时期，毛主席有很多最新指示，中央的重大新闻播音人员，每天直播思想压力很大，要是读错一个字，家庭出身不好就可能上纲上线成政治问题。为了少出错不出错，罗兰提出了先录音、再播出的方法，这也是播音工作上的一项重要改革，受到大家的欢迎和支持。

罗兰所获部分奖章

1978年，国家有20年没有给工作人员涨过工资了，在这年提出有40%的人可以涨工资。指标落到播音部后，罗兰和同事进行了讨论，分析了部里的情况，部里老人业务能力强，是部门的骨干力量，工资级别起点比较高，新分配来的大学生工资低，新老工资差距大，但是老同志业务骨干按照条件还是应该涨级，那么新来不久的人员就没有机会了。于是她就到相关部门，和领导请示给播音部增加了20个涨级指标。虽然在后来的不记名投票中罗兰的票数最多，但她考虑指标有限，带头表示自己不涨，几个领导都表示不涨，有了领导的带头模范作用，调级工作大家还是比满意的。

2017 年，罗兰在燕达养护中心图书馆

2019 年，罗兰受邀参加中华人民共和国成立 70 周年庆祝活动

1982年,罗兰响应国家号召,主动离休。在中央人民广播电台工作期间,罗兰被评为优秀共产党员,事迹收录在了《中央人民广播电台名人录》中。

润物细无声,罗兰始终在平凡的工作岗位上,兢兢业业,做好党交给的工作。不忘初心,始终保持共产党员的本色,心中对毛主席无限地崇敬,战争年代毛主席的"论持久战"体现在抗日战争的全过程,进城了,警告大家不要学李自成,要防止敌人的糖衣炮弹;在和平环境中号召要团结知识分子和一切可以团结的力量建设社会主义。自己的一切都是党给的,党的恩情永远铭记在心中。

2015年,罗兰和家人在美国旅游

如今,罗兰已经94岁高龄了,身体十分健康,在燕达养护中心乐享晚年幸福生活,并积极参加养护中心组织的活动,团结身边的老年朋友,深受大家的喜爱。

"唱支山歌给党听，我把党来比母亲……"罗兰用她一生的努力，践行对党的承诺，不忘初心，永远跟党走！

岁月如梭，忆往昔，峥嵘岁月稠，
百年沧海路，尽在回眸中。
也许有一天，我们都会消失
但是
我们所热爱的许多事物
我们所坚守的不变信仰
将永远延续。
谨以此敬献祖国 71 周年大庆，
愿祖国繁荣昌盛，
愿红色江山，代代永传。

文 / 叶晓彦　王德珍（特邀）谭呢喃

人 · 物 · 简 · 介

  于黛琴，90岁，籍贯山东栖霞县，1931年12月生于辽宁大连。著名艺术家、翻译家。于黛琴7岁读私塾，后进入桃源台小学。日本投降之后有幸受教于延安鲁迅艺术学院，并成为沙蒙、田方、王大化、于蓝、王家乙等艺术家门下四年的一个没有文凭的学生。1946年加入东北文工一团；1951年调入长春电影制片厂做演员，先后两次到抗美援朝前线；1954年调北京电影制片厂。参拍过《赣水苍茫》《金匾背后》等影片。1957年考入中国青年艺术剧院当话剧演员。在青艺剧院，参演剧目50多部，其中《李双双》获1964年优秀话剧演出奖，与张瑞芳塑造的李双双，并称"南北李双双"，话剧《威尼斯商人》曾获全国文艺会演一等奖。出版了译作四部；并发表《中国戏剧现状》等专著。

于黛琴

获得周恩来总理称赞的"李双双"

【简介】

于黛琴7岁读私塾,后进入桃源台小学。初中未读,日本投降之后有幸受教于延安鲁迅艺术学院,并成为沙蒙、田方、王大化、于蓝、王家乙、欧阳如秋等艺术家门下四年的一个没有文凭的学生!1946年春加入东北文工一团,参加演出活动;1951年调入长春电影制片厂做演员,先后两次到抗美援朝前线;1954年调北京电影制片厂当演员,参拍过《赣水苍茫》《金匾背后》《十三陵水库畅想曲》《黑蜻蜓》等影片。1957年考入中国青年艺术剧院当话剧演员,在青艺剧院,参演剧目50多部,扮演的主要角色有《刘介梅》中的介梅妻、《保尔·柯察金》中的丽达、《降龙伏虎》中的李玉桃、《威尼斯商人》中的鲍西霞等数十部。其中《李双双》获1964年优秀话剧演出奖,与张瑞芳塑造的李双双,并称"南北李双双",话剧《威尼斯商人》曾获全国文艺会演一等奖。

20世纪80年代初开始,于黛琴翻译出版了大量日本戏剧、影视作品和理论研究文章。如日本电视连续剧《至爱》，日本话剧《结婚》《四川好人》《王子与乞丐》及《白雪公主》等 20 多部儿童剧，其中话剧《结婚》于多地表演。同时，将中国话剧《天下第一楼》《可口可笑》等译成日文，译作被专家公认为上乘之作。还出版了四部译作：木下惠介的《日本的悲剧》《小林宏戏剧集》《王子与乞丐》《结婚》，并发表了《中国戏剧现状》等专著和论文。参与中日合作影视作品《别了，李香兰》《清凉寺的钟声》《廖仲恺》《秋瑾》等影片。

"于黛琴演戏打心""于黛琴是用心演戏"，这两句话分别是中国青年艺术剧院院长的父亲与一位老戏骨纪元对于黛琴演艺的致真评价，而这两句话也深深的刻在于黛琴的心里，她更将这两句话当作此生文艺生涯的座右铭。

"中日戏剧交流史已经延续了上千年历史，在中日戏剧交流的友谊桥梁中，若能有我一块砖或一块石头，我将感到非常荣幸。"于黛琴在《中日现当代戏剧交流史》这样寄语。这本书是她用毕生精力所撰写，从艺 50 多年，将舞台实践经验与研究成果的结合，年至耄耋的她发轫填补空白，她既是翻译，又是艺术指导、风俗顾问等。她为艺刻苦，演戏认真，功底扎实，具有朴实、自然、鲜明的艺术风格，善于刻画人物性格。

【童年时代】

"我究竟是哪国人？"

迈进的是日本学校、旗杆上升起的是日本国旗、打招呼的是日本校长和老师，那个年代学校教的是日本语，而中国的语言被称作满洲语。

"我究竟是哪国人？"

20 世纪 30 年代在大连出生的于黛琴，自幼接受日本教育，也决定了她与众不同的人生。

20世纪初，日本侵略势力占领进入大连，将它化为日本的关东洲，代替沙俄对这一地区实行殖民统治，把大连当成日本领土的一部分。直至1945年日本战败投降，这里的中国人才摆脱了帝国主义的殖民统治。

被日本统治的大连，日本殖民色彩无处不在。那个时期的大连，成了日本人的天堂，大量日本人迁入定居，他们甚至要求中国人进入大连时需要提供相关证明，明明是中国人在自己的土地上行走，还要日本人同意。

奴化教育色彩更为浓重，学生必须学习日语，了解日本，接受日本的治理，日本殖民当局要求他们热爱日本，亲近日本。但日本殖民当局又不会让中国人接受高等教育，只让他们掌握基本的生产技能。

在战争时期，党的地下工作人员，无论是生活还是工作，都需要有当地人的帮助。掩护人应运而生，他们往往是当地有点名气的商人、世家或与敌伪军政界有关系的人。他们以商户、作坊、世家府邸等做据点，为党服务，包括提供活动经费、收集信息、打探军情、传递信件、代购物品等等。如果没有他们的帮助，党的工作人员，不仅工作不能开展，生命有时候也会受到威胁。

在抗日战争时期，表面上，于黛琴的父亲是一所教会学校的教师，平日里在学校参与教学和管理。但背地里，他是一名掩护人，经常利用自己教会学校教师的身份，帮抗日地下工作者打掩护，躲避日本宪兵队的追踪。

于黛琴记得，那段时间里，自己的"叔叔""大爷"特别多，家里经常有"亲戚"来做客。每次有"叔叔""大爷"进门了，父亲使个眼色，于黛琴就被支使出去，拿着皮筋，带着弟弟妹妹们出了门。她会把一根长长的皮筋儿拴在石头或者树干上，带着几个孩子假装跳皮筋儿，如果有可疑的人从家门口路过，她就会不动声色地收起皮筋儿，赶紧回家通风报信。

渐渐地，于黛琴似乎感觉到这份"通风报信"工作的重要性与危险性。多年后，于黛琴与自己的大弟弟聊起此事，才知道原来在她之后，他的弟弟也扮演过这样的"重要角色"。

【少年时期】

"于蓝、田方、王大化、张平,很多艺术家都教过我。"

在教会学校里,有一种乐器,音色优美,独具特色,它就是风琴。因为是老师,于黛琴的父亲经常会接触音乐和风琴,在大女儿于黛琴出生的时候,还特意把"琴"字放入了名字当中。也许是冥冥之中的安排,于黛琴也自儿时便立志:我平生无大志,愿为钢琴一架而奋斗。

于黛琴自小便遗传了父亲的音乐基因,平日里喜欢唱唱跳跳,上学的时候,就能自己编排曲子和编舞。14岁时还曾经领着几个同龄的孩子,坐着电车到很远的西岗区参加舞蹈比赛,捧回了奖杯。

也许很多人不知道东北文艺工作团,但如果提到团员的名字,就会立刻明白这个团体的厉害。文工团的成员几乎撑起了新中国文艺界的一片蓝天。《烈火中永生》中江姐的扮演者于蓝、《英雄儿女》中王芳生父的扮演者田方、《钢铁战士》中张志坚的扮演者张平、《兵临城下》的导演林农、《五朵金花》的导演王家乙、《上甘岭》的作曲刘炽等一大批老一辈优秀艺术家,都是文工团的成员,而这些人后来也成为于黛琴的老师。

1945年8月15日,日本帝国主义宣布无条件投降,经过14年的浴血奋战,中国人民终于取得了抗战胜利。当时,延安鲁迅艺术学院的几十名艺术家组成"东北文艺工作团",冒着生命危险,越过艰难险阻,挺进东北,建立巩固东北文化根据地,他们致力将延安鲁艺思想传递给东北青年,这个团很快发展成为活跃在东北战场上规模最大的一支文艺劲旅。

1946年3月,延安鲁艺正式进入大连。这不仅让大连市民耳目一新,而且在大连产生了巨大的政治影响。

由于日本帝国主义的长期殖民统治,解放前的大连市民很少知道抗战真相,可以说根本不了解共产党和八路军14年抗战的功绩,加上国民党先于我们2个月进入大连,进行了大量的反动宣传,不少人都认为国民党是抗战的"主力"，蒋介石是抗战的"英雄"。

特别是在相当一部分知识青年和学生中，"正统"思想严重，以为"共产党土""八路军土""只懂农村，不懂城市"。尽管当时通过报纸、电台宣传，还出版了革命书刊、印发了宣传材料、召开了报告会、讲演会，派人到学校去讲课，但收效一直不理想。就在党组织对城市知识青年中的问题感到棘手的时候，东北文工团来到大连，以革命文艺为武器，开展工作，打开局面，把大批知识青年吸引到革命行列里来。

初到大连，文工团准备上演主要反映农民生活的节目。当时的市委书记韩光向文工团的同志介绍了大连的情况，希望他们以文艺为武器，着重解决一部分知识青年、学生的思想问题，巩固政权。针对大连知识青年的思想问题，他建议文工团把曹禺先生的《日出》和冼星海的《黄河大合唱》搬上舞台，先争取观众，再进行宣传，扩大影响。文工团尽管事先没有这个准备，还是高兴地接受了市委交给的光荣任务。

这真是一场"漂亮仗"。

东北文工团公演的第一天，剧院门庭若市，人如流水。买到票的人兴高采烈，早早进场；没有买到票的人还在门外徘徊，不愿离去。第一台节目是音乐会，有充满胜利喜悦的合唱《八一五》，有民歌风味的《胜利鼓舞》，有反映东北人民苦难的《长城谣》，还有一些苏联歌曲。音乐会下半场，文工团全体成员上场，演唱冼星海作曲、光未然作词的《黄河大合唱》。

文工团的首场演出就"震醒"了大连市民。被日本殖民了40多年来，大连市民第一次听到如此充满革命激情、动人心弦的革命歌曲，这场演出给了他们力量和灵魂的新生。街头巷尾，到处议论着文工团演出的《黄河大合唱》。人们纷纷要求文工团派人到广播电台教市民唱歌。

曹禺先生的话剧《日出》公演完毕后，大连民众更是大开眼界，有人感慨："这才是真正的艺术，共产党是懂艺术的。"

文工团在大连的演出效果，可以用"场场爆满"来形容。当时，观众进剧场不是对号入座，而是谁先来谁就能占到前面的座位。为了占到一个好的座位，许多人早早来到剧场门外等候。看了演出，那些对共产党表示怀疑的人也不得不说："八路军懂艺术，共产党有艺术家。"

几次公演，文工团通过演出在政治上对右派势力给予沉重打击，支持了左派力量，团结了中坚力量，让党的革命文艺显示出巨大的威力，为开展党的政治思想工作贡献了力量，发挥了极大作用。

1946年7月的一天，文工团《血泪仇》正式公演，演出效果特别强烈。公演第一天，正赶上下雨，开演前两小时，观众们就冒雨前来了，把售票处挤得水泄不通。开演前一个小时，文工团就把"今日客满"的牌子挂出去了。演出过程中，观众被剧情感动得热泪盈眶，台上演员哭，台下观众哭。演出结束后，文工团收到了几百封热情洋溢的观众来信，盛赞演出成功。甚至有工人在来信中写道："看了《血泪仇》才知道，国民党军队是欺压老百姓的，八路军才是爱护老百姓，为老百姓除害的。"

东北文工团用他们精湛的表演，让新民主主义文化艺术的浩荡春风第一次吹进大连，让大连人民耳目一新。许多工厂的工会召开工人座谈会，抒发翻身解放的喜悦，他们还开展歌咏活动，放声歌唱共产党，歌颂毛主席。大连的许多工厂内外，响起了《跟着共产党走》《你是灯塔》《解放区的天是晴朗的天》等歌声。

文工团在大连期间，除了演出，他们还积极扶持当地文艺团体，普及革命文艺，开展歌咏运动，发展文艺队伍。文工团帮助当地成立了大连解放后的第一个合唱团——"星海合唱团"，组织50多人成立"妇女业余歌咏班"，教妇女们乐理知识和弹琴。

文工团甚至办了一个培养表演的青年班，吸引当地青年参加，他们希望将延安鲁艺思想广泛传承，而于黛琴也有幸成为其中一员。实际上，入选青年班是需要一定的条件的。在新中国成立前，很多年轻人都没有政治目标，有的甚至成了国民党反共的工具。于黛琴从小就协助过地下党开展工作，在地下党工作者的推荐下，能歌善舞的她成为文工团一员，在这里接受革命文艺的启蒙教育，参加革命工作，开始了她的文艺生涯。

青年班有音乐课、表演课和文化课，除数、理、化以外，全部按照大学要求，文化课主讲老师是田风。现在看来，授课老师的规格和质量空前之高。音乐课老师，是电影上甘岭主题歌《我的祖国》的作曲者刘炽，音乐概论、普通乐理、视唱练耳一节不落；"江姐"于蓝不仅给青年班的学员们讲授戏剧艺术、表演艺术、化妆艺术等，而且还是学生们的政治老师和生活老师；文化课老师田风讲地理课时，挂起一面小地图，讲着"上北下南，左西右东"的地理知识，他既严厉又慈祥。

【战争年代】

加入东北文工团 辗转各地慰问演出

1946年，解放战争正式打响，文工团完成了在大连的任务之后，被派予新的战斗任务。临行前，文工团在《大连日报》上还发表《向大连各界朋友告别书》，文章写道："亲爱的同志们，我们走了，回到前方参加自卫的正义战争，反对国民党反动派疯狂地进攻人民的非正义战争，让我们在不同的地区，为争取中国人民的民主自由而斗争吧！……亲爱的同志们，胜利是属于人民的！将来在全东北、全中国都建立人民的民主政府的时候，那时候我们再见吧！"

文工团全体成员登上3辆日式卡车，离开大连，下部队慰问演出。

在这期间，中共中央东北局宣传部组建了"东北文艺工作团二团"，于黛琴所在的原东北文艺工作者团即命名为"东北文艺工作团一团"，此后习惯称为"东北文工一团"。

1946年底，东北文工一团抵达齐齐哈尔，在这里开展了一场"新秧歌运动"。当时正值齐齐哈尔解放后的第一个春节，东北文工一团准备了《胜利歌舞》《新年花鼓》《农家乐》等秧歌剧。没有舞台、不需要灯光音响，新型秧歌队走上街头就能演。当时，这个新鲜的节目立刻震动了齐齐哈尔市，男女老少不顾寒冬，纷纷走出家门观看新秧歌，新文化活动又战胜了一个阵地。

文工团的工作马不停蹄，回到齐齐哈尔之后，为了庆祝中国共产党诞生 26 周年和纪念抗战 10 周年，文工团决定排练大型话剧《白毛女》，并在 1947 年的"七一"上演。在这场歌剧中，于黛琴也有了自己的角色，帮助喜儿逃跑的二婶。

徒步送节目上前线 脚上磨出大水泡

自从加入了文工团，于黛琴一直跟着队伍在城市里慰问演出，直到上级派他们到前方野战部队慰问，她才真正尝到了艰苦的滋味，在这段时间里，她的意志也得到了充分的磨炼。

1947 年 7 月下旬，东北文工一团受东北局及西满分局委托，到四野奔赴前方慰问野战部队，除了少数人员留守，110 多人组成的团队从齐齐哈尔出发了。前行的队伍要经过白城子、通榆到达茂林镇，但因为当时正处于战争时期，铁路被破坏，无法乘坐火车。可文工团除了演员，还有大批的服装道具器材，没有交通工具，几乎寸步难行。

于是，茂林兵站为文工团调了一辆卡车，专门运送服装、道具及其他家当，全团的人员只能背着背包徒步前进。所有人员整整走了两天，才抵达双山镇，住进一个地主大院里。

十几岁城里来的小姑娘哪儿走过这么多的路。在行进的过程中，没多久，于黛琴的脚底就磨出了大大小小的水泡。队伍一直在前进，她不能让自己掉队，咬着牙硬挺着。

一直走到晚上，沿途找到地方歇脚，她才小心翼翼地脱下鞋和袜子，处理水泡。还是年长的团员有经验，看着于黛琴捧着长满水泡的双脚发愁，递过去一根针和一根线。"喏，用这个就解决了。"

于黛琴学着大姐姐们的样子，穿好针线，把针头一下子扎进水泡，后面的线也就跟着穿进了水泡里，针取走、线留下，水泡里的液体就这么顺着线滴滴答答地被引流走了，这样做脚皮不会大面积脱落引发感染。

大家住宿条件很艰苦，几个人挤到一个大炕上睡觉，半夜还会被跳蚤、臭虫咬醒，身上抓得到处红肿，对于皮肤过敏红肿的于黛琴来说，着实痛苦。

抵达部队时，他们正在进行阶级教育，开展诉苦运动。文工团为了配合部队的政治思想工作，主要为部队轮流演出《白毛女》《血泪仇》两部大戏，有时候也演出《全家光荣》《保卫国家》等秧歌剧。

圈个空地就当课堂 演出之余不忘学习

于黛琴和团员们在前线一待就是两个月，他们走上东北前线，为当时的东北野战军的几路纵队进行了慰问演出。

尽管慰问演出条件艰苦，作为青年班的成员，于黛琴也没有耽误学习，只要没有演出，不行军，他们就会开课。上课没有专门的场地，就随便找块空地划出的一个场子，教学用具也都是随地捡起的树杈、枝条。

于黛琴记得，当时表演课《斯坦尼表演体系》课程中有一门课"公开的孤独"，目的是训练学生表演时进入情境，学会当众孤独，相信自己就是全世界。当时的授课老师是副团长、《钢铁战士》中张志坚的扮演者张平。"于黛琴，你第一个来。"刚开始上课，张平一嗓子就把于黛琴喊到了场地正中央。团员围坐在四周，有人交头接耳，有人大声嚷嚷，于黛琴大大方方坐在"教室"的正中央，始终平静、专心，不受任何人干扰，在闹境中自己把气沉下来。

"有时，我们的课就是在一个小山坡上，这边上着课，旁边就做着饭。"

就是再这样简陋艰苦的环境下，于黛琴学习着课程，坚持不懈。于黛琴说，那时候吃的也许根本不叫饭，一口大锅，里面熬的都是白水，表面漂着一层油，撒一把葱花，盛一勺尝尝，除了有点咸味没有任何其他味道。主食放在麻袋里，是一个个冻成疙瘩的高粱米饭，啃一口高粱米饭坨，喝一口飘着油花的汤，这就是一顿饭了。

年轻的学员们哪顾得上好不好吃，在前线艰苦的日子里，有的吃就已经不错了，啃着冻饭，就着热汤，呼噜呼噜都吃进去了。

有一次，行军队伍在一个老乡家附近歇脚，于黛琴找个地方盘腿坐下，掏出早上发的冰团子开始啃，老乡家的老太太看着她直叹气，"孩子，你们怎么就吃这个？"然后转身进了家门。

原来，老太太从家里的一口小缸里，捞出了一小碗咸菜。说是咸菜，其实就是把下架不要的茄子和韭菜腌在了一起。现在看来，这连咸菜都算不上，可当时那几口咸菜却让于黛琴至今难以忘怀，在那样饥寒交迫的时候，雪中送炭的几口咸菜是世界上最好吃的食物。

人在最困难的时候，咸菜都是最美味的食物。情谊也是一样，当年一起行军、一起睡炕、一起啃冻高粱米饭的战友们建立起来的，也是最真挚的情谊。后来，东北文工一团又几次赴前方慰问野战部队，当时东北战场的胜利，也有他们的功劳。

1948年下半年，东北局决定将东北文工一团并入东北电影制片厂，待年底前方队伍的演出结束，

1950年，于黛琴拍摄于东北电影制片厂

包括于黛琴在内的全体人员在哈尔滨集合，到东北电影制片厂报到。

至此，东北文艺工作团完成了它的历史使命，东北文工一团从成立到调入东北电影制片厂，从小到大，培养了一批青年并发展成为了当时东北解放区规模最大的一支文艺劲旅。

【演艺生涯】

当上电影演员 从跑龙套开始

进入东北电影制片厂之后，于黛琴成了一名真正的电影演员。

众所周知，长春电影制片厂就是新中国电影事业的摇篮，长春电影制片厂的电影开头，总会出现一组工农兵雕像：工人拿着锤头，手指前方；士兵手握钢枪，农民怀抱麦穗，工农兵踏着雄壮的节拍，向着辉煌的明天昂首阔步。

而东北电影制片厂的前身是一家名叫株式会社满洲映画协会的日本电影制片厂，1945年日本宣布无条件投降后，中共中央东北局接管了"满映"，改名为东北电影公司，1946年10月改名为东北电影制片厂。

在1949年10月1日新中国成立之前，东北电影制片厂创造了新中国电影史上的多项第一：第一部新闻纪录片《民主东北》、第一部木偶片《皇帝梦》、第一部科教片《预防鼠疫》、第一部动画片《瓮中捉鳖》、第一部短故事片《留下他打老蒋》、第一部长故事片《桥》、第一部译制片《普通一兵》。

突然从文工团的演员成了电影演员，于黛琴也不懂拍电影是怎么回事，跟着其他演员从龙套开始跑起，她参演的第一部电影，是曾指导《五朵金花》的王家乙导演的《葡萄熟了的时候》。演员们被拉去青岛，她演的就是一群摘葡萄的女人。20来岁的于黛琴有点微胖，但笑起来很有感染力，虽然只是个龙套，但她仍然认真地完成每一个摘葡萄的动作和表情。

于黛琴进入长春电影制片厂后的第一部有角色的电影，则是由徐韬执导

1949年，于黛琴从部队下来后到大连为长影四期训练班招生时留影

的《草原上的人们》。这是一部讲述内蒙古草原牧民与潜藏的敌特分子展开殊死斗争的故事。当时，演员们都要进入实地拍摄，于黛琴饰演的是一名蒙古族的大嫂。

《猛河的黎明》更是让于黛琴记忆深刻。这部戏讲的是新中国成立初期共产党如何歼灭国民党残匪的故事，故事发生地是猛河藏区，演员们全部进入四川阿坝藏族自治州实地拍摄，于黛琴饰演的是一名藏族人的媳妇。

虽然不是在西藏阿坝地区拍摄的，但当时的拍摄地点海拔高，身体也略有不适，生活条件也比，较艰苦，服装是借藏民的牦牛毛织的袍子，夏天满身红疹，每天必须用薄荷粉擦身体。

拍戏进程过半，演员们跟当地人的关系都相处融洽。有一天，一个藏族小伙子找到一位演员同志，向他委婉地表达，喜欢他身上穿的白色毛背心，想借来穿一天，第二天就还回来。这位演员也没多想，脱下来就给了藏族小伙子。第二天，毛背心是还回来了，但他们发现，毛背心上有很多虱子。

这只是一个小插曲，一点也没有影响他们和藏族同胞的友情。反而发生了这件小事之后，于黛琴和年轻演员们主动把自己的香皂拿给藏族姑娘和小伙，蹲在河边教他们洗脸洗头，和她们打成一片。

到藏区拍戏已经算是当时比较艰苦的工作了，有些演员一听是藏区的戏，就不太情愿，要花好多时间做劝说工作。但于黛琴不一样，作为一名老党员，党组织指哪儿，她就打哪儿。对与正在准备报考电影学院的于黛琴来说，她毅然决然听党指挥，放弃备课。"自己也没有弯弯绕和花花肠子，让干啥就干啥。那时候上大学我也不为名利，只为求知求学。没有上成大学，也不后悔。"

进入了藏区，不仅条件艰苦，还经历过塌方这么惊险的事情。当地就一个小卖部，塌方之后，小卖部的货都没有了，剧组只剩下松花蛋，结果所有演员连着吃了好几天的松花蛋，现在一提起松花蛋，于黛琴的舌头尖儿还微微发酸。

为演好女护士 实地观摩开胸手术全过程

在于黛琴早期的表演中，她扮演的基本上都是与自己气质相近的人物，主要靠自己的淳朴素质塑造角色。在拍摄的过程中，她是个细心的人，总是一边工作，一遍仔细观察前辈们的表演，琢磨他们塑造角色的"奥妙"，虚心向他们求教。她逐渐懂得了：作为一个演员，最基本的一条，就是要演"人"，而不要演"戏"。要演"人"，就得熟悉这个人，使自己变成剧中的"这个人"。

在抗美援朝期间的一次拍摄过程中，她深刻地体会到了这一点。

在20世纪50年代初，中国人民志愿军赴朝作战，拉开了抗美援朝战争的序幕。当时长春电影制片厂要拍摄一部名为《为和平而战》的电影，导演是凌子风，女主角选于黛琴来出演一个朝鲜女护士，影片情节中有一名朝鲜女护士爱上了志愿军的故事。

当时，为了拍摄到真实的战争场面，整个摄制组被拉到了朝鲜。进入了真正的战场，轰炸随时可能发生，摄制组经常是前脚还坐在车上，只听外面轰隆几声巨响，司机就会立刻停车，让所有人下车，原地不动。刚过20岁的于黛琴居然不害怕，反而还觉得好奇，不知道炸弹是什么样，甚至想要跑去炸完的地方看看炸成了什么样子。

到了朝鲜之后，摄制组和当地朝鲜人民军开了一个小型的欢迎晚会，之后演员们就要根据各自的角色，前往不同的地方进行生活体验。因为只有于黛琴一个人演女护士，她一个人被拉上了一辆卡车，大半夜被拉到了一个环境复杂的地方。

下了车之后,她被一个人领进了一个房子,可这个房子只有半边有墙,房顶没盖。她累得够呛,也没心思琢磨这是什么地方,好在朝鲜人在地上铺地板,于是,于黛琴把军大衣一脱,把背包往地板上一扔,在一片废墟中睡着了。

最让于黛琴记忆深刻的是,她所睡觉的那片废墟就是医院,当护士给她带来了一个白色围裙,于黛琴就开始跟着护士体验工作了。平时,于黛琴会给护士打下手,重点是观察他们如何工作,语言和动作有什么特点。体验生活期间,于黛琴不怕吃苦,不怕艰辛,在凛冽的寒冬用冰水清洗沾满血的绷带,在敌机扫射的危险环境中抢救伤员、搀扶着受伤的伤员,直到现在于黛琴的手指因在寒冬用冰水清洗绷带而寒冰刺骨至今无法正常伸直。

有一天夜里,于黛琴被叫到一个残垣断壁的破屋子里,屋子中间有一张铺着蓝布的破桌子,四周的墙用白色的布围起。这里就是手术室,一台手术即将开始。还没来得及做心理准备,于黛琴就看到一个伤员被抬上了那张简陋的手术台。

旁边的护士发给她两根白色粗大的蜡烛,大夫站对面,让她用蜡烛给手术照明。手术现场并没有电,白天经常有轰炸不能顺利开展,所以手术只能在晚上进行。

那是一位肺部化脓的伤员,需要进行开胸手术。医生打开病人胸膛,用手术钳夹断肋骨的场景,活生生地出现在她的眼前,吓得她双腿发软,双手哆哆嗦嗦。

医生正在手术,病人疼得撕扯着嗓子号叫着,于黛琴不能大声说话,但她已经紧张得喘不上气了。于是,她用脚轻轻踢了一下旁边的护士,把蜡烛递给她之后,转身走出了手术室。刚一出门,她咣当就栽倒在地,之后就什么都不知道了。

准备拍摄时,当时上级突然下达了一个指令,不允许志愿军和朝鲜人谈恋爱，她这部电影也就无奈戛然而止了。而因为于黛琴在战地医院的出色表现，朝鲜的高级军官曾亲自来到医院表扬慰问。

但这段经历让于黛琴感触颇深，如果想要演好一个角色，必须深入了解角色。后来，于黛琴又参演了《赣水苍茫》等多部电影的拍摄，虽然角色各不相同，但她注意理解角色，并在整个拍摄过程中，始终把自己放到戏的特定环境中，使自己的思想感情和言谈举止与角色融合到一起，因此演得比较自然、真实，演技提高很快。

"江青角色"入木三分

1954年，北京电影制片厂需要从长春电影制片厂选演员到北京来，于黛琴是其中一人，于是她从长春调到了北京，参拍过《十三陵水库畅想曲》《金匮背后》《赚它一千万》《西施眼》《黑蜻蜓》等影片。

1957年，于黛琴又凭借一己之力，从电影圈转到了话剧圈，考进了中国青年艺术剧院。这是新中国成立以后第一个大型的、学习莫斯科艺术大剧院形式创建的剧院。

在一个熟人也没有的情况下，于黛琴走进了中国青年艺术剧院的考场。当时，考她的考官是中央戏剧界大师吴雪、金山，两位都是话剧界的顶级大师。"根据你的情况，我们不能像一般考生那样考你，得给你增加难度。"两位考官开门见山，"你要是演得好，就是我们的成员！"

考官特别为她增加难度，给了她一个话剧《三个战友》和一个秧歌剧《王二嫂过年》。于黛琴在文工团到东北体验过生活，跟东北的民间艺人学了很多东北的秧歌剧、二人转。《王二嫂过年》连唱带舞带扭，剧院里极少有人能演，《三个战友》之前有四个女主角演，导演刘志一当时说最喜欢于黛琴的表演，因为她身上有喜剧因素。

在青艺的日子里，于黛琴有很多难忘的经历。考上以后不到半年，于黛琴就接到了自己演艺生涯中极为重要的一部作品《降龙伏虎》，她饰演女主角李玉桃。"因为我在文工团也锻炼了，农村也去过了，其中有一个动作，是把那个扁担往地下一扔拿脚一挑'啪'一下就能起来。当时这个角色充分展现了劳动人民的气质，演出获得了大家的满意。"著名艺术家黄佐临还曾以特别大的篇幅报道赞扬她这个角色。

出演话剧《战斗的篇章》时，于黛琴为了能够将"江青"的角色表现得淋漓尽致，从细小的手指动作甚至到每一个眼神都仔细研究琢磨。当时被剧组指定为"江青"角色扮演人的于黛琴压力倍增，几乎三天三夜没有合眼，"我当时心理负担很大，怕角色演不好，本身又是很执着的人。"直到吴雪导演亲自点拨："江青的所有动作思维的逻辑与正常人相反。"极具艺术灵感的于黛琴瞬间悟透，"我记得当时舞台两侧都站满了观众。"演出结束后，所有的观众都非常满意，于黛琴能够将这个角色表演得深入人心，对于黛琴来说这是对她"台下十年功"的最大认可。

从事表演艺术这么多年，也演过不少女主角，可于黛琴从没有什么成为明星的感觉，就算报纸上登了她的照片，家人给剪下来保存，她都觉得没有必要。在她眼里，演员就是一份与名利无关的职业，演好每一个角色就是演员的本分。

于黛琴有个外号叫"拼命三郎"。"我自己知道，一个角色，扒一层皮。观众不肯定、专家不肯定，我没有一天睡好觉。"她为了演好"李双双"的角色，在衣服的肩膀处放图钉，用来矫正自己的姿势，为了塑造切实还原角色"丽达"，生生地将自己的发际线根根向后拔除。直到56岁，她还在踢腿下腰，身上的伤都是练功带来的。对于自己的经典之作《李双双》，为了演好这个角色，于黛琴也是到农村体验生活了八个月，那个地方也是河南最苦的一个县。开始农民都叫她"于同志"，慢慢打成一片了，妇女们就叫"老于"，把她当自己人，连给孩子把屎把尿这种活都让她来干。

青艺的《李双双》是一台河南腔的戏，里面河南话说得最好的就是于黛

于黛琴出演《李双双》的剧照

琴。她跟农民在一起全说河南话，农村气息浓厚，朴实感强，把河南的土生土长的东西完全搬到舞台上了，而且观众的反响非常好。编剧李准这样说道："这就是我要的李双双。"于黛琴觉得一个演员没有生活，就很难真正地演活这个人物。"所以我觉得干艺术的，这一点是必需的。首先你要深入生活、了解生活，你要扎根于生活，这样才行。"

跑回龙套也要让自己演得入木三分

于黛琴热爱表演，只要给她一个角色，哪怕是跑龙套的，她也能演得入木三分。在20世纪六七十年那段特殊的时期里，于黛琴挨了批斗，不给演任何主要角色，基本上都是跑龙套。尽管这样，于黛琴也照样演出了光彩。

在戏剧《青松岭》里，她演一名没有姓名的群众演员。有一场是翻车了，群众演员都从山坡上跑下来看翻车，于黛琴只有一场跑出来看翻车的情节。当时于黛琴给自己设计的是一个正在做饭的角色，腰里系着散满面粉围裙，手里沾的全是面粉，这个鲜活的龙套角色得到了导演的一个劲儿地夸奖。

于黛琴还演过一个没有台词的女民兵，当时《曙光》的剧情是："左"倾时代，男主角要被枪毙，于黛琴演一个手持红缨枪站岗的女民兵。于黛琴自己假设女民兵爱上了男主角，虽然嘴上没有一句台词，但内心刻画丰富，当男主角被拉去枪毙的时候，女民兵就一直在默默流泪，内心动作一刻未停。这部剧的作者在底下看见了于黛琴的表演深受启发，最后把这个龙套女民兵写成了一个主要人物，真的让她和男主角相恋了。

对待任何一个角色，于黛琴都是全力以赴。在她快50岁的时候，于黛琴在莎士比亚戏剧《威尼斯商人》中饰演了一个十六七岁的富家小姐。"这个角色也是我最喜欢的，也是我使出了浑身解数的一个角色。"为了塑造少女感，她从眼神到行为动作，甚至包括少女声音的共鸣，都下了苦功。当时她住在后门桥，剧院在东单，孩子们吃完晚饭休息了以后，她骑着二八自行车，从家出发，到剧院的地毯上练功。"我都快50岁了，那个身形，16岁的少女啊，我要练出来。"

【珍贵记忆】

周总理看见她就喊："于黛琴！"

在中国青年艺术剧院工作那段时间，于黛琴出演了《李双双》中的李双双，这个角色让她跟周总理有一段难忘的珍贵回忆。

于黛琴曾经为周总理演出过《降龙伏虎》，演出结束后，周总理上台慰问演员，特意问了一句："你叫什么呀？"于黛琴如实回答了。散场后大伙跑来跟我说："周总理是一个记忆专家，只要跟总理说一次你的名字，他永

于黛琴出演《降龙伏虎》的剧照

远都不会忘记你。"于黛琴当时还不敢相信。

后来,在一次人民大会堂举办的国宴上,总理看见她就热情地喊:"于黛琴!"还补充说:"于黛琴!你这李双双演得好啊!不仅朝鲜妇女学你,现在越南妇女也要学你啦!"总理的夸奖让于黛琴非常惊喜,当时她激动得一句话也说不出来,甚至她竟然不敢相信周总理竟然真的记住了她的名字。

于黛琴永远忘不了一次演出结束后的夜宵。当时,她和同事演完《李双双》回程,车路过北京饭店,突然有人把他们的车给拦住了。夜静更深,大家都很诧异,究竟什么人敢半夜拦车?只见车窗外的人说:"请大家都下来吧,总理给你们准备好饭了。"

当年物质条件有限,一块咸菜、一根香肠、一个面包,就是演员们的晚饭。总理在台上走了一圈,看见了,于心不忍,就给大家准备了夜宵。演员们的感动之情无以言表，那顿饭，深深地刻在了于黛琴的记忆里，不因菜品的丰盛而有味，只因总理的爱护而生香。

那个年代各单位周末都会举办舞会，北京饭店每周也都会有舞会。于黛琴所在的青艺剧场距离北京饭店只隔了一条马路，"我每次演出回来，都会去北京饭店，但不是去跳舞，而是去见周总理，他的秘书跟我已经很熟悉了，见到我就直接把我带到周总理的那张桌，当时有很多文艺界的老前辈跟总理一起聊天。"于黛琴还说，周总理会通过她们的聊天内容，来了解演出下乡的实际情况，来了解各大城市乡村老百姓的生活情况。她还发现，周总理在聊天中实际上是在做调查研究，并把调查研究的事例用在他的决策和工作上。于黛琴记得，她和周总理的最后一次对话就是一句关心与问候："总理，你最近怎么瘦了？"周总理强忍病痛，很轻松地回答道："我瘦了吗？我挺好的。"

周总理去世以后，剧院里有"老左"不许大家戴黑箍。当时于黛琴带着孩子，爱人管宗祥刚从北大荒回来没有收入，她自己收入甚微，还要养活家里好几口人，于黛琴已经好久没给自己做过新衣裳了。那是一个凛冽的冬日，于黛琴棉袄外只有一件单薄的罩衫，下班以后，她买了一包黑色染料，又将蜂窝煤捅开弄碎，等水烧热了把这些黑色染料倒进大锅里，把自己唯一的一件蓝罩衫脱下来放到锅里染色，一边搅，一边哭，为了让染好的罩衫尽快干透，于黛琴一夜没有合眼，坐在炉子旁边将衣服烘干。

第二天，她将染黑的半潮湿罩衫穿到棉袄外面，走在那个人前面给他看，心里想着：你不让我戴黑箍，你横竖不能不让我穿黑衣服吧？于是，她就是这样来纪念周总理。

"你想一个人如果不是这样的怀念，怎么可能做出这样的举动？"于黛琴意味深长地讲道。至今那件衣服，于黛琴到现在还保存着。那个在她成长路上充满关爱，表演艺术上悉心指导的忠厚长者，是她终其一生的情结。

【日本经历】

偶然赴日交流 成为中日文化使者

很多人可能不知道，在日本戏剧界，"于黛琴"是一个响当当的名字。她不仅仅是电影演员、话剧演员，在她的后半生，她在中日交流方面起到了至关重要的作用，填补了中日戏剧交流的空白，成为中日友好之架桥者。于黛琴去日本的契机，是舞台剧《撩开你的面纱》。

由于从小在日本人办的学校念书，于黛琴具有扮演日本妇女的得天独厚的条件，而且在全国的戏剧舞台上，她是唯一一个能说日语的演员。语言的难关攻克了，接下来就是身形的练习：日本女人穿和服，做动作是有特点的。在烈日炎炎的剧场顶楼平台上，于黛琴认真练习着日本女人的坐卧、走路和转身，哪怕练到汗流浃背，也一刻不敢放松。

于黛琴在该剧中饰演一位日本医生，全程讲日语，演出时，台下的观众都说："这是日本人！"

这部舞台剧一经演出即获得了很大的反响，日本有一位记者看过戏以后，就将"现在中国舞台上出现了一位前所未有的美丽、雍容大方非常有教养的日本妇女形象"的新闻便见诸报端。日本大使馆的大使和夫人也来看她演出，看完以后跟演员们合影，说："我要大使馆的所有人员都来看。"他们上台直接用日语问她的年龄和身高，于黛琴不知道他们是官员，而且在日本，直接问女性的年龄和身高是不礼貌的，于是就随便应付几句。没想到，一个月以后，于黛琴收到了日本外交部为她量身定做的三身和服。

为此，中国青年艺术剧院跟国际交流基金办承接仪式，于黛琴都是全程用日语发言。从此，国际交流基金便邀请她去日本考察，她就这样进入了中日戏剧交流领域里。当年中日两国在戏剧界没有任何交流，她的到来打破了这个闭塞的局面。她把日本的戏剧介绍给中国，也把中国的戏剧介绍给日本，越来越多的日本人被邻居这个古老而神秘的大国吸引，来中国演出、旅游的剧团源源不断。

赴日交流期间，她翻译了《铸剑》《大鼻子情圣》等20部左右的舞台剧。《阿信》的作者桥田寿贺子的一系列剧本，也是由她翻译的。其中一个剧本《结婚》，辽艺、四川人艺、广东和台湾地区的剧团等都演了她翻译的版本，这部剧至今仍作为中戏、北电和广播学院的毕业演出、考试剧目之一。

中国的《茶馆》和《天下第一楼》到日本演出，《茶馆》的配音演员选的是日本四大剧团的名演员，但都不懂中文，同声翻译的难度可想而知。台上演员说话，台下配音必须紧跟演员节奏同步。日本语言长，中国语言短，如何平衡长和短达到同步，翻译起来都是学问。1982年夏天，于黛琴窝在一间没有空调的小屋的榻榻米上，用了半个多月的时间修改剧本，又花了将近一个月的时间排练。

老舍的语汇特别幽默："两个人好得穿一条裤子"，原来的剧本翻译成"两个人好得买一条裤子穿"。对于这个翻译，于黛琴怎么都觉得不太贴切。改为日本古装戏里有大裤腿，后来她就翻译成"四条腿伸到一个裤腿里头"。"它很多幽默、诙谐的语言都需要下功夫，最主要的是要把它的感情抓住，而且适当地减掉多少，在中国剧场有的效果反映，在日本演出时也必须有。"

在于黛琴的体会里，同声翻译是有视觉艺术和听觉艺术的区别。例如，于黛琴翻译的话剧《茶馆》，正式演出时，观众都是用耳麦听台词的，其中有一句台词是表达：这个太监"现在没有势力了"。在日语翻译里，"势力"同"性能力"一词读音相同，容易被观众听成"他现在没有性能力了"，这样在视觉能力上完全能看出区别，而听觉上，日文"势力"和"性能力"的发音都是"sei lou ku"，听成"他现在没有性能力了"，意义就完全不一样了。所以，于黛琴就将这句台词改编成"权利"，变成"ken lou ku"。

演出时，配音演员在前面，她在后面，手里拿着一根长棍。演员说快了，她就在演员后背轻轻划一下，演员就慢说。演员说慢了，她就在后背画圈，演员就加快速度。就这样完成了演出。

日本一个大型富士电视台在新中国成立后首次与中央电视台合作，拍一部大型电视剧，内容是李香兰永别她的过去，日文是《さようなら（再见），李香兰》，但是李香兰不想"再见"，片名跟她的意图正好相反。"电视剧本让我翻，但剧名我费了很长时间，你们猜我怎么改的——《别了，李香兰》。这题目改得真是好，我自己觉得好，日方的制片人也给予了肯定和赞扬。"于是他还担任了此剧的中方导演和剧本翻译。

为此，于黛琴还专门编撰了一本《中日现当代戏剧交流史》，为中日戏剧交流总结她的实践心得。"别的演员都写自己的经历，只有我一个人写工具书，我也知道不卖钱，但是搞中日交流的人肯定要看。"

驻日本大使宋之光夫妇戏称："于黛琴，你就是'中日文化交流大使'。"对于中日交流，她确实做出了自己的贡献，"损失也很大，因为这个阶段如果我出镜拍电视剧或电影，我可能是现在大家都记得的一个像样的演员了。但是我对中日交流事业贡献了力量，这也是我庆幸的。"

【关于家庭】

最浪漫的事就是陪你慢慢变老

在电影《老炮儿》里，有一个白发老者，他叫管宗祥，是中国影视、话剧演员，该片导演管虎的父亲。他还有另一个身份，就是于黛琴的老伴。如今，这对影坛伉俪已经在燕达金色年华健康养护中心入驻，携手安度晚年。

1927年，管宗祥出生在山东平邑一个普通农民家庭，由于父母早逝，年幼他便早早尝尽了人间的疾苦和艰辛，10多岁就离家，开始在外闯荡，刷过盘子、扫过马路，也给人搓过澡。1942年15岁的管宗祥便参军，成为部队文工团的一员。4年后，19岁的他加入中国共产党，之后，在第三野战军七兵

于黛琴、管宗祥夫妇合影

团军政治部文艺宣传大队担任副大队长。在此期间，他曾出演歌剧、话剧、京剧近 20 部，随着 1949 年新中国的成立，管宗祥还被调入北京电影制片厂当演员。

于黛琴工作之后与管宗祥相遇，两人志同道合，恩爱和睦，一生更是夫唱妇随，两人至少合作过《过年好》《9600 万双眼睛》《徐悲鸿》等 3 部影视剧。

俗话说"虎父无犬子"，他们的儿子管虎也极其出色，是我国第六代导演中的代表人物，代表作品有《斗牛》《老炮儿》《黑洞》《活着真好》《八佰》等。

如今管宗祥和于黛琴早已过了意气风发的年纪，但他们依旧精神抖擞，相互扶持。于黛琴现在还是燕达老年大学诗词朗诵班的讲师。这样的金色年华令人心生羡慕，令人不由生出"少年夫妻老来伴，携手相忆话夕阳"的美好情境。

88 载风风雨雨，从"平生无大志，愿为钢琴一架而奋斗"到剧院"拼命三郎"，从下放的劳动生活"猪倌"到"鸭倌"的特别经历，条件艰苦，养猪喂猪也不忘在猪圈里学习练功，给马打过针、给猪接过生，对于一位艺术家这样难忘的经历令人不可思议，更是于黛琴人生中一个重大转折，直到新中国成立后作为中日文化交流使者，于黛琴从未停歇追逐与求索的脚步，经受住苦日子的历练，练就了异于常人的毅力与坚强，她那股一往无前的精气神，依然闪烁在她的眼睛里，闪烁在言谈举止间……

于黛琴、管宗祥夫妇和儿子管虎、梁静夫妇

"稚昧棘丛越半生,风刀雪剑伴天明。初心铿锵何曾忘,银丝依旧抒豪情。"于黛琴用这首诗概括自己的一生,这也是每一位老一辈戏剧工作者最真实的写照。

文/叶晓彦 刘博

科技興国

人 · 物 · 简 · 介

  李金芳，女，1936年生人，84岁，山东青岛人。1955年中专毕业后，李金芳怀着一颗为祖国早日找到大庆油田的决心，主动报名到祖国的大西北——青海石油勘探局柴达木盆地，成为20世纪60年代"万人石油大会战"的参与者以及见证者；1956年，王振军长代表中央慰问团来到柴达木盆地慰问青海石油勘探局的工作人员，称石油人是"第二个最可爱的人"，党的关怀也增强了李金芳与队友们为早日找到大油田奋斗终生的决心；1957年，李金芳被评选为"穆桂英式劳动模范"，并出席了柴达木工委召开的群英大会。同一年，李金芳光荣地加入了中国共产党，此后，她时刻以党员标准，严格要求自己，连续几年被评选为优秀党员和先进工作者。

李金芳

"黑牡丹"在柴达木盆地"绽放"
——记原青海石油勘探局老干部李金芳

青海省西北部,青藏高原东北部,坐落着中国地势最高的盆地——柴达木盆地。这里平均海拔在2600米至3000米,戈壁无际,人迹罕至,风蚀强烈,气候多变,却沉睡着丰富的石油、煤以及多种金属矿藏,有"聚宝盆"的美称。从1954年开始,一批又一批的地质人,不畏环境艰苦,骑着骆驼,纷纷走进这片大地,试图唤醒这里沉睡的"宝藏",向祖国献礼,李金芳就是其中之一。

1955年中专毕业后,李金芳主动报名到祖国的大西北——青海石油勘探局柴达木盆地,成为20世纪60年代"万人石油大会战"的参与者以及见证者。从白皙的青岛姑娘变成柴达木盆地里的"黑牡丹",从肩不能扛重物的学生到挽裤腿甩铁锹的"女战士",李金芳把最美的青春,留在了柴达木盆地。

"是那山谷的风,吹动了我们的红旗,是那狂暴的雨,洗刷了我们的帐篷。我们有火焰般的热情,战胜了一切疲劳和寒冷。背起了我们的行装,攀上了层层的山峰,我们满怀无限的希望,为祖国寻找出富饶的宝藏。"如今,85岁的李金芳仍然能哼几句当年的战歌,这首《勘探队员之歌》陪伴着她度过奋斗的青葱岁月,也按下了重温"柴达木精神"的启动键。

（一）义无反顾地奔赴"石油梦"

1936年，李金芳出生在青岛一个普通家庭中，与父母及几个兄弟姐妹过着简朴却幸福的生活。在她11岁的时候，父亲的病逝，让原本不富裕的家庭雪上加霜。

父亲走后，李金芳的母亲没有工作，姐姐在纺织厂当女工，也是全家唯一的收入来源。在姐姐的帮助下，李金芳和妹妹没有放弃学业。母亲和姐姐为李金芳营造了相对稳定的学习环境，也奠定了她对求学的浓厚兴趣。

在那个年代，私立学校比公立中学贵很多。李金芳不想给母亲和长姐造成负担，但内心却渴望继续求学。于是，她向着自己心中的目标，默默地拼搏努力。命运总会眷顾辛勤付出的人，李金芳如愿考入了公立中学——青岛四中。

在青岛四中，李金芳享受二等助学金，学费、生活费基本能自理，这让她继续求学不再有负担，只不过日子需要过得清苦一些。在这段清贫的日子里，让李金芳印象最深刻的是每次回到家，母亲为她准备的大饼子和小鱼干。对于小鱼干的做法，李金芳记忆犹新，小鱼干洗干净，撒上几粒盐，放在火上反复烤，烤到焦黄有香味。这就是李金芳心中的美食了，里面也是母亲和长姐沉甸甸的爱。母亲和长姐的鼎力支持，才给了她求学改变人生轨迹的机会。

从青岛四中毕业的那一年，李金芳又面临一个抉择：工作还是继续上学。李金芳内心是十分想继续深造的，但想想辛劳的长姐和年幼的妹妹，她踌躇不前。长姐看透了她的心思，便与李金芳一起商量，开始寻找管吃管住，学费又不高的高等院校。这也成为李金芳与地质行业结缘的契机。

1950年前后，新中国刚刚成立，连年战争以后，国内百废待兴。为了发展经济，摘掉贫油国的帽子，"石油"就变得十分珍贵。那时候，有一个夸张的说法："一滴血未必能换来一滴油。"也就是这个时候，全中国发起了第一次轰轰烈烈的"石油大会战",势如破竹地想要打破"中国贫油论"。与此同时,对于石油和地质人才的培养也渐渐兴盛起来,石油院校以优惠的入学政策,吸引有志潜心地质行业的青年,为石油工业发展储备人才力量。

李金芳就这样考入了石油中专,成为寻油大军中的一员。在学校,李金芳受到诸多地质前辈的感染,对寻油事业产生了浓厚的兴趣。1954年,青海石油勘探局成立。同一年,第一批地质探路者走进了柴达木盆地,开始了对这座"聚宝盆"的开发与唤醒。"国家当时号召石油院校的青年们,主动报名,去往柴达木盆地,我一得到这个消息,就立刻报名了。"李金芳说,当她得知自己能够去柴达木盆地时,感到非常的光荣,明知道那里条件艰苦,但是在她心中的信念就是"越艰苦,越光荣"。

1955年,李金芳如愿以偿来到了柴达木盆地。这个19岁的青岛姑娘,怀揣着为祖国"石油梦"奉献一切的理想,在国内自然条件最恶劣,世界海拔最高的油田,扎下了根,一步一个脚印,用半生去诠释着什么叫"苦干实干,责任担当"的柴达木石油精神。

李金芳19岁时的工作照(1955年照)

(二)幺妹是个"黑牡丹"

《我为祖国献石油》是一首歌颂石油工人的赞歌,朴素歌词写出了他们气壮山河的豪迈风骨。其中一句歌词写到"面对戈壁大风沙,昆仑山下送晚霞"。这句歌词,就是李金芳当时生活、工作状态的真实写照。

柴达木盆地天上无飞鸟，地上不长草，风吹砂石跑。"我一到柴达木盆地，就呆住了，到处都是戈壁砂石，也看不到边，走两步就喘不上气。"在奔赴柴达木盆地之前，李金芳已经做好了应对艰苦环境的心理准备，但是从小就在海边长大的她，看到眼前这番景象，还是不禁倒吸了一口凉气。"这里就是我以后要奋斗的地方了。"李金芳暗暗给自己加油打气。

高原反应是李金芳首先要克服的难题。柴达木盆地的海拔大多在2600米以上，李金芳从小在零海拔的青岛海边长大，初入柴达木盆地就出现了头昏、脑涨等高原反应，但是石油事业不等人，在西北石油地质学院，经过短期的培训和环境适应以后，李金芳在1955年6月就"出工"了。

"我们把出去找油叫作'出工'。"李金芳解释。青海石油勘探局的主要成员多是部队石油师转业人员，后来增加了石油院校专业人才以及部分从当地招收的石油工人。为了能更高效地找到油田，在柴达木盆地的石油队伍按照职责不同被分组，李金芳被分到了"青年突击队"。

"青年突击队"是当时最具有冲锋精神的队伍。这样的队伍一般是一支半军事化的队伍，听从总部的统一指挥和调遣，冲锋陷阵，招之即来，来之能战，战之能胜。尤其是在20世纪五六十年代震撼中外的石油大会战中，在一无经验，二无技术、设备简陋、气候恶劣等极其艰苦的条件下，中国一举甩掉了"贫油"帽子，也孕育形成了"艰苦创业、无私奉献、勇于创新、团结奋斗、科学务实"柴达木精神，"爱国、创业、求实、奉献"的大庆精神以及"宁可少活二十年，拼命也要拿下大油田""有条件要上、没有条件创造条件也要上"的铁人精神。"对一个国家来讲要有民气，对一个队伍来讲要有士气，对一个人来讲要有志气。这种精神、这股气势正是青年突击队不竭的精神源泉和精神动力。"当年石油工业部部长余秋里如是说。

进入青年突击队以后，李金芳和其他20余名队员就成了找油的"先锋"，负责开疆拓土。而李金芳是青年突击队伍里仅有的两个娘子军之一，她们与男青年同甘苦，共患难，用实际行动验证了什么叫"巾帼不让须眉"。

20余人，2部车，8峰骆驼，找油队伍就这样浩浩荡荡地从总部出发了。柴达木盆地多为干旱荒漠，主要土类为盐化荒漠土和石膏荒漠土，常年风沙四散，形成了一望无际的戈壁沙漠景观。"一眼望过去，四周都一样，如果没有罗盘的指引，根本找不到方向，稍有不慎，就会迷路。"李金芳所在的小队是从青海石油局（西宁），去往工作目的地"红三旱1号"。期间一边看地图寻找方向，一边赶路，整整走了4天3夜才到达目的地。这一路上，李金芳也有过忐忑，对于未来的工作和生活，19岁的她决心坚持下来，她无数次给自己加油打气。

到达目的地以后，队伍在"红三旱1号"建立了工作基地，每天清晨，队员们从这里"出工"，要尽量赶在天黑前"收工"回到基地。"前辈告诉我们，在这里工作，最大的原则就是天黑不赶路，不然容易迷路，实在赶不回来，就在野外露宿一晚上，也千万不能赶夜路往回走，一旦在荒漠中迷失方向，有可能意味着再也回不来。"

野外勘探的生活条件极其艰苦，为了轻装简从，许多物资不能多带。就以最基础的帐篷为例，全队20余人需要共同分享5顶帐篷，因此，2名女队员只能和男队员"挤"在一起。"在帐篷里拉一个帘子，挡一挡，在革命面前，女孩子都没有那么讲究。"李金芳说。

柴达木盆地属于高原气候，盆地的年平均气温在5℃以下，绝对年温差可达60℃以上，日温差也常在30℃左右，夏季夜间可降至0℃以下，气温变化剧烈。在这样恶劣的气候条件下，青年突击队每一位队员保温设备就是"一件羊皮大衣、一张狗皮褥子、一顶羊毛毡帽和一双羊毛毡鞋"。"狗皮褥子铺在沙滩上当床用，羊皮大衣不仅能穿，还是我们的被子，所有人都只有一套。"

在"红三旱1号"工作基地，清晨的第一缕阳光还未照进来，队员们就已经开始起床准备。"出工"前，李金芳领到了一壶水，两个馒头（有时候是饼子），一个哨子以及一面小红旗。"这是每个队员出工前的标配。"李金芳说，"水和两个馒头是一天的口粮，哨子是为了在紧急时刻，和队友联系的信号，队友找到你的方向，而小红旗则是为了标志有油岩。然后，我们两个人骑一头骆驼，就出发了。"

石油多在地下有机物聚集的地方。想要寻找到油田，就要先研究一块区域的地表地貌，在地表收集岩石，测定岩石的年龄和构成，从而判断这是不是一块"有油岩"，一般在"有油岩"聚集的区域，就容易发现大油田。听起来并不复杂的过程，在柴达木盆地就变得异常艰难。"想要在柴达木盆地的茫茫沙海里，找到一块有用的岩石，就得先用铁锹把沙子挖开，让岩石露出地面，然后再进行常规的测量勘探程序。"刚刚从院校毕业的李金芳并没有一双扛铁锹的手，又是个19岁的姑娘，力气也不足，这个"清沙"过程对她来讲就尤其吃力，但她还是扛起铁锹就开始干，时间久了，手皮都被磨破，老茧也就留了下来。

"清沙"难，无垠荒漠里如大海捞针般找"有油岩"难上加难。"出工"的小队会划定工作区域，划定好的工作区域，队员们便想要在一天内就寻找完毕，因为还有更多的区域需要被勘探。忙起来的李金芳常常忘记了时间，在荒漠里寻寻觅觅，不知不觉，天就暗了下来。每当找到一块"含油岩"，大家就高兴的抱在一起，表示庆贺，并在洞口插上一面小红旗，标志此处可能有油，可以测量、探井、打井、试油等。

有时候，李金芳和队员们为做完一个区块的工作，就错过了应该往回返程的时间。"天已经完全黑下来了，用罗盘也很难找对方向，这个时候不敢往基地返。"李金芳说，每当工作到天黑，没有办法返程，他们就蜷缩在骆驼的肚子底下取暖，免得被夜晚的风沙冻坏、吹走，等第二天天亮，再继续工作。"我们给自己起了外号，叫作'团长'。"

柴达木盆地另一个气候特点就是干旱，常年无雨。一天之内的气候也变化无常，有时候，上午还烈日当头，下午就狂风四起，大风就像一条张牙舞爪的巨龙，卷着沙石向李金芳以及队友们扑来，一会儿眼前就形成了一个沙丘。"我们几个人就得抱成一团，又怕被风吹走，又怕被沙石埋掉。"每当回忆起在柴达木盆地的日子，风和沙是李金芳绕不开的两个话题，那段时间，她和队友们不仅在"出工"时，生命安全总受到风沙威胁，就连晚上睡觉都不安全。青年突击队住的是轻便又简单的单帐篷，能挡风，但是不防风沙。一晚上过去，第二天李金芳和队友们就被"埋进"了沙堆里。早上起床，他们就像土蛹一样，从沙堆里钻出来，弹一弹身上的沙子，就立刻赶往工作区域。

在柴达木盆地，没有春秋两季，只有短短的夏季，冬季尤其漫长而干燥。在烈日当头的夏季，李金芳被晒得皮开肉绽，头昏脑涨，脸上的皮一层又一层地往下掉。"后来，我的脸就变成了黑白相间的条纹状，黑白相间像花一样，在队上，我的年龄最小，四川人把小妹叫作幺妹，所以大家都开玩笑，幺妹是朵黑牡丹勒。"说到这里，李金芳笑了起来，在她心中，那段日子虽然苦，如今回忆起来，苦中有甜也有乐。对于李金芳而言，再也找不到如当年那般单纯、质朴又充满意义的岁月了。

（三）死亡边缘走一遭

九月，对于平原地区来讲，刚刚入秋，美景还未萧瑟，温度也十分宜人。但是，九月的柴达木盆地却已经进入了冬季。"晚上，我们盖着皮大衣睡觉，早晨起来，从嘴到脖子周围就结了一层白色冰霜。"在这样的季节，李金芳和队员们也照样"出工"，路上，担心馒头和水壶会被冻僵，测量仪和记录板会被冻坏，所有人就把这些东西揣在怀里，用体温来达到保温的效果。"特别冷，海拔又高，每走一步，都感觉上气不接下气，但是所有人都还是坚持工作到天黑。"

有一次，李金芳和队里的另一位部队转业的女同志组成了一组，外出测量，李金芳喜欢喊她"吴大姐"（吴香峰）。测量完当天划分的工作区域以后，李金芳和吴大姐尝试返回基地，但是当时天已经略黑，罗盘的方向也打不准了，两个人便在荒漠中迷失了方向。刚刚迷失方向时，两个人还十分镇定，想凭着在柴达木盆地工作的经验,结合地图,找到工作基地的位置。两个人都十分明白,在气候多变的柴达木盆地,越早回到工作基地就越安全,尤其是晚上,极容易被突起起来的风沙天气所吞噬。

可是,走了许久,天越来越黑,两个人也越来越找不准自己的坐标。"幺妹,我们不能乱走了,我们已经迷失方向了。"吴大姐最先开口,提议在原地待一夜,等到天亮再回基地。这对于勘测队员来讲,也是偶尔会发生的事,当一个工作区域没有完成,想第二天接着工作,就在原地蜷缩一晚,第二天一早结束工作,再返回基地。虽然存在风险,但是好过夜晚在戈壁滩里走丢,李金芳当时并没有多想,就跟吴大姐一起,在原地安稳地睡了一觉。

可怕的事情,发生在天亮以后。

天刚刚微亮,李金芳与吴大姐就开始寻找正确的方向,计划立刻动身往工作基地赶。但是,由于前一天晚上的"赶路",两个人已经彻底找不到坐标,身边也看不到任何标志物,只有茫茫黄沙一片,四周都一个模样。

所有勘探队员"出工"所带的粮食和水,基本上都是一天的量,即使省吃俭用,也用不了两天。到第二天中午,两个人已经水尽粮绝,荒漠里的太阳还是一如既往的毒辣,蒸发着两个人体内的水分。李金芳又累又渴,实在走不动了。就算是部队出身的吴大姐也面露倦色,步伐也沉重起来。

"吴大姐,你……不要……管我了,就一个人……走吧,我……实在走不动了。"李金芳有气无力

李金芳在柴达木盆地"红三旱1号"留影(郑长明拍摄)

地说着。这个时候,她已经做好了最坏的打算,"在沙漠中迷路就等于死亡。"这句话已经占据了李金芳的大脑,她渐渐陷入绝望。

"不行,我不走,要死我们俩死在一起,不能把你一个人丢在这里,不可能。"吴大姐斩钉截铁地说道,这给了李金芳一些活下去的信心。安慰李金芳的同时,吴大姐开始用手在沙子里快速挖坑,不一会儿就挖出一个深深的沙坑,把李金芳的双腿埋了进去。

"没事哈,幺妹,这样凉快点,能降温和减少水分流失。你要相信,队伍一定会找到我们的,我们一定能活下去。"

吴大姐一边给李金芳埋腿,一边不停地给李金芳信心,并讲起了当年自己在部队,参加战争的故事。"1952年10月的时候,我们中国人民志愿军和联合国军在上甘岭打得非常激烈,美军人多,大炮、坦克、飞机也多,对志愿军两个连的阵地上,使劲轰炸,那时候很多同志都牺牲了,整整打了43天,我们还是赢了……所以……要坚持……"

李金芳听着上甘岭战役的故事,迷迷糊糊地睡倒在吴大姐的腿上。

不知道究竟过了多久,吴大姐突然不断地大叫,惊醒了熟睡中的李金芳。"幺妹,有人来找我们啦。幺妹,有人来找我们啦!幺妹,我们要得救啦!"

李金芳醒过来,吴大姐立刻站起来,一边摇着手里的小红旗,一边拼命地吹着哨子。工作基地的队友们听到了哨子声,就立刻跑向她们,两个人终于获救。"如果队友们再晚点来,或者要是赶上一场沙尘暴,我跟吴大姐可能就在沙漠里没有了。"为祖国寻找石油的那个年代,像李金芳和吴大姐这样的石油人,是用青春和生命在开发这片土地,李金芳想起了"南八仙"的故事,感慨自己是幸运的,拥有了"第二次生命"。

李金芳口中的"南八仙"是位于的现在青海大柴旦镇100公里左右的一个雅丹地貌群,因风景秀美,而成了许多旅游者喜爱的打卡地。这绝美风景的背后,却有一个可歌可泣的石油人故事。

1955年,第一批开发者来到了现在的南八仙地区,他们背负着让这片荒芜之地重新焕发生机和活力的艰巨任务。这些人中,有8位女地质队员,为了寻找石油驻扎在这片区域。如今看南八仙道路平坦,气势磅礴却温顺。但是,65年前,这里就是"人间炼狱"。8位女地质队员外出进行石油勘探,在返程途中迷失了方向。直到半年后,才有人发现了其中3位的尸体,另外5人的尸体至今下落不明。8位女石油勘探者为了祖国石油开采献出了年轻的生命,为了纪念她们,这里后来被命名为"南八仙"。

"后来的许多石油人,都是被这个故事所激励,前赴后继地冲向祖国的石油事业。"李金芳说,那时候,大家的想法都很单纯,就是要找到石油,也不怕辛苦,更不怕牺牲。"听起来,为了祖国像是在喊大口号,但是我们那个年代,大家是这么说的,也是这么去做的。"

这次野外遇险,李金芳被背回工作基地,休息了三天三夜,才从死亡边缘走回来。身体稍一恢复,她又跑去了石油勘探一线。

(四)喝了这碗"骆驼尿"

在沙漠,"水是生命之源"这句话更体现得淋漓尽致,一旦缺水,就等于生命走到了终点。柴达木盆地也不是一个水资源丰富的地区,李金芳所在的工作区域更没有可饮用的水源,青年突击队生活所需要的水全部由骆驼在总部和工作基地之间搬运,正常往返一次大概一星期。"有一次,骆驼走了十多天了还没有回来,队伍里的人就慌了,队长猜想,可能是骆驼迷路了。"

十几天未归,整个队伍里面已经没有水了,"出工"也停滞。"队长告诉我们,所有人都躺着不要动,存续体力,我们就全都躺下,报务员抓紧去给总部发了一封加急求助电报。"令李金芳难以想象到的是,在水源没有到来之前,队长发出了一条命令:喝骆驼尿保命。

"骆驼尿,别说是喝,就是闻着也又骚又臭,怎么喝得下口。"李金芳当时心想,这简直就是不可能的事情。青年突击队共有8峰骆驼,其中有4

峰是往返总部与工作基地之间送水送粮食，另外4峰用作"出工"的交通工具。剩下的这4峰骆驼就成了整个青年突击队的救命稻草。在队长的组织和劝说下，大家纷纷拿出洗脸盆，放在骆驼屁股底下，等着接骆驼尿。

当接回骆驼尿，李金芳闻了一下，就往后退却了两步。"这味道我闻着就想吐。"李金芳跟队长说，"我实在是喝不下去。"

队长抓了一把白糖，放在了骆驼尿中。"难喝也得喝下去，现在最重要的是保命。"

刺鼻的骆驼尿味道里混杂着一些甜味，又有一些辣眼睛的咸味。李金芳当时就哭了，但当看到大家都喝了下去，她也把骆驼尿咽了下去。"那种感受，我现在也忘不了。"李金芳说。

没过多久，补给的水源就从总部送了过来。在柴达木盆地里生活，所有的勘探队员都对水有敬畏之心。"那里的水有限，也很宝贵，尤其是骆驼尿事件以后，我更明白，水是多么宝贵。"李金芳坦言，现在的人，可能想象不到，当年的柴达木是怎么节约用水的。

每一个勘探队员每天"出工"前带着一壶水出门，是一整个白天的水源。天黑后，回到工作基地，每人会收到一杯水。这杯水，有着诸多作用：睡前洗脸刷牙用它，夜里解渴也需要它。

水对柴达木盆地来说是"奢侈品"，所以绝对不可能用来洗碗、洗衣服。于是，长年驻扎柴达木盆地的勘探队员就养成了用沙子来洗碗、洗衣服的习惯。"我也开始渐渐习惯了常年不洗头，头发都打结了。"一个青岛白净的姑娘，在柴达木盆地待久了，渐渐变成了个"黑煤球"，从初始的不习惯，到最后的习以为常，李金芳说可能靠的都是"信念"和"坚持"。

对于李金芳的变化，原青海石油勘探局的同事张秀花记得很清楚。刚刚认识的时候，李金芳还是个小姑娘，在柴达木盆地待久了，就成了一个"钢铁女汉子"。"她特别积极，什么事都抢着往前冲，挽起裤腿，扛起铁锹时候的样子，气势都能压倒男子半个头。"张秀花说。

李金芳与队友们在柴达木盆地的努力也获得了组织的认可。1956年，王振军长代表中央慰问团，来到柴达木盆地慰问青海石油勘探局的工作人员，称石油人是"第二个最可爱的人"，并且每人赠予了一个白色水杯和一条白色毛巾，分别印着"赠给开发建设柴达木盆地第二个最可爱的人"，党的关怀也增强了李金芳与队友们为早日找到大油田奋斗终生的决心。1957年，李金芳被评选为"穆桂英式劳动模范"，并出席了柴达木工委召开的群英大会。同一年，李金芳光荣地加入了中国共产党，此后，她时刻以党员标准，严格要求自己，连续几年被评选为优秀党员和先进工作者。

（五）三年后归乡　亲人不识

1955年上半年，李金芳进入柴达木盆地，直到1957年年底，她才休了第一次探亲假。近三年的时间，她没有回过一次青岛。"也不是不想家，只是大家都想快点找到石油，工作忙起来的时候，也顾不上想家了。"

回青岛以前，李金芳没有通知家里任何人，也没有刻意进行收拾打扮，穿着工作服就一路坐火车，回到了家乡。她自己坐公交车回到家中，推开家门，大声地喊了一句"娘"。

"母亲抬头看了我一眼，呆住了，没吭声。"李金芳又大声地喊了一句"姐"，这时候，母亲跟姐姐才缓过神来，冲过来抱住了她。

"这不是金芳吗？你怎么回来了，你怎么自己回来了？"一边说着，李金芳的母亲和大姐就哭了起来，"你回来怎么也不跟我们提前说一声，这些年是怎么了，怎么看着就像是一个野人。"

家人把李金芳迎回家中，第一件事就是帮她梳洗干净。"我母亲跟我讲，推门进来的我，头发跟脸都是粘到一块的，但是那会儿大家都不在意这些，就一门心思找石油。"

看到李金芳以这样的形象从柴达木盆地回来，家里人就开始劝说她，不要再回柴达木盆地，可以回到青岛，找一份相对轻松的工作。当时的李金芳，也到了成家的年龄，母亲一心想要为她找一户安稳婚事，把她留在青岛。

探亲假有12天，家人开始各种游说李金芳。那时候，李金芳的四姐已经结婚，四姐的亲家刚好在青岛人事局调配科工作，经过询问，以李金芳的资历，可以通过调配回到青岛，找到一份工资不错的工作。"母亲一着急，甚至说出了，什么工作都行，就是别回去了，说什么也不让你回去，这样的话。"

为了让李金芳留下，家人们也出奇招。在那个年代，许多人都是结婚后通过夫妻关系，调到一起。母亲就是开始张罗着给李金芳找个对象，给她介绍了一个条件还不错的相亲对象。但所有这一切都没有动摇李金芳重回柴达木盆地的决心。

当时，李金芳已经入党，她告诉自己，当年，身为党员的吴大姐在生死边缘没有抛弃自己，如今自己是一名党员，更不能给党组织丢脸。12天的探亲假没满，李金芳就提前2天，悄悄地跑回了柴达木盆地。此后，每当李金芳隔几年休探亲假回家，家里人都会劝说她回到家乡，每一次，扛过家里人的软磨硬泡后，李金芳又回到了她奋斗过的柴达木盆地。

一些老地质人曾经调侃，柴达木盆地的地质结构，就比如是一个盘子摔碎在地上，然后又被人踩了几下。想要在柴达木这种复杂的地形中找到石油，其难度远高于世界上其他任何油田。但就是在这样的条件下，李金芳等老石油人的执着和坚守，终于啃下了"硬骨头"，把别人眼中的"不可能"变成了"可能"。

与队友们4年的潜心耕耘，1958年，红三旱一号构造经过钻探，终于喷油了。当黑色的石油从井中喷涌而出，所有人开始欢呼，并奔走相告，随后，其他构造也陆续找到了几口产油井，好消息陆续传出来。李金芳以及所有队友们奋斗的青春有了回报。一个又一个油井的发现，为早日打破"中国贫油论"做出了贡献。

现在，走进大柴旦镇附近的戈壁滩里，依然能找到20世纪五六十年代留下的油田痕迹。这里许多设备与建筑，都已经被时间风化和侵蚀，但是偶有一片的残垣和一处废弃的"磕头机"（用来形象比喻采油设备），似乎仍在讲述李金芳那一代人的奋斗故事，他们用青春托起了柴达木盆地的石油事业。

（六）柴达木里喜结良缘

俗话说，高原高，高不过凌云壮志；大漠苦，却苦不倒管道英雄。在柴达木盆地艰苦的环境中，李金芳为石油事业奋斗，也找到了属于自己的"革命友谊"。1960年1月3号，李金芳与丈夫在柴达木盆地结成连理。

早在与丈夫结婚前，李金芳的母亲一直希望她能嫁一个青岛本地的小伙子，然后回到青岛工作。这期间，她认识了一个条件不错的人。"人是我的母亲为了留住我，给我介绍的，条件和人品都不错。"李金芳说，探亲假是两个人唯一能见面的机会，而日常也只能靠书信沟通。在与其交流的过程中，李金芳发现，自己还是离不开柴达木盆地的石油事业，如果就这样回去，她觉得不甘心。但是常年分隔异地，对两个人来讲也不是最好的选择，于是，她写了一封信，提出与对方和平分开。谈及这段年轻时短暂的交往，李金芳表示她并没有后悔当初的选择。"我短时间内不想调走，两个人异地相处，也耽误人家，想来想去还是算了。"

之后，李金芳又醉心潜入工作之中。她与丈夫在刚刚来到柴达木盆地的时候就相识，丈夫来自西北大学，与她同在一个勘探队伍里，在一起寻找石油的过程中，李金芳发现，与丈夫不仅志向和目标相同，而且十分聊得来，最终，她与志同道合的丈夫走在了一起。"结了婚以后，我们就住在用土垒起来的土房子里，以前是我和其他两位女同志住一间，我结婚以后，两位女同志就搬走了，这里就成了我们的婚房。"

在柴达木盆地，只能过苦日子。虽然当时，李金芳已经被调到机关党委工作，但是也逃不开柴达木恶劣环境的洗礼。与丈夫组建了家庭后，李金芳

1994 年摄于青海石油管理局成立 40 周年留影纪念

1994 年摄于青海石油管理局成立 40 周年留影纪念

就要做到工作与家庭兼顾。但在柴达木盆地居家过日子，一些在其他地区不需要考虑的问题，在这里就成了难题。就以生火做饭为例，在柴达木盆地无边无际的荒滩戈壁中，别说找一块柴火，就连小小的荆棘条都见不着。"我们就垒一个土窝子，烧原油。原油一烧，全是黑烟，呛得直流眼泪。"李金芳回忆，原油烧久了，土房子里面就变成了黑色，有时候人的脸都被呛成了黑色。

李金芳与丈夫都十分孝顺长辈，且家中都有老人需要供养。在当时，两个人的工资并不高，李金芳每个月工资56块，丈夫每个月工资72块。"两个人加起来128块，我们就两家平均分一下，寄100块回家，然后留28块作为两个人的生活费用。"李金芳的同事听说了这件事以后，纷纷表示惊讶，"他们都讲，就留20多块，你们俩还活不活了。"

面对这种生活窘况，李金芳与丈夫还是在柴达木盆地坚持了下来，并在柴达木盆地孕育了第一个孩子。大人在柴达木盆地生活苦，小孩子也不例外。"我的孩子小时候跟着我在柴达木也吃苦了，那时候不像现在，有奶粉，柴达木盆地连个水果也没有，伙食好的时候，就熬点米汤，喂给孩子喝。"回忆起孩子小时候，李金芳心中仍有亏欠。后来，管理员也不忍心了，觉得再苦不能苦孩子，于是就给李金芳家做了一个笼子和养了几只小鸡。"你养着，等着下个鸡蛋给孩子吃。"管理员这样告诉李金芳。

（七）辽河会战"南大荒"的 10 年生活

1970 年 3 月 22 日，在兴 4 井井场上，辽河会战筹备小组召开了会战动员誓师大会，拉开了辽河石油大会战的序幕。誓师大会结束后到当年年底，仅 10 个月时间，就汇集了来自全国 8 个省、市的万名会战人员，成为辽河油田宏伟基业的第一批创业者。但随着辽河石油事业的不断发展，仍然需要更多的石油人才涌进。

从 1975 年开始，李金芳夫妻二人就响应组织号召，来到辽河地区参与石油大会战。辽河油田所在地又被称作辽宁的"南大荒"。在辽河会战时期，"南大荒"的生存、生产、生活条件恶劣到让人难以想象。来自全国四面八方的"石油人"，在荒原碱滩上凌风斗霜，在草甸苇荡里爬冰卧雪。"我还记得的我们住帐篷，旁边就是芦苇荡。"李金芳回忆，那个时候的他们就以"铁人"王进喜为榜样，所有人烤篝火，住帐篷，喝着"鸭子汤"，发扬顽强拼搏的精神。

与柴达木盆地的环境不同，辽河地区几十里内烟波浩渺，到处都是芦苇荡、沼泽、湿地。有时候，由于海潮的侵蚀，固井水泥就常常变质报废，导致固井任务非常紧张，影响钻井进展。但是，那时候车船都通行不畅，只能靠着人力，闯过芦苇荡、越过沼泽地，把新的水泥运到井边。有时候，从水泥储存地到井场的距离非常遥远，步行大概有 8 公里的路程，但这些都没有难倒勇往直前的"石油人"。

经历了柴达木盆地的考验，李金芳夫妻二人一点也不惧怕辽河会战的环境与工作压力，他们在"南大荒"一待就是 10 年。这 10 年，辽河地区竖起了一个个钻塔，建起了一座座井站，修起了一条条管道，石油从辽河流出，输往了祖国各地最需要的地方。

辽河会战结束后，夫妻二人又来到了天津。随着孩子们长大、入学，李金芳慢慢退居到二线，照顾家庭，而丈夫始终接受组织安排，不断为石油事业奔波，李金芳则做好坚实的后盾。1992 年，李金芳正式退休。从 1955 年到 1992 年，李金芳与石油结缘近 40 年，无论走到哪里，都未曾忘记过，自己是一个"石油人"。

"'我为祖国献石油，哪里有油田，哪里就是我的家。'现在这句歌词有时候，也会在我的脑海里回荡。"李金芳讲到这里，满怀感慨。

2020年，拍摄于李金芳的燕达养护中心家中

结语：勿忘时代精神

一个时代有一个时代的印记，对于李金芳所在的青年时代，最深的印记便是那颗纯粹又炽热的报国之心。半个多世纪过去，至今，已经没有多少人记得当初柴达木盆地石油大会战的风景了，但是他们所留下的精神却不能忘记。

1954年开始，柴达木盆地里走进了一批又一批的石油垦荒者，他们带着一卷行李，一口锅；牵着骆驼，战沙漠；渴了抓把昆仑雪，饿了就啃口青稞馍。凭着这样的精神，战胜了柴达木盆地的恶劣自然条件。

在这样的环境里，可能许多柴达木地区的"石油人"都会有选择离开的机会，正如李金芳一样。1955年，从中专毕业以后的她，义无反顾地走向了中国偏远的柴达木盆地；当走进柴达木盆地，见过当地的恶劣环境，感受过高原生活的不便和痛苦后，她又决然地选择了留下；当她因为勘探寻找油田，差点命丧荒漠，依旧没有被吓跑；当家人苦口婆心地劝说与反对，她还是选择回到了柴达木。

这一次又一次义无反顾的坚守，就是源于一颗"拳拳之心"。19岁的她，下定了要为祖国早日摆脱"贫油国"帽子贡献一份力量的决心，此后便纯粹地付之行动，毫无杂念。很多时候，梦想是一个前提，其次是行动，然后就是用诚心，持之以恒。面对严酷苛刻的自然环境，他们发扬艰苦创业、无私奉献的精神，用青春、鲜血和生命浇筑成"柴达木石油精神"，用脊梁和筋骨撑起了柴达木石油工业。直到今天，李金芳等老一辈石油人为我们留下的精神财富，依然在绽放时代魅力。

文 / 魏昕悦

人 · 物 · 简 · 介

赵伟凡，汉族，81岁。出生于1939年，江西安福人，中国石油化工集团总公司北京设计院副总工程师兼项目执行中心主任，中国石油和石油化工研究会研究员。1959—1964年就读于北京石油学院。1964年大学毕业分配到石油工业部北京设计院，从事炼油化工设计工作，光阴似箭，一干就是40年。一步也没有离开过他热爱的石化工业。

他负责的"关于炼油厂节能的研究及推广"和他提出关于以重油加氢为核心的新建海南炼油厂总体设计方案，两次获得国家科技进步二等奖；他主要负责的国家"七五"计划黑土科技攻关项目"渣油催化裂化技术"获国家级科技进步一等奖。国家人事部授予他国家级有突出贡献专家，享受国务院特殊津贴殊荣，并获国庆70周年纪念章及表彰。

赵伟凡

攻关不懈　执着追求的"炼油人"
记原中国石油化工集团总公司北京设计院副总工程师赵伟凡

从大庆、抚顺到广州、茂名，从北京到上海，从玉门兰州到山东青岛和齐鲁，其所在地的炼油厂都留下了赵伟凡呕心奉献、躬行实践的工作足迹，更为我国石化工业的发展做出了卓越重要的贡献。

如今，年及耄耋的赵伟凡，于燕达金色年华健康养护中心安享晚年。他的神态、他的目光、他的举止无不透露着当年为石化工业奔走于五湖四海时的坚定与坚持。促膝长谈中，赵伟凡向我们展开一本证书，"为表彰在促进科学技术进步工作中做出的重大贡献，国务院特颁发此证书，以资鼓励，获奖项目是'大庆常压渣油催化裂化技术'。"此时的赵伟凡面露喜色，这种感觉不言而喻，这个奖项的获奖，一定是赵伟凡内心深处最珍贵的回忆。

1964年，赵伟凡从北京石油学院炼制系毕业以后，分配到当时的石油工业部北京设计院工作，成为一名光荣的"炼油人"。在他40余年的"炼油人"生涯里，出差和加班就是他的工作常态，一直在路上，一直在奔走，哪里有炼油厂，哪里就是他的家。

成长——炼塔林立 机器轰鸣给予我人生方向

1939年，赵伟凡出生在江西井冈山地区的一个小县城。相比许多人，赵伟凡是幸运的，在战乱未消的年代，又出生在革命根据地，他在农村念完小学，又到县城里念完中学。"那时候的我们，读书想到的就是报效祖国，我也一直在考虑，以后自己能做些什么。"赵伟凡说，没有比那时候还纯粹的年代，所有人都在想着如何把新中国建设的更好。

迈入大学，是每个人这一生中的重大转折。1959年，正在读高三的赵伟凡，面临着人生的第一次重大选择——要去哪里的大学，要学习什么？偶然的一个机会，赵伟凡看到了一张新建的兰州炼油厂全厂夜景图，这是苏联援华156项中的重大一项。"我被那炼塔林立和机器轰鸣的悦耳声所激动，就毫不犹豫地报考了北京石油学院炼制系。"于是，在国庆十周年举国欢庆的日子，他背着行李，只身一人来到了首都北京，他如愿考上了北京石油学院（现为石油大学）。北京石油学院是新中国成立后，创办的第一所石油高等院校，赵伟凡在这里求学五年，1964年大学毕业的赵伟凡被分配到石油工业部北京设计院（现在的"中国石油化工集团总公司北京工程建设有限公司"），从此就与石油结下了不解之缘。

黄灿灿的灯光下，炼油塔和密如蛛网的管道错落有致地排列着。那张夜景图至今深深地刻印在赵伟凡的脑海里。

经历过抗日战争与解放战争的新中国，百废待兴，致力于经济复苏的新中国却因为是社会主义阵营而遭到美国等西方国家的严密贸易封锁，其中，最影响经济发展的便是"石油"。石油被誉为是工业的"血液"，而中国却被扣上了"贫油"的帽子。20世纪50年代，中国在石油资源需求方面主要依靠苏联。1959年，大庆油田被发现，中国的原油开采量直线上升，但下游炼油技术难以跟上发展步伐。

"20世纪五六十年代，中国的工业发展不是很快，对石油产品的需求也不是很多。"赵伟凡记得，在当时，即使这为数不多的成品油，中国也解决不了，更严重的是，涉及国防安全的各类油品，也很短缺，形式十分严峻。第一个五年计划期间，中国第一个大型炼油厂兰州炼油厂投运，主要炼制克拉玛依原油和玉门原油。兰州炼油厂也成为新中国炼油工业的"摇篮"。

在与赵伟凡访谈中，他有一段关于设计院当时如火如荼、撸起袖子使劲干的场景叙述："20 世纪 60 年代大庆和胜利两大油田相继开发，石油工业迎来了大发展的春天，我所在的设计院承接了许多重要建设的设计任务，大庆炼油厂、胜利和武汉、南京、镇海等地的炼油厂都是要求尽快建成投产的。当时设计院一片浓浓的工作气氛，令人兴奋。当时六铺炕地区石油部每晚都是灯火通明，远近闻名，他们所有人都像打了兴奋剂一样，频繁出差，没日没夜地加班，'这种精神，更是注入了我的心田'。"

"不解之缘"奠定了赵伟凡石化事业的不平凡，在这条通往石化事业的道路上，不分昼夜地连续加班研究、攻坚克难，舍小为大，数不清的离家在外的日子，从几个月到一年半载。"功夫不负有心人，他参与设计的装置顺利开工，给了他力量和信心，老工程师的渊博知识、敬业尽责、淡泊名利的品德也让我更加热爱石化事业。"

锤炼——从"东方红"到荆门，用拼搏创造奇迹

提到燕山石化公司炼油厂，很多人耳熟能详，其最早的雏形就是赵伟凡曾经奋力拼搏的地方——"东方红炼油厂"。

它的诞生与当初的国际形势是分不开的，在当时的国际战略背景下，在如此紧张的形势下，根据毛泽东主席提出的"备战、备荒、为人民"的战略方针，国务院确定炼油厂的厂址选择必须遵循"靠山、分散、隐蔽"的原则。据此，炼油厂的厂址选定在北京市房山县（现在的房山区）周口店镇坟山村一个狭长的山坳里，并将厂名定为"东方红炼油厂"（后改为燕山石化公司炼油厂）。

建厂初期，这群建设大军来自五湖四海，那时的他们不仅是创业者，更是有着远大理想的人们。

"即日起，成立'东方红炼油厂筹建处'"，这是1967年3月14日，石油工业部宣布的重大决定。"东方红"的大会战也随着建设大军陆续进驻到周口店公社坟山村，于1967年8月，一期工程破土动工正式启动。北京设计院、北京市属六建公司、市政公司、设备安装公司，兰州炼油厂安装公司、抚顺炼油厂建设公司等多个实力强劲的公司承担建设与安装工程。北京设计院的设计人员则负责现场设计，配合施工。在当时，工艺装置区，热力系统、空气和氮气系统、油品储存和运输系统、分析化验系统等区块热火朝天地干起来了。土建和测绘工程、铁路系统是工程的重点。

据统计，东方红炼油厂一期工程的建设大会战总共有1.4万多人参加，留下了传承至今的许多故事和精神。清华大学、北京石油学院、中国人民大学、北京师范学院、北京工业大学等院校的几千名师生到工地来义务劳动。北京市政二公司三大队的干部职工放弃春节休息，在工地加班，开山取石和清运碎石。

1969年8月8日，石楼原油转运站建成投用，到9月27日，催化裂化装置建成投产。标志着工厂投运成功。1969年10月1日，东方红炼油厂的彩车模型在天安门广场接受检阅。

仅用了两年多的时间，就在一条狭长的山坳里，建起了一座年加工原油250万吨的炼油厂。赵伟凡说："如果你在石油行业待过就会懂，人就是要有拼搏精神，拼搏就能创造奇迹。"

赵伟凡参加工作的第五个年头，正是1969年，当时的中国形势很紧张，一方面是美国的封锁，一方面是中苏关系破裂，苏联在东北边境陈兵百万。为了国家安全，中央决定要疏散北京人口，保护国家高等级的科研和设计单位，支援三线建设。那段时间赵伟凡主要是参加北京"东方红炼油厂"的设计，在房山工地上突击未完成的部分设计并配合施工。

"必须在1970年元旦前抵达荆门。"接到院里通知的赵伟凡,听从设计院安排,在时间非常紧迫的情况下,带着妻女前往荆门,"当时情况非常着急,我们边收拾边与家里老人商量,后来决定老人留下,而且,我们当时也做好了回不了北京的思想准备。"

1969年12月,我们随着设计院前往荆门的队伍出发了。坐火车到汉口,然后再走水路到沙阳,最后乘运货卡车,几经波折,一路颠簸抵达荆门。"一路艰辛,一路期盼,连日的舟车劳顿,不少老人和孩子都生病了。"

在荆门的日子,至今让赵伟凡铭心刻骨。"用课桌拼成'大通铺',男的一间屋子,女的和小孩一间屋子,而后,就去买毛竹制品,自己动手搭建竹草棚,一间一间的林立在教室外的空地上,晚上电灯一亮,还别有一种风味。就这样我们在教室里与教室走廊里生活了近两年。"在赵伟凡的讲述中,似乎感受到了那种"苦中作乐"的幸福,这样的生活他们持续了两年,直到在建设炼油厂的热潮中,才跟着建起了简易的砖房,在艰苦的条件中紧紧张张的又度过了一年多。

"这四年我们设计院主要是为荆门建设炼油厂,由于江汉油田的开采和工业布局需要在荆州地区选一厂址建一座加工这种性质独特的原油。"

用赵伟凡的话来说,这难忘的近四年地经历对于他,对于很多年轻人来说,艰苦单调的生活是一次难得的人生磨炼,而苦尽甘来的生活会让大家体会到更别具一格、丰富多彩的生活。

1973年,国家政治环境发生了变化,党的指导方针是要以经济建设为中心,大力搞现代化建设,努力实现4个现代化。石油部准备在东方红炼油厂旁边建设化工厂,并引进了美国技术,于是赵伟凡所在的设计院听从党的指挥,全部迁回北京,参加技术燕山大会战。

回京的消息让这些在荆门坚守了四年的人们乐坏了。兴奋地人们首先想到的是回去后办公室在哪里?又住在哪里?孩子们上学又怎么办?由于在1969年赵伟凡他们离京后,办公楼和家属楼都被占用了,城里又没有地方住,所以最后上级决定，让全体人员居住在燕山。

石油人的热情是不会被蓬门荜户，土阶茅屋的日子所击退。在安顿好居所后，他们这群"铁人"再次兴奋地投入到了燕山石化的大会战中。

从东方红炼油厂的奋力拼搏到荆门四年的执着坚守，再到后来"打道回府"燕山石化的建设，"石油人"凭借着对党的信任，对石油事业的一份热爱，守着一份初心，撰写了一个时代的辉煌篇章。

攻关——只要功夫深，铁杵磨成针

在20世纪60年代，大庆和胜利两大油田的开发，为石油工业的大发展带来了春天。此后，中国依靠自己的力量相继建设了长庆、吉林和河南等油田，随着产油量的增加，对炼油技术也提出了要求。赵伟凡所在的北京设计院承接的重要建设项目的设计任务也越来越多，大庆、胜利、武汉、南京等地的炼油厂都要求尽快建成投产。

"全院都是浓浓的工作氛围，走在设计院里，三栋办公楼每天晚上都是灯火通明，大家都不会想到累，这种精神也深深地感染了刚刚加入工作的我。"没过多久，赵伟凡有了一次出差学习的机会。

1964年的冬天，赵伟凡接到了院里的通知，要求他作为院总工程师郭总的助手，一起到抚顺，参加重要工程的投运。"能当总工程师的助手，我当时别提多兴奋，这是我第一次参加大装置的开工，是一个难得的学习机会。"

赵伟凡坦言，接触炼厂设计工作不久他就意识到，要想成为一名优秀的设计工作者，必须多下现场，做好专业配合，多积累经验。他还说："设计者多考虑一分，后期问题就可能少十分。"

此次他去参加流化催化裂化装置的开工准备和试车。"一到现场，就看到了从全国各个炼油厂抽调来的参加会战的专业技术人员，还邀请了古巴国的几位专家。"赵伟凡立刻感到这次工作的重要性。赵伟凡分配在反应岗位与其他两位工程师一起工作。白天，赵伟凡一行三人奔波在现场，与车间工人交流，检查设备；到了晚上，就开始整理一天的资料，编写开工简报。"大家那时候，都不提休息日，每天都是工作日。"

半个月以后，抚顺石油二厂顺利开动起来，黑色的重油流进去，清洁透明的汽油、柴油等石油产品流了出来。流化催化裂化装置顺利投产，催开了中国炼油工业新技术的"第一朵金花"，它打破了国外的技术垄断，生产出了国家急需的高标号汽油，在我国炼化工业中具有里程碑式的意义。

"金花"一词源于一部名叫《五朵金花》的电影。石油人把流化催化裂化、铂重整、延迟焦化、尿素脱蜡及有关催化剂、添加剂等5项炼油工艺攻关新技术，合称为"五朵金花"。"五朵金花"中最重要的一朵恐怕就是流化催化裂化。

流化催化裂化装置的成功投运，它鼓舞了所有石油人，带动了炼油行业诸多技术的蓬勃发展。"这次现场的历练，我也得到锻炼，成果满满，是我一生追求的起点，夯实了我今后工作的基础。"赵伟凡说。

1967年10月，胜利炼油厂的装置建设完成，但是最后一步开工却发生了令人遗憾的事。建成后的装置再生器大量跑催化剂，即使加料系统超负荷的加料，也不能让催化剂床层保持稳定。"这样的情况，装置是没有办法开工的，这对炼油厂来讲，是非常严重的打击。"

赵伟凡记得，为了解决这个问题，石油部立刻成立了以陈俊武为组长的专题工作组，集科研、设计、施工、生产等多领域的专家，开展技术攻关，要求半年左右解决问题。

赵伟凡被指定为专题组的成员之一。专题组查阅大量中外有关气固流化床的资料，访问中科院化冶所的知名专家，还到北京化工二厂收集日本进口的关于流化床的有关数据。并于12月底，严寒的冬天，赵伟凡与同事背着仪器，跑到了大庆炼油厂催化装置考察反应与再生部分的操作情况，为胜利炼油厂寻求经验。当时正处于"文化大革命"的高潮中，由于没有直达的火车，一行人只能到哈尔滨转车，到达哈尔滨时已经半夜11点。"找不到饭店吃饭，也没有旅馆住，又冷又饿，好不容易找到一家澡堂子，勉强让我们住一晚上，但告诉我们要把衣服包起来并挂在房顶，因为这里面有许多臭虫和蟑螂。"那一晚上，赵伟凡和同事们整个晚上都在跟臭虫和蟑螂"打仗"，根本没有时间睡觉，天一亮就匆匆赶往了大庆炼油厂。

经过几个月日日夜夜的考察，赵伟凡他们带着希望回到了胜利炼油厂。他们需要实施计划中最重要的一环——在现场装置上进行大直径流化床试验，这是世界化学工程科研中的第一次。"留给我们的时间不多了，大家都非常紧张，在一个半月的时间里，三班倒，取得了大量第一手的数据，观察到许多有价值的现象。"

精益求精，臻于至善。赵伟凡所在的专题组，经过一系列考察、测试、研讨的基础工作，提出了工作报告，结论是：事故是由于流化床中气固流态不均衡性造成旋风分离器翼阀工作失常，旋风分离器不应当位于流化床的中央位置。这个结论经过多方考察达成共识，之后设计进行修改，并在召开的全国流态化技术的大会上进行了报告。

1968年春天来到了，修改后的装置重新开工。真是功夫不负有心人，装置开工取得成功，操作正常，催化剂不再跑漏，胜利炼油厂重新焕发出生机。"我们没有外国技术专利，也能靠自己创造奇迹。"赵伟凡觉得自己曾经的梦想，正在一点一点地实现吧，"这次工作我与老工程师们度过了难忘的日日夜夜，他们拼搏、敬业、淡泊名利的精神，值得我好好学习。"

突破——伟大的理想只有忘我的斗争才能胜利实现

赵伟凡的一生可以说是硕果累累，成绩斐然，而他作为"忘我"的石油人却十分谦逊。

1936年，世界上第一套固定床催化裂化工业装置诞生于美国，从加工馏分油到加工残渣油，从固定床到移动床再到流化床催化裂化，在80余年的发展历程中，经历了翻天覆地的变化。

1958年，在兰州炼油厂建成投产的固定式装置，以直馏柴油为原料生产航空汽油或车用汽油。20世纪70年代，中国自行研制的催化剂及工艺像雨后春笋一样发展起来了，已达国际先进水平。

赵伟凡多年一直在关注并研究催化裂化原料重质化的课题，突破渣油加工的难题是炼油行业的关键课题，关系到炼油行业的效益。

1983年，石家庄炼油厂因资金缺乏，原油短缺供应不上，找到了北京设计院寻求帮助，希望能从科技入手寻找出路。赵伟凡根据他多年的经验和掌握的大量资料，大胆提出了渣油催化裂化整体改造方案。这个方案的核心是要在低负荷下利用好催化裂化过程将渣油转化为轻质油。"这样不但合理利用了资源，为国民经济发展提供优质燃料，而且可以大大提高经济效益。"

中石化总公司组织研究、设计、生产单位联合攻关，赵伟凡任攻关项目负责人。他时常往来于各个单位之间，讨论方案，制定措施，帮助解决困难。多少个日日夜夜，他的脑海里都翻腾着渣油催化裂化技术方案的蓝图。

1983年初春，赵伟凡带着设计组来到了石家庄炼油厂。当时厂里没有招待所，他们就住在单身宿舍，桌椅不够就在床上放块绘图板……克服了重重困难，赵伟凡带着项目组成员，夜以继日地计算、绘图，研究渣油催化裂化的特殊性，制定最佳方案。

"要攻克渣油原料差生焦率高、催化剂污染严重和过程热量过剩这三大难题，才能实现渣油催化裂化。"赵伟凡和同志们一起围绕这三大难题，查阅了大量资料，进行走访调查，吸收了各方面的成功经验，优化了多组工艺参数，对比了多种技术方案，在相关单位的通力协作下，终于提出了一整套先进的、切实可行的技术方案。

设计完成后，赵伟凡又与团队成员参与了紧张的工程施工。40多米高的再生器，当时已经44岁的赵伟凡就跟年轻小伙子一样，爬上爬下，甚至还乘吊篮进入直径只有 800 至 900 毫米，高 30 多米的提升管反应器内，检查施工情况，实测各种数据。

1983 年 9 月，中国第一套渣油催化裂化工业装置终于试车成功，1984 年国家科委主持召开规模宏大的评审会。渣油催化裂化的成功，不仅使工厂重新焕发了勃勃生机，也为石化工业开辟了一条重油加工新途径。生产证明，装置设计是成功的，运行平稳、调节自如、产品质量好、产品收率高，轻质油收率高达 76% 以上，与国外同类装置不相上下。经济效益十分显著，石家庄炼油厂 1983 年至 1984 年共加工 90 万吨渣油，获利税 1.1 亿元，即平均每加工一吨渣油可获利税 120 元以上。

石家庄炼油厂渣油催化裂化投运成功后，赵伟凡又投入了渣油催化裂化技术新的攻关和推广应用。在大连石化公司新催化装置的设计中，集中了当时各个方面攻关的成果，设计了一套具有 20 世纪 80 年代水平的崭新的渣油催化裂化装置，开发了从工艺、催化剂到设备等多项新技术。不懈的攻关，

1986 年，赵伟凡（右一）在旧金山 AVON 炼油厂参观，并留影纪念

执着的追求，使这套装置开出了灿烂的花朵。1989年投入生产，运转良好，生焦率只有7.5%左右，比实验室10%的数据有大幅降低，达到了新的先进水平。随后，这套技术还被推广应用到济南、茂名、锦州等炼油厂，均取得了很好的效果，将渣油催化裂化技术水平又往前推进了一大步，达到了世界先进水平。

从20世纪七八十年代至今，赵伟凡醉心石油加工的研究和设计，不断带领团队在炼油技术上取得突破。他在国内外先后发表了20多篇学术论文和10多篇译著，成为国内知名的炼油专家。1983年发表的《流化催化裂化高效再生工艺的探讨》，1989年发表的《两段完全再生渣油催化裂化新工艺》，1993年发表的《流化催化裂化装置反应系统结焦问题的探讨》等论著都为国内外炼油技术发展提供了参考，2008年发表的《海南炼油厂总流程优化》得到好评。

1985年，赵伟凡工作照留影

其中，他主持的国家重大科技攻关项目——重油催化裂化技术，达到了当今世界炼油先进水平，并在全国炼油行业推广应用。这项技术不仅是国内首创，实际运转的指标要优于垄断这项技术的三家美国公司；也让中国挤进世界石油炼制工业先进行列。

经过半个多世纪的努力，我国石油化工行业从一片荒芜走向了锦绣满园。最新数据显示，截至2020年8月，中国的原油加工量已经达到6亿多万吨，同比增长20%左右。中国已经成为全球最大的炼油中心。IEA的《石油市场报告2019》称，2024年前，中国将超过美国成为全球炼油能力最大的国家。

强盛——科研不仅要解放思想，更要勇于坚持

多年来，赵伟凡在事业上孜孜以求，兢兢业业，把他的知识、智慧和心血倾注在他热爱的石化事业中。他获得过总公司级科技进步一等奖，两次国家级科技进步二等奖和一次一等奖，被授予"国家级有突出贡献的科技专家"称号，荣誉背后的辛苦却无人能感同身受。

2007年，退休前夕，他已经68岁了，但仍然坚持前往海南出差，完成他花甲之年最后一项任务：带领设计团队投入由中石化工程建设有限公司设计的具有当今最新水平的全氢型炼油厂的建设和投产。

"因为我的工作，我的家人受苦了。"谈及家人，赵伟凡的语气突然低沉，对妻子和儿女，他的内心有许多亏欠，军功章的殊荣，在攀登科学的道路上，做出牺牲的不只是本人，还有家人在背后默默地付出。

1965年，赵伟凡初次出差参加抚顺石油二厂催化装置开工时，会战最紧张的时候，一封电报紧紧地揪住了赵伟凡的心，小女儿因为患脑膜炎住进传染病医院，"让我尽快回去，可是那时候，大家都在没日没夜的工作，我根本开不了口，去请假。"赵伟凡一阵心酸，左右踱步，长叹了一口气："就苦了她吧。"便让妻子承担了这一切，这个时候，他也许更希望女儿能够平安，长大后能够理解自己的难处。

科研不仅要解放思想，科研也更要勇于坚持。成功的道路挫折不断，披荆斩棘中，即使所经所历让人惶恐不安，但内心的坚定与强有力的精神不容倒塌。

赵伟凡记忆里最深的是他的两位同事出现严重工伤事故，甚至有一位失去宝贵生命的难忘经历。一位是左手指被齿轮切断，三个指头鲜血染红了整个钢平台。令赵伟凡更感到敬佩的是，这位同事在北京做完手术之后，立马赶回了山东，投入了工作。

另一位不幸遇难的同事是在石家庄炼油厂工厂改造完成，处于催化裂化

装置进入试车阶段，赵伟凡与一位工人师傅正在加热炉旁边检查管道，装置热油内循环的时候，突然，加热炉一侧喷出一股通红的热油，当时赵伟凡的同事不幸被热油击中，在送往医院的途中，就去世了。

两次目击现场事故，一位带伤仍然坚持赴岗工作，一位年纪轻轻就这么走了，这些同甘苦共患难，流汗又流血的非凡经历，对赵伟凡产生了很大的震撼。

当我带着敬仰又诧异的语气问道："您害怕吗？"

赵伟凡坦言，并毫无掩饰："肯定害怕过，可是也从来没想过要离开石油这个行业。科学攀登的道路上，没有平坦的大道可以走。"

走出去——用实力争得国际认可

中国的石油化工业起步晚，且步履维艰。刚刚起步时，中国石油化工产业大量使用苏联技术；改革开放后，又长期使用垄断国际市场的欧美技术，鲁姆斯、Technip、S&W、KBR、林德等五大专利商在国内有稳定的市场份额。"买技术还是买外国的好，中国乙烯裂解和分离技术至少比外国落后15年。"曾经有一位德国技术代理商这样推销其代理的产品。

"中国技术有实力走出去，但是缺少成功的案例和信任。"2001年至2003年，赵伟凡与项目成员一起带着中国的石油技术来到伊朗。中国石化工程建设公司2003年在伊朗中标了伊朗炼厂改造总承包项目，内容包括600万吨/年德黑兰南炼厂、550万吨/年德黑兰北炼厂及500万吨/年大不里士炼厂三个老厂的改造以及新建30万立方米耐卡原油罐区及调和设施等。项目合同额为1.5亿美元，工期将近3年，这是中国向世界证明实力的机会。

伊朗是石油丰富的大国，但是炼油加工能力薄弱，自产汽油都满足不了市场需求。伊朗石油工业的建立和发展，一直受到国外公司的封锁和制裁。

伊朗现拥有9个炼油厂，大部分是20世纪70年代，采用美国技术，并由日本和韩国公司承包的。年代久远，工艺已经严重落后，产油品质差，且加工效率也不高。项目改造的中心内容就是"换油"。具体来讲，就是将现在这三个厂加工的优质原油替换下来，改用品质较为劣质的原油来自己加工。被替换下来的优质原油用于出售，价格较高，可获极大的经济效益。"因这两种原油性质上差别很大，炼油厂必须要有新的措施来解决劣质原油加工的新难题。"赵伟凡说。

由石油北京设计院和化工部化工设计院组成的中石化工程建设有限公司，经过这些年的磨炼，有着相当大的实力，来承接该项工程。牵涉到中国进入世界石化工程行业的重点问题。因此，公司抽调了各专业的技术骨干，成立项目组。

由于历史原因，伊朗对中国在技术和人力方面不太了解和信任，使工作进展很慢。在公司的支持下，项目组提出了解决办法。

为了让项目顺利进展下去，项目组将设计人员集中到伊朗炼油厂现场，

1989年12月，赵伟凡（右一）在Profimatics公司培训

与伊方直接沟通，现场设计、现场落实。"我和其他三位项目负责人带领100多位各专业人员在德黑兰连续工作了9个月，终于得到了伊方的信任与认可，项目终于成功得到了突破，能够顺利地进行下去。"

2006年，伊朗炼油厂改造项目全部如期竣工投产，获得伊方的极大赞赏。"之后，伊朗的几个石化大项目都给了我们，还吸引了中东和非洲地区国家多个项目，这迈出去的第一步，我们胜利了。"

1987年7月，赵伟凡荣获国家级科技进步一等奖留影纪念

2005年，中国石油集团总公司在非洲苏丹国找到并开采了大油田，同时要求建设一座炼油厂，加工能力每年250万吨，技术上要求轻质油收率高，建设成本低，整体水平要达到当今世界先进水平。"我所在的中国石化工程建设公司承接了此项目。我担任项目设计经理和总工程师，负责技术工作，这是我们在海外第一次从设计、采购、施工、投产全面负责的全厂性金钥匙工程。"

苏丹油气资源丰富，与石油富国沙特阿拉伯隔海相望。苏丹方地区物资匮乏，建设所用的一个阀门、一个仪表，都要从国内运来，或者到中东地区去购买。

在这样的困难条件下，有人抱怨，但是赵伟凡早就习惯了迎难而上，知难而进。"开弓没有回头箭，铁人王进喜说过，'有条件要上，没有条件创造条件也要上'。"赵伟凡首先抓着物资和器材的供给，解决资源问题，同时，他主动去找业主商量，并提出这个炼油厂的建设以采用中国自主开发的渣油催化裂化技术为核心，来进行全场的优化设计。从流程优化、产品收率和品质、公用工程的消耗、环境保护和资金投入等多方面问题，与业主沟通，让业主能理解中国技术的优势。当业主提出要请法国道达尔公司在巴黎进行技术审查时，赵伟凡自信地答应了。最终，这个技术方案得到了顺利通过，业主也同意了赵伟凡的建议，这个方案产品收率、经济效益都非常显著。

苏丹炼油厂投入运营后，多国总统来到实地参观，随后，非洲多个国家相继与中方签订合同。"我们走出去了，与世界大工程公司比高低的时代开始了。"讲到这里，赵伟凡胸有成竹，满面自豪地说："中国毫不逊色。"

1998年12月，赵伟凡在美国芝加哥炼油厂参观留影

2000年，赵伟凡在美国洛杉矶烃加工研究所工作留影

在中国石化走出去的过程中，20多年在非洲就累计权益投资达800亿美元以上，形成了北非、西非（含中非）和东非石油项目集群，形成了年产1.1亿多吨左右的原油生产能力，开拓出一个前景广阔的海外原油市场。

一位苏丹高层政府管理官员评价："苏丹石油开发，贡献最大的是中国。"这份高度赞扬的背后，留下的是像赵伟凡这样无数石油人拼搏与奋斗的汗水。

结语："工匠精神"——传承与发展的精神源泉

"远者为缘"，这种无形的连接陪伴赵伟凡与石油事业走过了40载情怀，在石油和石化设计岗位上辛勤耕耘40多个春秋。

这位老人参加了第一套流化催化裂化（60万吨/年）装置和第一套120万吨/年（翻了一倍）的两套装置的工作。

他负责设计的催化裂化装置有很多套，例如：燕山石化、大连石化、茂名石化、胜利石化、石家庄石化等都取得了很好地成绩，尤其是国家科委要求的攻关项目渣油催化裂化装置获得了极大的成功，荣获了国家级科技进步一等奖。他负责研究推广的节能课题由于满足了市场需求又获得了国家级科技进步二等奖。海南炼油厂总流程优化的是渣油加氢道路，突破了西方对此技术的垄断，再次获得国家科技进步二等奖。他三次获得国家级科技和工程领域的最高奖项。

40多年的工作沉浮留下太多不舍和眷恋，赵伟凡更是新中国石化工业发展进程的亲历者。如今的赵伟凡已81岁高龄，但他仍然清晰地记着随着时光走过的足迹，那些奋斗不息的日日夜夜，那些埋头苦干的点点滴滴，那些用汗水和心血换来的光环，已经渐渐过去了。

中石化大家庭提供的机遇和支持，赵伟凡是倍感幸运与感谢的，他一生殊荣更感激于党和国家的重视与培养，感激于父母的养育和亲友的支持。

1989年10月，赵伟凡与其夫人卜亚苓合影留念

"我这辈子没有偷过懒,一辈子两袖清风,不奢求多富贵多奢华的生活,只希望一辈子平平淡淡,健健康康,现在我很喜欢在燕达养护中心安享晚年。看到年轻的一代都成长起来了,都成为国家各个行业各个部门的栋梁与精英,我为他们感到骄傲与自豪。而我这辈子唯一感到愧疚的是我的老伴儿,她这辈子真的很辛苦。"

文 / 魏昕悦　刘博

农业改革

人 · 物 · 简 · 介

徐家炳，1940年7月出生，江苏省南京市人，中共党员。1963年毕业于南京农学院，1970年进入北京市农林科学院蔬菜研究中心工作。曾任北京市农林科学院蔬菜研究中心党总支副书记、学术委员会委员、研究室主任；全国"八五""九五"攻关白菜专题主持人；中国园艺学会十字花科分会副会长、全国植物新品种测试标准化技术委员会委员、国家科学技术奖评审专家。1991年获"北京市有突出贡献的专家"；1992年获国家特殊津贴；1996年由于在国家"八五"科技攻关中做出了突出贡献，被国家计委、科委、财政部评为先进个人；1998年被北京市和全国总工会授予首都和全国"五一劳动奖章"。

徐家炳

四十载苦心灌溉　成就"白菜王国"
——记原北京市农林科学院蔬菜研究中心研究员徐家炳

"乾隆白菜"是一道颇受欢迎的北方凉菜，"白菜炖粉条"是北方常见的炖菜，白菜馅儿饺子更是北方餐桌上的"霸主"。一棵大白菜造就了多种多样的美食。而它成长的背后，却有着几代育种人默默地耕耘。在燕达居住的 80 岁的老人家徐家炳就是曾经的育种人之一。或者，可以称他为京郊大白菜的"当家人"，他与北京市农林科学院蔬菜研究中心的同事们一起打下了京郊大白菜的"江山"。

回看徐家炳一生，避不开的话题就是"大白菜"，他耗费四十载心血，让北京市民不再为"当家菜"而忧心。徐家炳等一代又一代北京蔬菜研究中心育种人选育的大白菜新品种，在生产应用后深受广大菜农欢迎，多年来，大白菜新品种在北京地区的推广面积占栽培面积的 90% 以上，对大白菜的丰、稳产、蔬菜周年供应、保证淡季蔬菜供应、稳定菜价等做出了重大贡献。

家庭的正能量影响

徐家炳祖籍在江苏南京，祖上三代均为云锦织缎手工工人，家境贫寒。他的父亲幼年丧母，倍受继母的冷眼与虐待，儿时曾因饥饿难忍拣食撮箕中的弃食，却遭到继母暴行用铁锅铲伤击头部。在凄凉无助的情况下，徐家炳的父亲得到了当地慈善机构——"苦儿院"的收留。

父亲天资聪慧、好学，不仅接受了"苦儿院"的初等教育，还学会了不少手工技能，如用藤条编制精美的花篮、藤椅、藤床、茶几等，并对书法、绘画产生了浓厚的兴趣，曾旁听过中央大学绘画大师徐悲鸿先生的讲课。此后，父亲成为一名老师，坚持天天徒步奔走于南京的城北与城南之间，执教近40年，养育着徐家炳兄弟姐妹5人。童年的徐家炳家境贫寒，但父母却克服种种困难，节衣缩食坚持让每一个子女能读上书。

抗战期间南京伦陷，在日军逼近南京前夕，徐家炳全家被迫逃难于苏北泰州农村，一路上躲过日本飞机的狂轰滥炸，又逃脱了土匪的抢劫，一年后才重返南京。当时，为了帮助减轻家庭负担，15岁的大哥毅然辍学，经介绍到南京一家日本洋行当杂役长达3年。"为了生存，只能忍辱负重，暗自流泪而不敢向双亲吐露真情。日本投降后，大哥才重新开始在金陵中学继续求学。大姐也是先后中断学业，外出工作贴补家庭开支。"徐家炳每次回忆这一切，就从内心崇拜和感激父母和大哥、大姐。

新中国成立后在党的关怀下，徐家炳兄妹五人都先后都接受了高等教育，并成为国家的栋梁之材。大哥先后在金陵大学、南京林业大学学习，毕业后在中国林业科学研究院工作，以后在南京林业大学任教；二哥从哈尔滨军事工程学院毕业后，先后在兰州部队和南京军事科研单位工作；大姐毕业于南京师范学院，一直从事中学教育事业；二姐毕业于南京农学院，分配在江苏农科院工作。"我在南京农学院毕业以后，先后在中国农业科学院和北京市农林科学院从事科研工作。"徐家炳说，"父母艰难刻苦的经历和清贫的家庭生活，对我的教育以及哥姐的影响，对我的成长和人生观的建立都非常有益。"

与白菜"结缘"

在燕达养护中心徐家炳家中，还养着各种各样的植物，直到现在，他还保留着"育种人"对植物的钟爱。说起过去工作的故事，徐家炳首先就提到的是"大白菜"。

老人们都记忆深刻，大白菜是北方地区市民冬春季节的"当家菜"。在人民生活水平较低菜篮子种类贫乏的年代，一些家庭会靠大白菜撑过一个漫长的冬春。大白菜营养丰富，价格便宜，又比较容易储存，这些优点自然让普通家庭"爱不释手"。但是，在20世纪六七十年代，北京大白菜地方品种存在品种混杂退化、抗病性弱、产量极不稳定等问题。遇到灾害年份，大白菜损失惨重、供不应求，此问题与千家万户的生活息息相关，市民常常为此而感到忐忑不安。"我记得当时几乎每年11月初大白菜收获季节，菜店门口都会排着长龙般的队伍，在凛冽的寒风中老百姓一等就要好几个小时，就是为了买到300—500斤大白菜，遇到歉收的灾年，不但菜的质量不好还要限量供应。"那时，刚刚到北京工作的徐家炳看到这些常感到不安，他暗自下定决心，一定要让这牵动老百姓喜乐的当家菜丰产、稳产，让老百姓不再为菜篮子"忧心"。

在中央和北京各级领导的关怀下，北京蔬菜研究中心1971年确立了大白菜育种研究课题，徐家炳的"缘分"就这么开始了。

早些年，科研条件比较落后，对于育种资源的收集和保留也相对滞后。"寻找用于杂交的父本和母本优良亲本材料是一项艰巨的任务。"徐家炳与同事们，除采取常规选育方法外还采用远缘杂交和群体改良的方法，打破现有基因连锁，丰富创新亲本材料。那段日子里，徐家炳和同事们每年春季都要做400

至 500 株老株以及 800 至 1000 株小株的授粉工作，到了夏天要把 1000 多份材料分别脱粒、考种、装袋、登记；而秋天是播种的季节，总计的播种面积达到 15 亩。这期间，徐家炳和同事们还要观察鉴定 200 到 300 个组合、300 份左右材料，并利用十几个大中小棚试配和繁殖 30 多个组合和亲本材料。

春天是一切工作的基础，也是育种者最繁忙和最紧张的季节。徐家炳习惯提前来到白菜的温室，把授粉需要的镊子、托盘、纸牌、套袋等工具为同事们准备好，然后才开始自己的工作。温室里气温高，他经常干到两眼发花，汗流浃背。而室内外的大温差，也导致他经常感冒，即使这样，徐家炳仍然坚持带病工作。尤其到了每年 4 月和 5 月的授粉旺季，徐家炳为了抢时间，在大棚里一待就是一天，累的腰都直不起来，甚至节假日，他也"舍不得"离开大棚。每一个美好结果的背后，都有着数不尽的故事。

经过多年努力，徐家炳用优质的亲本材料反复进行杂交评比，终于培育出优质、抗病、丰产的大白菜新品种。1975 年，京郊大白菜病毒病流行，徐家炳所在的白菜育种课题组通过杂交优势利用这一先进育种技术，先后推出了第一批大白菜杂交种——北京 4 号、26 号、88 号、97 号和北京 106 号等，这些品种在抗病增产上显示出一代杂种的巨大优势和生命力。

脚下的荆棘只有亲历者才能体会到。"为我们的大白菜育种工作打开新局面的是'北京新一号'。"徐家炳回忆。1983 年，一场来势汹涌的大白菜病毒病又袭击了北京的大白菜。那时候，站在菜田边，放眼望去，一片"锈迹斑斑"，原本应该绿油油的叶子都变黄了，死烂成片所剩无几，白菜课题组的对照田里的大白菜确显示出另一番生机盎然的景象。徐家炳和同事们难以抑制心中的喜悦，他们将这一品种命名为"北京新一号"。"北京新一号"扛过了重灾年病毒病的危害，这意味着北京市大白菜市场"有救了"。

"北京新一号"叠包、坚实、闪着翠玉色光泽。此后五年，徐家炳与同事们辛勤选育和推广。1985 年，"北京新一号"的种植面积仅有 200 亩，1989 年上升到 8 万亩，5 年增加了 100 倍。如果按照每亩增产值 150 元计算，

1989年增产效益达1200万元。

"育种目标来自于需求，随市场的需要变化而改变，所以育种者要经常关注和研究市场的变化及趋势，只有紧紧抓住这一关才能立于不败之地。"徐家炳介绍，大白菜在育种过程中育种目标就经历了多次变化，20世纪60—70年代，当时中国正处于大白菜育种初期，所以育种目标仅定为"抗病、丰产"；随着人民生活水平的日益提高，育种目标升级为"优质、抗病、丰产"；在病害不断发展后，又提升为"优质、多抗、丰产"的更高目标。

20世纪80年代左右，北京菜市场上的大白菜品种类型比较单一。1982年，徐家炳担任课题主持人后，他又"动起了心思"，根据市场需求及课题的长远发展规划，想给北京市民的餐桌上增资添色。他进一步提出了培育优质、多抗、丰产、类型多样、具有生熟食等不同特色的早、中、晚熟"系列配套品种"这一前瞻性目标。他的最终目标是立足北京，面向全国，力争打入世界市场。

他与同事们一起，利用选育和创新的亲本材料，经过多年的不懈努力和奋斗终于培育出生长期从45天至90天的系列配套新品种。这些品种分为早、中、晚熟三类，其中，早熟的品种能春种，也能秋种，而且除了高海拔的西藏和青海以外，几乎全国均可种植。而中熟和晚熟品种在华北、西北等地非常受到农民的喜爱，并得到了广泛的推广。"有了这些品种，京郊的大白菜就可以实现分期播种，分次采收，保证全年稳定、均衡的蔬菜供应。"徐家炳说。

在当时，徐家炳与同事们的成功并不仅是丰富了北京蔬菜市场，满足了淡季蔬菜的需求，也支援了兄弟省市大白菜的生产和供应。据不完全统计，1986年至1998年，徐家炳所培育的大白菜系列配套品种总计推广面积达到1380多万亩，覆盖了全国28个省市自治区，100多个大中城市，创造了经济效益26.4亿元。此后部分大白菜品种或产品还走出了国门，被推广到日本、欧洲和东南亚。

40 年的奋斗，每一个大白菜新品种的出现，对于徐家炳而言，就像是多了一个呱呱坠地"孩子"。说起"孩子们"，徐家炳如数家珍："衡量一个优良品种就看它的生命力、是否能得到菜农和市民的认可、是否能持续占领市场，我们所推广的'小杂 56 号'曾经是全国最早推出的大白菜一代杂种，也是全国推广面积最大的早熟品种，从 20 世纪 70 年代推广至今，在南方还有一定种植面积；'北京 106 号'的推出也因为品质较好、丰产、较抗病符合北京市民的消费习惯，一经推出就成为北京市主栽品种，在北京市推广了近 20 年；1992 年所推出的中晚熟新品种'北京新三号'由于品质好、抗病、丰产、耐贮运，所以不但成为北京市秋季大白菜主栽品种，而且辐射到全国多个省市，成为北菜南运和南菜北调的重要栽培品种，此品种经久不衰，虽已推广应用了近 30 年，至今仍为北京市和华北等地区的主栽品种，产生了较大的经济效益和社会效益。"

与老天爷"较劲儿"

徐家炳常常觉得，培育大白菜新品种，是一个与老天爷"较劲儿"的过程。那时候的他们，就是要"战天斗地"，向大自然"索要"大白菜的产量。

20 世纪 70 年代初期，在全国广泛种植的大白菜以地方品种为主，并引进山东品种，北京纬度相对较高，在种植环境上属于干旱少雨的大陆性生态条件，所以地方品种和山东品种在苗期或莲座期就会因为感染病毒等病害而死亡，因此生产上造成严重损失。培育出适合于北方地区的高抗病毒品种迫在眉睫，该研究项目从一开始就制定了以抗病丰产为主导的育种目标，这个目标后来在全国攻关中得到确定并发展，对全国大白菜育种事业起了重大作用。

"育种是在不断和大自然做斗争，坦白来说，育种工作是一项复杂、艰难而琐碎、枯燥的工作。"徐家炳说，在做大白菜新品种培育前，他第一步做的就是了解大白菜的背景和栽培知识，他把这个过程称作"和大白菜建立'感情'"。

徐家炳从一开始就潜心学习前辈专家的有关论著、充分了解前人的经验、论述及成果，以便学习、消化和吸收，通过考查、栽培、观察、调查深刻了解该蔬菜的植物学、生物学特性，生态特点、资源状况及分布等。徐家炳说："只有对大白菜掌握其优良的栽培技术，才可以说对白菜有了真正的发言权，才算和白菜建立了初步感情、取得了研究资格，只有所种植的白菜充分体现其最佳特性，才能谈得上进一步开展研究工作。"

为了让优良的大白菜新品种早日问世，徐家炳和同事们还千方百计地寻根溯源，搜集国内外资源材料，从中精心挑选和创新有"一技之长"的父本和母本。"资源是育种工作的基本源泉，优质的父本和母本越多，才越有可能培育出优良的新品种。"

大白菜就起源于中国，是中国特产蔬菜，又称白菜、黄芽菜。新石器时代的西安半坡原始村落遗址中，早发现有类似白菜的种子。这类蔬菜在古代称为菾，是一种根和叶都可以食用的蔬菜，可以说是当今大白菜的祖先。进入唐代，白菜类蔬菜又被叫作"菘"，北宋苏东坡有"白菘类羔豚，冒土出熊蹯"的诗句。明朝《群芳谱》有"花心大白菜"的记载，称为黄芽菜。到了清代，大白菜栽培已经非常普遍，而且有了著名的大白菜产区。顺治十六年（1659 年）河南省《柞城县志》记载："白菜有数种，茎叶宽白者尤美，俗谓之黄芽白。"

因此，大白菜在中国诸多省市都有丰富的资源，这些资源就是徐家炳育种的"宝库"。不同地区的大白菜包含了众多基因，这是我国劳动人民在不同生态条件下通过漫长自然和人为的栽培汰选工作，形成了各具特色的地方品种，这些品种同化了当地生态条件和食用习惯。徐家炳与同事们开始一起搜集、观察和研究各类大白菜品种资源。据统计，从 1981 年至 1987 年，已经有 1634 份大白菜资源贮存到国家种子资源库长期保存。北京蔬菜研究中心在创建大白菜研究课题组后，也先后搜集到 300 余份大白菜资源，贮存进入中心的种子资源库。

为了给不同的大白菜品种巧牵红线，使之取长补短，生出集"父母"优点于一身的"菜宝宝"。徐家炳每年都要当 300 对亲本的"红娘"，每当白菜花香的时候，徐家炳带着大伙像蜜蜂一样孜孜不倦地穿梭在白菜花间忙碌。春天授粉，夏天收籽，秋季播种观察调查，冬季还有保护地工作，年复一年。而得到一个稳定的优质亲本和一代杂种，往往需要经历 7 代，也就是七个漫长年头。

在育种方向和路线的确立上，徐家炳与同事们也做了一番深度考量。

育种初期，他们查找了国内外有关资料，当时在世界上为了保护国家和育种者的权利和利益广为采用一代杂种技术，此技术培育的品种具有整齐、抗病、丰产等特点适合中国育种和市场需求。"但这个技术有两条途径可选择，即'自交不亲和'和'雄性不育'，这两条途径各有利弊，经过反复思考和研究最后还是选择了比较适合我国国情'自交不亲和'途径。"徐家炳说，因为这条途经比较简便易行，见效较快，一旦培育成功采种对双亲均可采收种子，所以种子产量较高，相应成本较低，适合我国市场销售水平。雄性不育途径虽然能获得 100% 的一代杂种，但育种难度较大且采种量较低，所以一旦育成价格会很贵，不适合当时我国国情。"事实说明这一选择是极其明智的，不但我们取得了较出色的成果。兄弟育种单位采用后也相当成功。"

1972 年到 2012 年，整整 40 年间，北京市蔬菜研究中心白菜遗传育种课题不断将优质、抗病、丰产、耐贮藏的大白菜品种送上老百姓的餐桌。据报道，中国先后育成的白菜已经有 1000 多个品种，仅在北京地区就先后育成 200 多个，不夸张地讲，北京市民吃的大白菜品种中，超过八成是由徐家炳所在的白菜课题组培育出来的。现在，北京市大白菜不仅实现了稳产丰产，不同季节、不同类型、不同大小和色彩的白菜品种多种多样，吃起来的口感也越来越好，营养也更加丰富，这场和老天爷"较劲儿"的行动，徐家炳赢了。

给老百姓带来口福

"作为育种人,当课题组攻克了丰、稳产难题后,就想着多些花样,希望让老百姓不仅能吃上大白菜,还要吃上品质好、营养价值高的大白菜。""北京橘红心"就是徐家炳带领的白菜课题向市民献上的一份"厚礼",它是大白菜中的特菜。叶球叠抱呈橘黄色,采收后,经过储藏,可供应至次年的二三月份。"橘红心切开以后,橘黄色的菜心,在阳光照射下渐渐由橘黄变为橘红色。"徐家炳说,北京橘红心是蔬菜研究中心培育成功的中熟一代杂种,由于20世纪80年代引进的日本橘红心品种在北京地区不抗病毒病,专家们用其与国内抗病性能好的大白菜材料进行杂交改造,经过多代筛选后,又采用游离小孢子先进技术进行选育,最终培育成国产的橘红心一代杂种。经鉴定在营养价值上,其含水量、中性纤维含量较低,有机和无机营养元素均超过现有大白菜平均值,其中有机元素中的维生素C和β胡萝卜素含量排第一位,无机元素中钾、磷、铁、锰排第一位,它在大白菜中营养价值最高。

"虽然不断满足老百姓的需求,对市场的需要做出回应,非常难,但如果选择了育种这条路,就已经做好了心理准备。"徐家炳道出了一个老育种人的觉悟,他坦言,这种迎难而上的精神,也是年轻育种人该学习的。

数十载,徐家炳与白菜课题组的同事们就是靠着这种精神,让大白菜的许多新品种不仅成了京城当家菜中的生力军,而且列队摆上了全国各地居民的餐桌。在种植特性上,早熟大白菜要求"抗热、耐湿、抗软腐病";春季品种要求"抗病毒病、耐寒、晚抽薹";秋季品种要求"优质、丰产、耐贮运"。在品种大小、形状上,白菜从"大型品种"向"中小型品种"发展,相应出现了娃娃菜、快菜等品种;在色彩和营养方面,北京橘红心之后,又出现了黄心、紫色大白菜。

"所以前进和变化永无止境。"徐家炳说,"当我们实力增强以后,要进一步拓宽了我们的思路,我们觉得作为首都的科研单位应该为首都人民服务的同时，还可以为其他省市力所能及做更多更大的贡献，'系列配套'的育种目标，拓宽了育种工作范围，对挖掘资源潜力，开拓市场均起到很大作用。"

二代"当家人"

由于徐家炳在大白菜领域的突出贡献，许多人都称呼他为京郊大白菜的"当家人"。"所有的工作都是在前辈的基础上，才有所发展的，为北京市大白菜事业做出贡献的第一代人不是我，我只能算是二代。"徐家炳说，他非常感谢老一辈为他留下的经验和资源。

2006年秋离世的陶国华研究员是我国老一辈大白菜栽培育种专家，同时也是北京蔬菜中心白菜组开创人之一，陶国华早在20世纪50年代曾研究过大白菜的栽培和病害的防治，她为大白菜杂种优势利用做了开创性工作。

1972年大白菜育种课题创建时，陶国华就带领我们一起研究制定了正确的育种研究路线和方法。她以身作则、平易近人，在漫长、平凡而艰巨的育种工作中不管是田间管理、调查或温室授粉，她都和大家一起同甘共苦、不辞辛苦、顽强拼搏逐步使我们课题组形成了一个老中青相结合的团队。

1982年，徐家炳在接班后也非常注意发挥组内同事们的积极性和创造性，组内重要问题，一起商讨研究，具体工作各负其责。早些年，抗病性鉴定实验条件不够，他和同事们想方设法，亲自动手改造温室和完善试验设施。"所以我们后来所取得的成绩和这个团队的建立、基础工作及所继承的传统作风密不可分。"

作为二代"当家人"，徐家炳深深懂得，"育种工作是一个系统工程，涉及方方面面，我们应该充分认识到个人和一个小集体的知识、精力和能力是有限的，要想多快好省的出成果需要团结一切可以团结的力量开展大协作。"

在蔬菜研究中心，他开创了跨部门合作、协作的先例。最早，白菜组曾经先后与院内植保、养蜂所合作，开展抗病性鉴定和利用蜜蜂授粉，进行新组合及大量繁殖亲本材料的研究。此后的育种过程中，白菜课题组坚持与中心营养品质研究室、生物技术研究室、种子鉴定室、资源保存研究室、贮藏研究室等密切合作，通过交流和协作提高整体育种水平，对攻克一些科技上共同存在的重大问题，对课题的推动和进展起了很大作用。

徐家炳的一颗惜才之心，也为白菜课题组留下了第三代"接班人"——张凤兰。1987年，张凤兰从江苏农学院硕士毕业以后，来到了北京市农林科学院，刚开始被分配到蔬菜研究中心的白菜课题组实习。徐家炳看到张凤兰聪明、勤奋、踏实又肯吃苦，于是对她讲："白菜育种研究需要年轻人，你就留在这里吧。"张凤兰就这样被徐家炳带进了"白菜王国"。

徐家炳的科研态度对张凤兰影响很大。进入白菜课题组后，张凤兰"混迹"实验室和试验田，潜心育种，乐于实践。3年后，张凤兰被派往日本农林水产省野菜茶叶试验场进修十字花科蔬菜遗传育种。1999年，她在日本博士毕业。"留在日本还是回国工作？"张凤兰在犹豫。在此期间，徐家炳经常与张凤兰书信交流，张凤兰被徐家炳在信中的殷切话语所打动，又联想起了出国的初衷，于是婉拒了导师留她做博士后的邀请，坚定地带着年幼的女儿，告别还在日本求学的丈夫，回国了。后来，张凤兰从徐家炳手中接过白菜育种家的"接力棒"，成长为北京市农林科学院大白菜育种课题组的第三代"掌门"，那一年，她刚刚35岁。此后，她始终以前辈为榜样，在白菜育种领域奋战了30余年。

三次"当农民"

"育种人很苦。"徐家炳曾多次提及。

"为什么能一直坚持下来？"面对这一发问，徐家炳道出了自己三次"当农民"的深刻经历。

徐家炳1963年毕业于南京农学院，四年的大学生活，不仅为他奠定了农业领域的知识基础,也是在大学,他第一次体验到农业生产的艰辛。"'粒粒皆辛苦'的真实含意,只有当过农民才体会深刻。"徐家炳说。

在当时的农学院,校方认为农业院校首先要了解农村。南京农学院规定每个学生在三年级都要经历一次到农村劳动实习期,当时又称它为"下放"。简而言之,就是学生完全住到农村中,与农民同甘共苦,一起干农活。

"我当时去了南京的远郊区,一个叫溧水的地方。其实,在学校上学以前,完全没有这个思想准备。"20 世纪 60 年代的溧水条件十分艰苦,而在此之前,徐家炳出身于城市完全没有接触过农村生产劳动,双肩连扁担都没有碰过,下放到溧水后,他却要和农民一起下水田插秧。

溧水虽然在江南,但 3 月份的早春仍然比较冷。参加劳动的同学们都穿着棉袄赤着双脚在冰冷的水田中干活。在泥泞的水田中,徐家炳举步维艰,很不习惯,一边适应秧田的环境,一边跟着老农们学插秧。"老农民们插得既稳又快而且插得整整齐齐,那时候才觉得在农村自己要学习的东西多着呢。"

到溧水没多久,徐家炳就开始皮肤过敏,腿只要一接触到冰冷的泥水就开始起荨麻疹。"接触到哪里,就起到哪里,紧接着就开始发烧,这时候我深深感到,干农活是真的艰苦,农民长年累月都从事于这样艰苦的劳作,所以农民都是好样的。"

1963 年,徐家炳从农学院毕业,分配到中国农科院蔬菜所工作。在这里,他又经历了一年的生产劳动实习,实习地点是北京东郊农场(中阿公社)可以说这是第二次当农民,可喜的是这次安排在蔬菜队,可以密切结合蔬菜专业进行实践研究。

接触种蔬菜以后才真正了解到种蔬菜真的不容易,因为品类多、过程复杂、技术性强。由于北京的气候特点是冬春季低温时间较长,夏季干旱炎热,最适合种植蔬菜的时间并不长,为了充分利用这段黄金生长季节必须采取育苗技术,首先要打育苗的阳畦,然后根据不同蔬菜生长期的长短进行分期播种,以后要在不同苗期、不同天气下、日照的长短采取不同的管理方法,最后才能育出健康而茁壮的幼苗，在育苗的每一个环节菜农们都是兢兢业业、一丝不苟，因为一旦出了问题就会影响一年的计划和收入。

再如打阳畦看似简单，其实真正打好真不容易，首先在3月份，北方土层充分解冻后就需要先灌一次大水，待土壤水分合适时进行操作，按1.5米宽4米长划好线然后开挖，先把表土取出放在一边准备回填，再把下面的土有序填于坑的周围形成30厘米宽的土墙，为了采光后墙要高，前墙较低；然后用一种短把的"拍铲"拍得既光溜又结实，完成以后再把表土回到阳畦中。此后还要进行畦土的多次翻晒，后墙还要用玉米秆、稻草等立上一排风障以备使用，这一切既是力气活也是技术活。

还有蔬菜的管理也是很艰苦复杂，蔬菜的蹲活、弯腰活比较多，像种耕除草一干就是一天，蹲得腰酸背痛腿抽筋，常常站起来两眼发黑。为了防止西红柿徒长，打杈也需多次进行，虽然活不重但弯腰多而且比较脏，操作的

2005年，徐家炳在北京市蔬菜研究中心温室调查纪录

双手和衣服染成的黄褐色很难洗掉。

蔬菜地的重活也不少，翻地、打垅、盖阳畦、背蒲席等，一个蒲席有100多斤，背着走很难走稳，但是看到年纪比我们大的师傅们都背，我们年轻人更不甘落后，一咬牙也就完成了。

参加了"四清运动"。等于是上了一年的社会大学，"四清运动"是指1963年至1966年上半年，中共中央在全国城乡开展的社会主义教育运动，前期在农村中"清工分，清账目，清仓库和清财物"，后期在城乡中"清思想，清政治，清组织和清经济"。"四清运动"开展之时，正是中国处于严重的经济困难时期。

"为期一年的'四清'我被分配到贵州，60年代初的贵州农村生活条件异常艰苦。"当时贵州流传着一段顺口溜："天无三日晴，地无三里平，人无三分银。"贵州的山多石头多可耕地少，少数民族多，许多人都无法解决温饱问题，在农村尤为严重，有的农民出门前，家人之间要互相换着衣服穿，用"穷山恶水""衣不蔽体"来形容也不为过。徐家炳在贵州又坦然的当起了农民，有了前二次的经验，这次条件虽然更艰苦，但是他游刃有余。

三次与农民的近距离接触，让徐家炳对农业产生了与生俱来的亲近感。"农民都是最可爱的人，而我们从事于农业的人就是要为他们服务。"徐家炳说。劳动生产实习是理论联系实践的尝试，从中也学会了蔬菜从种到收的各项农活。而参与"四清运动"，让他进一步了解到中国还有那么多落后贫困地区，同时也感受到农民的疾苦和质朴。"这些经历虽然吃了一些苦，但身心得到锻炼受益匪浅，使我真正了解了农村，学到了许多实践知识和社会知识，进一步树立了专业思想和投身为农业科研服务一辈子的决心。"

此后，徐家炳先后历任北京市农林科学院蔬菜研究中心党总支副书记、学术委员会委员、研究室主任、全国"八五""九五"攻关白菜专题主持人、中国园艺学会十字花科分会副会长、全国植物新品种测试标准化技术委员会

2006年,徐家炳在北京市蔬菜研究中心田间授粉留影

委员、国家科学技术奖评审专家。

潜心大白菜领域攻坚,徐家炳也先后获各级科技成果奖30多项,其中获国家级奖3项、部市级奖12项、国家发明专利二项。1990年"大白菜配套品种的选育"获北京市科技进步一等奖,1992年"大白菜早、中、晚熟配套品种的推广"获北京市科技推广一等奖,1997年"大白菜系列配套品种的选育与推广"获国家科技进步二等奖。此外,徐家炳在专业学术刊物上发表和参与撰写论文50多篇,主持和参与《二十一世纪中国农业科技展望》《中国主要蔬菜育种进展》《中国传统蔬菜图谱》《中国大白菜图鉴》等8本著作的撰写。

无论身份如何变化,徐家炳始终没有忘记育种人的初心。而命运也不会辜负任何一个努力和执着的人,一分耕耘一分收获。1991年,徐家炳获得"北京市有突出贡献的专家";1992年,荣获国家特殊津贴;1996年,由于在国家"八五"科技攻关中做出了突出贡献,被国家计委、科委、财政部评为先

徐家炳获得的部分荣誉奖章

进个人；1998 年，被北京市和全国总工会授予首都和全国"五一劳动奖章"；2019 年，他荣获"国家七一纪念章"。

为育种工作"留财富"

2000 年，徐家炳到了退休的年龄，却没有直接退居二线，而是接受返聘，一直工作到 2012 年，完全退休。即使到现在，他仍然心系育种工作，并为后继育种人留下了许多经验。

在返聘的最后几年中，徐家炳和在北京研究大白菜的退休老专家共同商讨目前中国还缺乏一本论述大白菜综合性专著，把中国大白菜多年研究成果和我们手头上积累的有关资料、照片、经验和体会综合系统撰写出来，为中国大白菜育种者和大白菜事业留点东西,设想提出后得到他们的全力支持与帮助,经过近五年的努力,在课题组的大力协助下《中国大白菜图鉴》终于出版问世,真正完成了老专家们共同心愿。

平平淡淡走进金婚

说到生活,徐家炳的话就少了很多,不像聊育种事业时那样侃侃而谈。"在那个年代,人们思想似乎很单纯,都是一门心思放在工作上,两个人合得来,又同是江苏人相处一段互相觉得不错,又有共同兴趣爱好不久就结婚了。"徐家炳笑了起来。

徐家炳与妻子沈季孟同在农科院工作,平时在一个大院里却很少相见,因为他俩都爱好文艺,参加了文艺宣传活动,把两个人牵在了一起。"爷爷当时是指挥,奶奶是说唱和表演,然后一起排练,练着练着就熟悉了呗。"沈季孟也大声笑了起来,就在两人相互对视中,流露出来的相濡以沫着实让人羡慕。

在妻子沈季孟眼中,初见时,徐家炳是个性格温和、多才多艺的"帅小伙"。从1969年结为连理,两个人携手走过了金婚,如今又是一对嘻嘻哈哈的"老小孩",共同的兴趣喜好还是没有变。谈及"浪漫的爱情故事",夫妻二人异口同声地说"没有"。沈季孟说:"两个人之间没有特别的浪漫,年轻的时候都是响应祖国号召,听从组织需要和安排,认真工作,但是彼此之间都能相互理解,工作事业上互相鼓励和支持,和睦相处。"多年来,对于徐家炳"沉迷"于工作,沈季孟从没有抱怨过,并在工作和事业的关键时刻给徐家炳提出一些中肯的意见和建议,就这样两人并肩前行走过了风风雨雨。

沈季孟说,同为农科院的科研工作者,她深深了解育种人的辛苦。早些年,沈季孟体质较差,又因为工作累坏了身体,在36岁就得了类风湿病。"在那个年代,搞科研的工人都很少,农活都是自己干,我们夫妻两个都是这么一

徐家炳获得的部分获奖证书

徐家炳获得的部分品种审定证书

2010年,徐家炳和爱人沈季孟、女儿徐晶的合影

步步走过来的。"

现在,沈季孟78岁,徐家炳80岁,岁月虽然在身体、相貌上留下了痕迹,如今,病痛也经常在折磨着二老,但两位老人的心态却如年轻人一般。"我是O型血,O型血的人都乐观。"交流中,沈季孟意外地用比较前卫的"血型说"来解释自己乐观的心态,还称"女儿也是O型血,随我。"

而此时,在性格开朗的妻子沈季孟面前,徐家炳默契地看着妻子,不讲话,只是浅浅的笑着。这或许,就是携手走过几十年风雨,夫妻之间最好的默契。

结语:琐碎之中见"真功"

育种工作平凡、枯燥而琐碎。但正是依靠这些看似简单的调查、总结、分析才能全面而真实的认识了解每个材料的特点和规律,只有通过认真、细

2019年,徐家炳和沈季孟夫妇参与录制央视《乐龄唱响》节目时合影

致的授粉和田间鉴定、对比和汰选工作才能一代又一代定向选育出优良的亲本材料和出色的一代杂种。

"定向培育亲本、制定杂交计划以及调查汰选工作是育种者极其重要的三件工作,但是这三项工作看似简单,要完成好却要投入大量辛劳、智慧和汗水,才充分体现了育种者经验、能力、技术的综合能力和水平,尤其是汰选工作往往是育种者成败的关键。"采访中,徐家炳一字一句说出育种工作的真谛,在长期育种工作中,育种者如果不下苦功,不多熟悉材料,多看、多思考、多实践,就很难积累丰富的经验和练就对育种工作的掌控能力。

文 / 魏昕悦

人 · 物 · 简 · 介

  缪建平，1937年6月生人，83岁，江苏常州人，2018年在国家农业农村部退休；是中国合作经济学会第三届理事会的副会长兼秘书长。1999年，缪建平退居二线，但是这并没有切断他与农业的锁链。退休后的他，没有了领导的职责，开始潜心于中国"三农"政策研究。

  退休前长期在国家农业农村部工作，高级农经师；曾任农业部办公厅主任、农业部农村经济研究中心主任；长期从事农村改革、农业发展宏观政策、规划研究，参与重要文件的调研写作工作，是资深的农业经济管理方面的专家，享受国务院特殊津贴的农业经济专家。主要贡献撰写《我国农村改革四十年取得了历史性巨大成就——回顾与展望》。

缪建平

与中国农村改革共成长
——记原农业部农村经济研究中心主任缪建平

83岁的缪建平还是很喜欢有关中国农村的政策文件和书籍,虽然退休多年,但是对于如今农村、农业的发展变化,了若指掌。2018年,他将自己参与农村改革的经验撰写成文,为中国农村发展政策研究留下了珍贵的资料。

1937年,缪建平出生于江苏常州的一个小商户家庭。青年时代的他,当过老师,呆过电业局,也曾是一名记者,在一次偶然的工作调动中,他进入了农业部(现在的农业农村部)工作,从此就一心沉入农村。从1978年开始,他在农业部农村经济研究中心,参与中国农村联产承包责任制改革,历任农业部办公厅主任、农业部农村经济研究中心主任。此后,在农村变化的重要阶段,他都未曾缺席。

说起过去的故事,缪建平不断地提到"农村改革"一词,他长期从事农村改革、农业发展宏观政策、规划研究,参与重要文件的调研写作工作,是资深的农业经济管理方面的专家。"我参与、也见证了新中国成立以后,中国农村改革变化的全过程。"缪建平说,他的一生与农村有解不开的缘分。

历经坎坷的青少年时代

缪建平出生在卢沟桥战争打响的那一年。

1937年7月7日，驻扎在卢沟桥附近的日军在未通知中国地方当局的情况下，擅自在中国驻军阵地附近举行所谓的军事演习，并谎称有一名日军士兵失踪，要求进入北平西南的宛平县城（现在的卢沟桥镇）搜查，但被中国驻军严词拒绝。随后，日军向宛平城和卢沟桥发动进攻，此后全国范围内的抗日战争拉开序幕。关于战争的记忆，缪建平有些模糊："听老人讲，我是在逃难中出生的。"此后，从抗日战争、解放战争，走向新中国成立，缪建平的青少年时代总是充满变化。

缪建平的父母靠开小商店维持生活，在战乱年代，经济凋敝，因此家中的生活条件并不好。作为大哥的缪建平在懂事后，时常挂在心头的就是"怎么减轻家庭负担"。新中国成立前夕，母亲因肺病离世，让本来就清贫的家庭雪上加霜。考虑到家庭经济状况，缪建平在中学毕业以后，进入了常州师范学校读书，计划当一名小学老师。

1955年前后，新中国为了恢复国民经济，采取了一系列的政治经济措施，其中之一是调整工商业中的公私、劳资、产销关系，通过各种形式，对资本主义工商业进行社会主义改造。缪建平一家就在改造之列，原本经营着小百货商店的父亲与其他同行一起，共同被编入常州织带厂，成为织带厂的工人。

家庭环境的变动让缪建平有了一番思考，在当了一段时间小学老师后，缪建平发现自己并不适合这个岗位，他开始重新读书，并寻找新的出路。"年轻的时候，冲动也不懂事。"缪建平说，此时的他把目光转向了南京电业局。在当时，电业局属于半工半读的状态，培训学习半年后，就会分配到发电厂做工人。

年少的缪建平也有着青春的迷茫，他不知道自己要做什么、追逐什么，因此一直在寻找。但是，他始终记得自己是家中的"大哥"，所以无论选择什么道路，都优先考虑"自食其力"，到电业局当一名工人在当时就是不错的选择。"既解决了生活问题，也解决了学习问题。"缪建平说。

缪建平又靠着自己的毅力考进了南京电业局。在电业局工作的日子，缪建平始终坚持学习，他喜好读书，业余大部分时间都在充实自己。由于他爱好文学，不久后就在电业局接触到文艺宣传的工作。"工厂的领导看我非常喜欢读书、写作，就把我调到了工会当宣传干事。"1965年，缪建平开始从事宣传工作，而这份工作也为他转行当记者奠定了基础。

靠"笔杆子"吃饭

在工厂工会工作的日子里，缪建平除了要负责厂内的文化宣传工作，还会经常给一些报社投稿，渐渐对新闻写作工作熟悉起来。后来，经工作调动，他去往市委办公室从事秘书工作，给报纸投稿的频次也多起来，《安徽日报》就是他常接触的省报之一，久而久之，他成了《安徽日报》一名优秀的通讯员。

有一天，《安徽日报》的一名老记者找到了缪建平。"他问我有没有兴趣到《安徽日报》工作，当一名调查记者。"缪建平有些心动，这对于他而言是一个挑战，也是一个机会。之后，他就收到了组织上的工作调动通知，去往《安徽日报》工作。

每一家省报都会在各地设立记者站，缪建平被分配到了马鞍山市，开始跟"钢铁"打交道。马鞍山市是新中国成立后才建立的城市，这个城市因为"钢铁"而出名。1958年8月17日，中共中央在北戴河召开政治局扩大会议，通过《全党全民为生产1070万吨钢而奋斗》的决议，宣布1958年钢产量为1070万吨，比1957年翻一番，号召全党全民为此奋斗，开展空前规模的大炼钢铁运动。从此掀起轰轰烈烈的全民大炼钢铁运动。全国各地的钢铁人才开始向马鞍山聚集，炼钢产业在马鞍山迅速崛起。

"那时候，经常有开工典礼，一个又一个钢厂陆续出现。"缪建平回忆，当时，马鞍山整个城市的生活都和钢铁息息相关，天空也总是灰蒙蒙的，每一个人的炼钢热情高涨。初到马鞍山时，他就被这种氛围感染。

马鞍山的钢铁工业发展非常迅速，缪建平也有跑不完的现场要去。一台老式相机、一个小红笔记本、一支笔，带着这三样东西，他记录下了20世纪六七十年代在马鞍山的独有印记。在通讯科技并不发达的年代，驻地记者当起来一点也不容易。新闻报道最注重时效性，这个规律亘古未变，如今，文字、图片、视频等能在秒速内跨越千万里传递，但是在过去，为保证一条新闻的时效性，驻地记者最快的方式就是通过电话来口述。

"电报是一种方式，但是电话口述更快一些。"缪建平说，他用最快的速度写好文字稿后，就给报社打电话来念稿。钢厂开工、劳动模范、炼钢成果……大量的一线新闻故事，就是通过这样的方式一字一句地口述，出现在报纸上。

"闪电"北上

在《安徽日报》工作了一年，缪建平收到了一条"去北京"的工作调动通知。"要求两个礼拜内，必须到北京的共青团中央报道。"这个时候春节刚刚过，而缪建平更是处于新婚蜜月期，"第二天我就带着一个小皮箱，就去往北京了。"

经历过工人、记者工作的历练，缪建平看到了全中国复兴经济、建设社会主义的决心，他把自己称作是"革命的螺丝钉"。那时候的他，满腔热血，满怀斗志，恰似成为祖国这台机器运行中的一颗螺丝钉。"哪里需要我，我就去哪里。"缪建平褪去了年少的青涩和迷茫，"每一次工作调动，都是组织的信任，祖国的需要。"

这次工作调动，缪建平的妻子马丽珍毫无准备，刚刚新婚的丈夫就这样分居两地。但是，她理解丈夫的想法，匆匆告别，第二天她就送别了丈夫，从此夫妇二人便开始了异地生活。缪建平到达北京后，进入了《中国青年》杂志社，他就立刻全身心地投入到工作中。

一周以后，一件意外又暖心的事情发生了。他的妻子马丽珍突然出现在他面前。缪建平说："我什么也不知道，她就来北京了。"

原来，缪建平抵京不久，妻子就接到了调往北京的通知。"我还在车间工作，领导突然找我，说三天之内，去北京。"马丽珍吃惊了，三天之内，我连家里的事情都来不及安排和整理，"我就想，怎么赶得及。"

确实赶得及。马丽珍的调动通知一下来，同事与领导比她还着急，纷纷前来帮忙打包行李、处理搬家事宜，就连车票都帮忙买好了。一番收拾，马丽珍被同事送上了北上的火车。至今，她依然感慨那个真诚又纯粹的年代。

妻子马丽珍被调往北京这件事，缪建平此前并不知情。

这一天，缪建平工作结束后，来到单位，门口的保安朝着他喊："你媳妇来了。"

缪建平还以为保安在跟他开玩笑，等他进入办公室以后，发现马丽珍正站在那里。"我刚刚结婚，两地分居的事情，并没有主动跟组织上说，当时想的是，先把工作干好，没有想太多个人的事情。" 这场意外的惊喜让缪建平十分感恩，"这就是我们常说的党的关怀了吧。"

1968年12月，毛泽东下达了"知识青年到农村去，接受贫下中农的再教育，很有必要"的指示，上山下乡运动由此大规模展开。大量的城市知识青年大规模地离开城市，到最广大的农村定居并参加劳动，即"插队落户"。据了解，1968年在校的初中生和高中生，全部前往了农村参加劳动。"我作为《中国青年》杂志的记者，负责知识青年上山下乡专栏的报道工作。"缪建平开始全国各地跑，报道知青上山下乡的政策和典型人物。

早在20世纪50年代开始，中国就出现了城市中小学毕业的青年学生志愿去山区、农村、边疆参加农村社会主义建设的举动。其中，至今被传颂的是北京郊区五名青年杨华、李秉衡、庞淑英、李连成、张生发起"北京市青年志愿垦荒队"申请。

1955年8月16日，《中国青年报》头版发表了一篇由五人共同署名的申请书。青年团北京市委会:"我们是北京市郊区的 5 个青年人,早就想给你们送这份志愿到边疆开荒的申请书。最近我们 5 个人在一块儿琢磨了好几天,觉得该向我们的团组织提出来啦!我们愿意用我们青年团员的荣誉向你们提出:请批准我们发起组织一个北京市青年志愿垦荒队到边疆去开荒,使我们能够为祖国多贡献一份力量……"

仅仅 15 天后,8 月 30 日晚,以杨华为队长的 60 名青年组成了北京青年志愿垦荒队,登上了北上的火车,经黑龙江省哈尔滨市、鹤岗市,到达与俄罗斯一江之隔的萝北,在茫茫荒原竖起了中国青年志愿垦荒队的第一面旗帜。"当时,团中央肯定了他们的爱国热情,鼓励他们勇往直前、战胜困难。"缪建平说,"这是知青上山下乡的第一波热潮,第二波就是在 1968 年前后。"

这一次,缪建平深入到了知青上山下乡的一线,曾经他见证了钢铁工人的坚毅,如今,他又开始书写知识青年的牺牲。公开数据显示,知识青年上山下乡运动前后共经历了 25 年,这场运动影响了 2000 多万知识青年的一生,并冲击了这 2000 多万知青的父母、家庭、学校以及周围的社会。但是,在这些知识青年之中,有一些是主动响应党和国家号召,放弃了升学、就业的机会,立志从事农村和边疆建设的。

仅在 1968 年到 1973 年 6 月期间,全国有 800 多万城镇知识青年到了农村,撑起了农村的建设和发展。知青下乡对于农村的教育普及、合作医疗制度的建立以及乡镇企业的建立,都起到决定性作用,大幅度改变了农民面貌。调查并报道过知青上山下乡运动的缪建平觉得,这场运动留下的财富远比遗憾多。"在建设农村和边疆的事业中,他们是开拓者,是有志青年学习的榜样,他们留下的精神,值得我们现在每一个年轻人学习。"

机缘巧合进入农业部

进入 20 世纪 70 年代后,国家允许下乡的知识青年以招工、考试、病退、顶职、独生子女、身边无人、工农兵学员等各种各样的名义逐步返回城市；1978年10月，全国知识青年上山下乡工作会议决定停止上山下乡运动，并妥善安置知青的回城和就业问题。国务院知识青年上山下乡领导小组一直专门负责这项工作，因为之前的工作经历，缪建平于1971年被借调到该部门工作。该领导小组隶属于农业部，这成为缪建平与农业、农村结缘的一根红线。

中国农村的改革始于1978年。从1958年起，中国的农村就过上了一种以生产队为单位的集体生活。在一个村子里，大家一起种地、一起吃饭，以获取工分形式记录这一年的劳动量。"这种形式下，农民的生产积极性非常差，干多干少都一样，因此出现了很多出工不出力的现象。"缪建平介绍，另一个问题就是如果农民从事生产队以外的副业也是不被允许的。在这样的生产劳动方式下，中国许多农村陷入了极度贫困。农民太穷、农产品供给严重不足，已成为中国农村的主要问题，当时的农村甚至被认为是离谱的贫困与短缺并存。

"农村改革势在必行，但是怎么改，从哪里改，大家心里都没有谱。"缪建平说，农村改革首先从基本经营制度改革启动，在推行"包产到户"和"包干到户"等责任制形式的基础上，逐步形成了家庭承包经营制度。"交给国家的，留给集体的，剩下都是自己的，这样才能有积极性。"

1978年，已经经历过"三起三落"的"包产到户"冲破政治、理论和思想障碍又一次在安徽崛起。在贫困面前，安徽省凤阳县小岗村最先开始了家庭联产承包责任制的试点。1978年11月24日晚上，在安徽省凤阳县凤梨公社小岗村西头严立华家低矮残破的茅屋里，挤满了18位农民，18个人在一份不到百字的包干保证书上按下了红手印。包干保证书中最主要的内容有三条：一是分田到户；二是不再伸手向国家要钱要粮；三是如果干部坐牢，社员保证把他们的小孩养活到18岁。

由于能更好地调动积极性，这项改革释放了长期受到约束的巨大生产潜力，并在改革之初就展现出旺盛的生命力。1979年10月，小岗村当年粮食总产量 66 吨，相当于全队 1966 年到 1970 年粮食产量的总和，家庭联产承包责任制获得了成功。

"1958 年人民公社化以来，在关于农村的文字中，'包产到户'是个出现频率很高的词汇，也是常被质疑和批判的。"缪建平说，"但是，包干到户构成了农村经济体制的深层标志，也表明了农民家庭作为经营主体的完善。这是农村改革初期的核心内容。"

20 世纪 70 年代末和 80 年代初，农村家庭联产承包制改革像星星之火，在短短几年时间里，就从局部地区扩展至全国所有省份。1980 年 5 月 31 日，邓小平在一次重要谈话中公开肯定小岗村"大包干"的做法。当时国务院主管农业的副总理万里和改革开放的总设计师邓小平对这一举动表示的支持传达一个明确的信息：农村改革势在必行。

1982 年 1 月 1 日，中国共产党历史上第一个关于农村工作的 1 号文件出台，明确提出包产到户、包干到户都是社会主义集体经济的生产责任制；1983 年中央下发文件，指出联产承包制是在党的领导下中国农民的创造，是马克思主义农业合作化理论在中国实践中的新发展；到 1983 年底，全国农村基本上实行了以家庭承包经营为基础、统分结合的双层经营体制。此后，中国政府不断稳固和完善家庭联产承包责任制，鼓励农民发展多种经营，使广大农村地区迅速摘掉贫困落后的帽子，逐步走上富裕的道路，中国因此创造令世人瞩目的用世界上 7% 的土地养活世界上 22% 人口的奇迹。

1984 年，中央正式提出土地承包期一般在 15 年以上。这样，家庭承包经营制度就被确立为中国农村一项最基本的生产经营制度。1978 年至 1984 年可以说是中国农村改革的第一阶段，"在这段时间，特别是初期，当时农业部长霍世廉和国家农委主任杜润生亲自带领，两次组成联合调研组，到湖南山区和贵州毕节市山区，深入进行调研，了解山区农民是否真正欢迎包产到户，作为决策的依据。"缪建平跟随调研组深入农村，回京后向中央撰写了调研报告，对推动家庭承包责任制的改革，产生了积极的作用。

推动农村"进市场"

家庭联产承包责任制作为农村经济体制改革第一步,突破"一大二公"、"大锅饭"的旧体制。随着承包制的推行,个人付出与收入挂钩,使农民生产的积极性大增,解放了农村生产力。1985年,中国农村改革进入了第二阶段。"这阶段重要特征是农村改革进入市场化,在农村基本经营制度基本全面确立后,改革重心进入了农产品流通体制、培育农产品专业市场和批发市场。"缪建平介绍,国家开始对粮棉油糖等统购的大宗农产品实行"双轨制",即分合同订购和市场议价两部分,对水产品、畜产品等两类派购的农产品,全部实行市场议价。"这一套政策的实行,取得了良好的效果,是计划经济向市场经济转型的重大成果。"

此时,缪建平已经进入农业部办公厅工作。农村改革牵动着国人的心,关注度也与日俱增,为了让更多人了解农村改革进展,畅通政策下达、民意

1985年,缪建平在河北省阜平县调研

1985年，缪建平在驻河北省阜平县农业部扶贫工作队时的合影

上传的渠道，农业部对新闻宣传工作比以往更加重视。因缪建平的记者经历，便顺其自然的成为外宣工作的负责人。

"以前当过记者，现在在新闻处，每天跟记者打交道，我也成了农业部第一批新闻发言人。"起初，缪建平并不能太适应角色的转换，加上全国对农业改革的关注热度极高，他每天都处于紧张状态。"农业需要宣传的事情太多了，要做好宣传工作，不仅要懂新闻知识，还要对国家制定的每一项政策研究透彻，你才能用通俗的语言解释给农民听。"

为了让农业改革政策更加广泛地被理解和传播，缪建平还创办了第一份农业领域的行业报纸《农牧月报》，也就是现在的《中国农民日报》。1992年初，邓小平同志视察南方发表重要讲话，同年10月，党的十四大召开了，推动了新一轮的经济高速增长。此时，全国明确了建立社会主义市场经济体制的改革目标之后，农村改革进入了一个全面向社会主义市场经济体制转轨的重要阶级。缪建平组织宣传联络小组，重点对农产品市场体系初步建立、市场机制全面取代了计划手段、调节农产品供求和资源配置等内容，将农村的一系列改革措施传递到乡镇层级，期间，他多次组织新华社、人民日报等新闻单位座谈，前往一线采风，记录中国农村改革的足迹。

20世纪90年代，不管是农村改革的政策推进，还是全国舆论形式都是稳中向好。数据显示，90年代，中国农村市场化进入了高速增长时期。国家采取了一系列措施，给农民吃下了"定心丸"，例如，通过立法手段稳定农村基本经营制度，并在土地承包期15年到期后，宣布继续延长30年保持不变；对以粮食为主的农产品流通体制进行一系列改革，探索创建与社会主义市场经济体制相适应的农产品流通体制；推进乡镇企业产权改革、调整产业结构、加快技术进步、改善企业内部管理等，积极促进了乡镇企业的快速发展。

"这个时期，我印象最深的是乡镇企业的发展。"缪建平认真做过调研，数据显示，到1996年底，乡镇企业个数为2336万个，是1991年的1.2倍；完成增加值17659亿元，是1991年的5.9倍。1992—1996年，乡镇企业增加值的年平均增长速度达到42.8%，曾占全国工业增加值的比重达40%左右。"乡镇企业逐步成为我国农村经济的主体力量和国民经济的重要支柱。"

领导也应该是好"专家"

缪建平历任农业部办公厅主任、农村经济研究中心主任。作为领导，他要担起一个部门的责任，但是他有一项工作的原则，那就是"领导干部要成为专家"。"每一个农业政策的制定，每一项措施的实施，都关系农民的温饱，成为领导不仅业务知识要充足，至少要比下属学习的更加深入透彻。"1993年，在进入农村经济研究中心工作后，缪建平更加坚定了他的这份工作原则。

1990年7月，随着农村改革的深入，农业部成立了农村经济研究中心，该部门是农业部直属的政策研究咨询机构。它的前身是原国务院农村发展研究中心，农村改革试验区办公室和农村固定观察点办公室均设在农研中心，

1991年12月，缪建平在全国农业大学讲课

与农研中心实行统一管理，共同接受农业部与中央有关部门的直接领导。"农研中心的主要任务是为国家制定农村经济政策、农村发展战略和深化农村经济体制改革提供决策咨询和对策建议。"缪建平说。

改革开放以来，中央先后发布20个"一号文件"，为"三农"全面发展立下汗马功劳。这份文件的起草离不开农村经济研究中心的支持。每年12月份，全国农业工作会召开，研究次年的"三农"政策。"我们的任务就是为了新一年的'一号文件'，在会议召开之前，提前组织人员到全国各地做调研。"缪建平曾经多次带领队伍下沉到农村，与农民交流，在一次又一次的调研工作中，也让他成为农村经济专家。

缪建平坦言，国家的基础是"三农"，但处理好"三农"问题很难。每天与农业、农村、农民打交道，缪建平最直观的感受是"新的问题一直在出现"，这就意味着所有的农业政策都需要根据实际情况来进行不断完善和发展。

从1978年到现在，中国农业农村改革走过了40余年，核心农业政策长期稳定，但是落地形式与配套内容却在一直变化，让核心内容释放更大潜力。如"家庭联产承包责任制"就经过多次改革。"每一次改革对于'家庭承包'，根据不同时期的实际情况制定不同政策。"缪建平说，参与政策制定，要把握"变与不变"的平衡。

1982年，中央"一号文件"中提出"联产到劳、包产到户"；1984年，中央"一号文件"则提出"鼓励农村土地向种田能手集中"，意味着允许经营权与承包权分离的探索。此后，习近平总书记又提出"对农村土地实行'三权分置'并行的制度"。对于农民的土地承包经营权问题，先是在1984年制定的承包期15年不变，后来在第一轮承包期满后，延长30年。在2008年的十七届三中全会提出"农村土地承包关系要保持稳定并长久不变"，在最近党的十九大又提出"再延长30年"。"这些案例表明，有的农业政策具有长期性和可持续性，但是所有的政策都有自己的时代特色。"缪建平说，"试想一下，如果你不是一个行业的专家，面对这些多变的政策，又如何做好自

1993年，缪建平与全国著名乡镇企业家鲁冠球合影

己的本职工作。"

缪建平在任职期间，非常注重与知名专家学者的交流，农村经济研究中心会经常聘请外单位的专家学者为兼职研究员，参与农研中心、农村改革试验区和农村固定观察点的有关专项调研、项目咨询和人员的培训等活动，还与许多国外研究机构和国际组织建立了密切的合作关系，承担了许多重要的国际合作研究课题。

多年来，农研中心积累了丰富的全国农村固定观察点和农村改革试验区资料与数据，在农村经济领域的诸多方面均具有较强的整体研究实力，在我国农业和农村的改革与发展中做出了重要的贡献。缪建平在见证农研中心成果积累的同时，也成为农业经济专家，退休后，享受国务院特殊津贴。

"忙碌"的退休生活

1999年，缪建平退居二线，但是这并没有切断他与农业的锁链。退休后的他，没有了领导的职责，开始潜心于中国"三农"政策研究。

2002年，党的十六大召开，提出统筹城乡经济社会发展，发展农村经济，增加农民收入，全面建设小康社会的重要战略部署。缪建平意识到，想要实现全面建设小康社会的目标，中国农村经济首先要发展起来。"十六大提出的农村改革重点，涉及农业和农村发展的深层次问题，党中央国务院提出实行'工业反哺农业，城市支持农村'以及改变城乡二元结构的一系列方针。"结合这些政策，缪建平活跃于论坛、讲座以及各种农业社会组织，交流心得，讲解政策，在意识形态领域推动农村改革向纵深发展。

缪建平是中国合作经济学会第三届理事会的副会长兼秘书长。中国合作经济学会是由国内合作经济领域主管部门领导、研究单位、高等院校、合作经济组织以及热衷于合作经济事业的人士自愿组成的具有社团法人资格的全国性社会团体，是中国合作经济领域权威性、综合性社团组织，其主管部门为中华人民共和国农业部。进入21世纪，中国农村改革打开了走中国特色农业现代化道路，实现城乡经济社会一体化发展新格局。十八届三中全会《中共中央关于全面深化改革若干重大问题的决定》中更提出，要加快构建新型农业经营体系，赋予农民更多财产权利。"如何构建新型农业经营体系？合作就是必然途径。"以中国合作经济学会为平台，缪建平致力于推动农业经济合作，培育农民新型合作组织。

"农民合作组织"是一直放在缪建平心头的一项工作。19世纪80年代初期，中国开始探索建立农民专业技术协会，这也是最早的农村合作社的雏形。党的十七届三中全会《决定》中明确提出了："家庭经营要向采用先进科技和生产手段的方向转变，增加技术、资本等生产要素投入，着力提高集约化水平"；"统一经营要向发展农户联合与合作，形成多元化、多层次、多形式经营服务体系的方向转变，发展集体经济，增强集体组织服务功能培育农民新型合作组织……着力提高组织化程度"。

"农业改革越往纵深发展，合作组织的建设就成为必然。"缪建平介绍。他曾经4次到美国考察，看到了美国现代的农业发展模式，更坚定了在中国推动新型农民合作组织的决心。"种植、加工、销售，中国的农业需要形成完整的产业链，而且是专业化的产业链。"

早期的农民专业合作社是在家庭承包经营的基础上建立起来的，虽然经过20余年的探索，但是进入21世纪初期，仍然没有形成专门的法律法规体系来保障其健康发展。缪建平认为，没有立法，就难以确保发展过程中农民的权益。他开始推动合作社立法。

以中国合作经济学会为平台，他与业内许多专家学者深入研究，搜集政策素材，为合作组织立法提供建议和咨询。2006年10月31日，十届全国人大常委会通过了《中华人民共和国农民专业合作社法》，对农民专业合作社进行了法律规范。

农民专业合作社在法律上第一次有了身份。《中华人民共和国农民专业

1993年，缪建平在全国农村合作社大会上讲话

合作社法》指出了新型农村合作社与传统的农村集体经济组织的区别。新型农村合作社是适应市场经济的需要而产生的，在它的发展过程中，没有来自政府的行政干预，是农民自己的组织，农民加入经济合作社不改变家庭承包经营，在遵守本社章程的前提下，仍然具有生产经营自主权；农民可以根据自己意愿加入一个或者多个合作社，也可以按照自己的意愿退出合作社，并依法办理相关的财产交割；新型农村合作社的主要功能是为社员提供市场交易上的必要服务，所以一般不以盈利为主要目的，而是以为组织成员提供服务为主要目的。

"这些明确规定，让合作社的成立、发展有章可循，有法可依，让合作社健康发展有了保障。"缪建平说。因为缪建平在农民合作社领域的权威性，北京市政府聘请他加入农业专家顾问组，任期为 6 年，专门培训农民开展合作社。

电子商务快速发展，触角也逐渐延伸至农村，影响着农村产业结构的调整和优化。自此，缪建平也开始接触新型农村电商。农村电子商务通过网络平台嫁接各种服务于农村的资源，拓展农村信息服务业务、服务领域，使之兼而成为遍布县、镇、村的三农信息服务站，农民通过电子商务受惠越来越多。2015 年 10 月 14 日，国务院决定完善农村及偏远地区宽带电信普遍服务补偿机制，缩小城乡数字鸿沟；部署加快发展农村电商，通过壮大新业态促消费惠民生；确定促进快递业发展的措施，培育现代服务业新增长。对于缪建平而言，电子商务是一个全新的领域，他开始研究电商对于农村发展的影响，并形成经验，奔波于北京、河北等地的农村，为他们普及电子商务相关知识。

2018年，在改革开放40周年之际，缪建平总结撰写了《我国农村改革四十年取得了历史性巨大成就——回顾与展望》一文。在文中，他将中国农村改革40年分为了5个阶段：基本经营制度改革启动、农村改革进入市场化、全面向社会主义市场经济体制转轨、城乡统筹发展以及全面深化改革。"看到这5个阶段，就好像看到了我的成长经历。"缪建平说，能够经历中国农村改革的全过程，是他职业生涯中最骄傲的一件事。

中国农村未来可期

缪建平对中国农村的发展充满期待。"农村改革30年时，家庭承包责任制、乡镇企业、村民自治、农民工进城、农民合作社和集体林权制度改革一起，被舆论界称为农村改革30年亿万农民6大创造。近10年，新时期又有不少创新发展，如互联网＋现代农业、智慧农业、循环农业等。未来的中国农村，一定会有更多的惊喜出现。"

缪建平认为，中国农业农村经济发展站上了新起点，进入了新时代，开启了全面建设农业强国的新征程。

在过去40多年里，中国农业综合生产能力生产力水平、农业现代化水平显著提高，农产品供给实现了由长期短缺到供求基本平衡、丰年有余的历史性转变。"以前，西方国家认为我们用中国的土地解决不了13亿人口的吃饭问题，现在，我国多数主要农产品产量跃居世界首位。"

数据显示，1978年，中国肉蛋奶人均占有量只有8.9公斤、4.8公斤、2.4公斤。但是近10年来，我国人口的增长幅度为5%，而主要农产品的生产增长幅度为：粮食28%、油料15%、糖料32%、肉类24%、蛋类23%、奶类

1999年，缪建平到河北省农村调研

36%、水产52%、水果70%。"显然，主要农产品生产的增幅，均远远超过人口增长的幅度，是人口增幅的3—14倍。中国人的饭碗问题，比以往任何一个时候，都获得了更可靠保障。"

目前，中国农业科技也取得历史性进步，农业装备水平明显提高，农业科技水平与世界先进水平的差距进一步缩小；农业和农村经济体制发生重大变革，市场化进程不断加快；农业和农村经济结构不断优化，特别是乡镇企业和城镇化建设，开创了一条有中国特色的农业农村现代化道路。

"尤其是党的十八大以来，习近平总书记就做好'三农'工作提出了一系列新理念、新思想、新战略，是我们党'三农'理论创新的最新成果，是习近平新时代中国特色社会主义思想的重要组成部分，也是实施乡村振兴战略、做好新时代'三农'工作的行动指南。"缪建平认为，这将成为年轻一代农业经济工作者的工作方向。

结语：跟紧"变"的步伐

仔细感受缪建平走过的风雨的80多年风雨之路，就会发现，他总是在"变"中求存。不论是年少时，当一个社会主义"螺丝钉"，还是跟随中国农村改革的大潮，一路走到职业生涯的最后。他不惧怕改变，进而适应改变，也在改变中见证历史。

在他的青年时代，为了减轻家庭负担，他选择进入师范学校就读，在发现不合适时，又立刻做出改变。当他在电业局时，遇到一次新的工作机会，又坚定地放弃了安稳、舒适的工作，走向了新闻报道的最前线。当他刚刚适应新闻记者的生活，又因为组织的工作调动要求北上，他没有任何抱怨，第二天就踏上了"北上"的列车。难得的是，他能在每一次变化之后，用最快的时间，适应新的工作生活，并在岗位上做出成绩。

1978年，中国农村改革开始。中国的改革开放首先是从农村开始的，起初步履维艰，困难重重，但是农村的改革极大地调动了广大农民的生产积极性，它不仅在短短几年的时间里解决了全国人民自新中国成立以来没有解决的衣食温饱问题，而且为整个经济体制改革提供了良好的社会环境和坚实的物质基础。缪建平又被命运安排，进入了这场艰难却影响了中国7亿农民的改革中。

变化是生命的法则，每时每刻都被变化包围着，而变化也是对我们的生活影响最大的一件事情，在生活中无法避免。正如缪建平所说："世界都处于改革和变化中，人应该学着适应变化。"

文 / 魏昕悦

图书在版编目（CIP）数据

金色年华　往事记谈 / 燕达金色年华健康养护中心编.
－－ 北京：新华出版社，2020.11
ISBN 978-7-5166-5468-2

Ⅰ.①金… Ⅱ.①燕… Ⅲ.①人物-访问记-中国-现代　Ⅳ.①K820.7

中国版本图书馆CIP数据核字（2020）第212553号

金色年华　往事记谈

编　　者：燕达金色年华健康养护中心	
责任编辑：丁　勇	封面设计：刘宝龙
出版发行：新华出版社	
地　　址：北京石景山区京原路8号	邮　编：100040
网　　址：http://www.xinhuanet.com/publish	
经　　销：新华书店、新华出版社天猫旗舰店、京东旗舰店及各大网店	
购书热线：010-63077122	中国新闻书店购书热线：010-63072012
照　　排：六合方圆	
印　　刷：三河市君旺印务有限公司	
成品尺寸：170mm×240mm　1/16	
印　　张：18	字　数：238千字
版　　次：2020年11月第一版	印　次：2020年11月第一次印刷
书　　号：ISBN 978-7-5166-5468-2	
定　　价：58.00元	

版权专有，侵权必究。如有质量问题，请与出版社联系调换：010-63077124